农地非农化的价格确定问题研究

原　英　著

中国农业大学出版社
·北京·

内容简介

本书针对当今城市化、工业化背景下征地过程中产生的矛盾和问题，认为其核心是确定合理的农地非农化价格。在较详尽地分析各学派地价地租理论基础上，提出了农地价格的决定和影响因素以及农地非农化价格的决定和变化因素。从理论方面提出了一套农地非农化价格确定的方法，还提出了最优收益决定论、时间因素对区位的影响、多因素土地竞标理论、地产泡沫形成等理论，测算了土地资产增值、区分了土地资产增值中的确定性增值和不确定性增值，对土地价格理论进行了一定的发展，并提出了征地过程中出现问题的解决办法。书中不仅有理论的分析，而且有实证的方法；不仅归纳总结了前人的研究成果，也提出了自己的新理论和观点，是"三农"政策制定和研究人员的参考书籍。

图书在版编目(CIP)数据

农地非农化的价格确定问题研究/原英著.—北京：中国农业大学出版社，2016.7

ISBN 978-7-5655-1651-1

Ⅰ.①农…　Ⅱ.①原…　Ⅲ.①农业用地-地价-研究-中国　Ⅳ.①F321.1

中国版本图书馆 CIP 数据核字(2016)第 165473 号

书　　名　农地非农化的价格确定问题研究

作　　者　原　英　著

策划编辑　张　玉　　**责任编辑**　张　玉

封面设计　郑　川　　**责任校对**　王晓凤

出版发行　中国农业大学出版社

社　　址　北京市海淀区圆明园西路 2 号　　**邮政编码**　100193

电　　话　发行部 010-62818525,8625　　读者服务部 010-62732336

编辑部 010-62732617,2618　　出　版　部 010-62733440

网　　址　http://www.cau.edu.cn/caup　　**e-mail**　cbsszs@cau.edu.cn

经　　销　新华书店

印　　刷　涿州市星河印刷有限公司

版　　次　2016 年 9 月第 1 版　2016 年 9 月第 1 次印刷

规　　格　787×1 092　16 开本　13.25 印张　240 千字

定　　价　58.00 元

本书的研究和出版得到以下项目资助

1. 内蒙古农村牧区发展研究所项目
2. 内蒙古畜牧业经济研究基地项目
3. 内蒙古农业大学创新培育团队项目:《农村牧区综合发展创新团队》(批准号:NDPYTD2013-6)
4. 国家自然基金项目:《奶牛不同养殖模式的演化、影响因素及效率的实证研究》(批准号:71463040)
5. 内蒙古农业大学博士科研启动基金项目:《农地非农化的价格问题研究——以呼和浩特市为例》

前　言

农地非农化是工业化和城市化进程的必然产物。我国由于近年加快了城市化和工业化建设步伐,农地非农化问题日益突显。大量的农地转为非农用地,耕地直逼 18 亿亩红线,产生了大量的失地农民。在现行的法律框架下,农地非农化是通过国家征收集体土地为国有,然后再出让国有土地使用权的方式进行的。这个制度存在很多缺陷,引发了很多问题,由于征地问题而上访,成为取消农业税后农民上访的主要焦点问题。农民对现状不满以及地方政府强行征地导致了政府和农民之间的矛盾和冲突。征地还导致了政府寻租行为以及资源浪费,极大地影响了农业的发展和农村社会的稳定。征地制度的改革势在必行。

征地问题引发的种种矛盾,直指现行征地补偿制度。而首当其冲的便是补偿标准过低的问题。如何制定合理的补偿标准,是所有问题的重中之重。所以要首先抛开制度因素,探索农地非农化的合理定价方法,是当今农地非农化研究的核心问题。

本文在这样的背景下,对农地非农化价格的确定问题进行了研究,其目的就在于从经济学理论角度,对农地非农化的价格确定问题进行分析,并与实际相结合,探索一种相对合理的农地非农化的价格确定方法。

在这样的背景下研究农地非农化的价格确定问题,对于现行农地征收制度的改革和征地补偿标准的制定有理论指导意义。对于土地价格理论有重要的补充意义。对于维护农民土地权益、集约利用和保护耕地、促进城乡协调发展、实现农业现代化和建设社会主义新农村、实现城市化和工业化都有重要的实践指导意义。

本文的研究内容按照下列顺序展开。

第一章由经济学相关理论确定了土地价格的基础。首先从价值价格理论出发,对几种价值价格理论进行了分析和评价,然后根据价值价格理论回答了学术界颇有争论的土地是不是商品,土地有没有价值与价格,土地的价值与价格是如何决定的问题。认为土地不是商品、没有价值,但是土地是生产资料,可以有价格。土地价格决定于地租。

第二章对土地价格的基础，即地租的决定问题进行了理论分析。从地租的起源和地租的决定角度，对经典经济学的地租理论做了总结和评论及取舍，为下一步研究问题奠定了理论基础。认为地租的决定不能只根据一种理论单独决定，要取各种理论的精华之处。

第三章确定了农业用地的价格基础。农地非农化的基础是农业用地。农业用地的价格基础，是农业用地的地租。农地地租的决定，以劳动价值论为理论基础，方法论上采用以生产费用论和边际效用论为基础的边际分析方法和生产函数模型，计算出农业用地的地租量，进而计算农业用地的价格。通过理论推理、日本经验的借鉴和我国的实践三个步骤进行。

第四章对农业用地的价格进行了影响因素分析和调整。从农业用地的用途、位置、质量和资产增值几个方面对农业用地价格进行了理论分析和数量调整。并伴有案例分析和日本经验借鉴。

第五章对农地非农化的价格变化和确定问题进行了分析。确定了农地的价格后，再看非农用地的价格如何。首先确定一个非农用地价格的基础，然后再对其按照用途、区位和级别及资产增值三个因素进行调整。最后得出农地非农化后的价格增值。

第六章进行了相关案例的实证分析。首先对北京市大兴区庞各庄镇进行了实际的测算，并将测算结果与实际地价进行了比较。其次列举了农地非农化的国家征地和农村集体土地直接流转两种模式的案例，进行了分析。

第七章对现行的农地非农化价格确定方法进行了评论并提出农地非农化合理定价的重要意义。对我国现行征地补偿费制定标准、产值和倍数的问题、土地资产增值问题、土地增值收益的归属问题、征地补偿费的归属问题以及现行土地市场中存在的问题一一进行评论并提出了改革的思路。最后总结了农地非农化合理定价的重要意义。

农地非农化的价格确定是当前农业与农村经济甚至整个经济当中不可忽视的重大问题。因此中央一再强调并多次出台了有力的政策措施。但是农地非农化价格的确定又是一项极其复杂、难度极大的工作，既涉及到理论创新，又涉及到实际操作的可能性；既涉及到农业用地的价格基础，又涉及到非农化土地的价格增值问题。而征地制度的改革及利益的重新分配也不是一蹴而就的，需要一个缓慢的协调过程。但只有正确定价，才能缩小城乡差别和工农差别，才能实现农业现代化和新农村建设的任务，才能实现我国工业化和城市化的伟大事业。

本文从经济学理论出发，在前人的研究基础上对农地非农化价格的确定理论方面做了一些尝试性的发展，并且辅之以相关的实证分析。

本文创新之处在于，首先，从经典经济学理论出发，详细分析了非农化土地价格的基础，并一步一步进行调整，每一步都有坚实的经济学理论基础，最后提出了农地非农化价格确定的一套方法。

其次，在价格确定方法中提出了最优收益决定论、时间因素对区位的影响、多因素土地竞标理论、地产泡沫形成等理论，对土地价格理论进行了补充和发展。测算了土地资产增值，区分了土地资产增值中的确定性增值和不确定性增值。

最后，对于现行农地非农化机制与“农地入市”的农地非农化机制进行了比较分析，设计了“农地入市”的农地非农化模式。

但是，本文在分析方法上采用了生产函数等比较基本的计量经济方法，而没有与当今最前沿的分析方法相结合，希望今后从这个角度进一步强化，以得到更加精确和严密的测算结果。

编 者

2016 年 2 月

目　　录

引　　言

0.1　问题的提出

我国是个发展中的农业大国。如何摆脱贫穷，走向富裕，纵观世界各国发展历史，就是要实现工业化和现代化。党的十六大报告中指出，2020 年要基本实现工业化；我国 21 世纪中叶的发展目标是人均国民生产总值达到发达国家的水平，基本实现现代化。

工业化是一个长期的、经济结构的变化过程。工业化过程中，工业部门持续扩张，土地、资本、劳动等生产要素持续向工业部门转移。土地的转移就是农地的非农化过程。工业化还伴随着城市化，城市铺开的过程也是农地非农化过程。在这个过程中引发了种种矛盾和问题，有待于我们去解决。

0.1.1　大量的农地转变为非农用地

改革开放以后，尤其是近年来，我国加速工业化和城市化的步伐，导致大量的农地转变为非农用地。从 20 世纪 80 年代以来，全国各地兴办开发区，先后掀起了三次高潮。分别为 80 年代中后期，90 年代中期和 21 世纪伊始。

有关数据表明，1987—2001 年，全国非农建设占用耕地 3 394.6 万亩。其中，1990—1996 年平均每年建设占用耕地 440 多万亩，1997—2002 年共占用耕地 1 646 万亩。按照《全国土地利用总体规划纲要》，2000—2030 年的 30 年间占用耕地将超过 5 450 万亩。[①]

进入 21 世纪后，我国耕地面积急速减少。基于第一次土地调查的数据，2008

①林春霞. 2 000 万农民"下岗" 谁来关心失地农民的命运？中国经济时报，载新华网：http://news.xinhuanet.com/fortune/2003-09/02/content_1058580.htm，2003-9-2.

年耕地面积已经减少到 12 171.60 万 hm^2(18.257 亿亩),直逼 18 亿亩红线。① 而非农建设占用耕地面积在 2001—2008 年的 8 年里共达到 151.2 万 hm^2(2 268 亿亩)。见图 0-1 和表 0-1。②

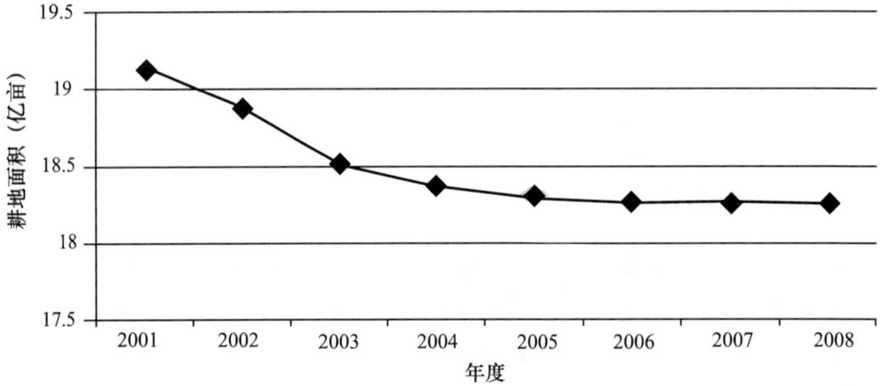

图 0-1　我国近年耕地面积变化

表 0-1　我国近年耕地面积和非农建设占用耕地面积情况

年度	耕地面积		非农建设占用耕地	
	(万 hm^2)	(亿亩)	(万 hm^2)	(万亩)
2001	12 761.68	19.14	16.37	245.55
2002	12 593.00	18.89	19.65	294.75
2003	12 339.22	18.51	22.91	343.65
2004	12 244.43	18.37	14.51	217.65
2005	12 208.27	18.31	13.87	208.05
2006	12 177.59	18.27	25.90	388.50
2007	12 173.52	18.26	18.83	282.45
2008	12 171.60	18.257	19.16	287.4
合计			151.2	2 268

①根据 2013 年 12 月 30 日公布的第二次全国土地调查显示,截至 2009 年 12 月 31 日,全国耕地面积为 13 538.5 万 hm^2,比基于一调的 2009 年变更调查数多出 1 358.7 万 hm^2(约 2 亿亩).按照这个数据,2009—2013 年我国耕地面积减少了 22.12 万 hm^2,年均减少 5.53 万 hm^2,减少势头有所缓解.但是耕地面积较之前增加的约 2 亿亩,主要是由于调查标准、技术方法的改进和农村税费政策调整等因素影响,调查数据更加全面、客观、准确.多出的耕地有相当部分需要退耕还林、还草、还湿和休耕,有相当数量受污染不宜耕种,还有一定数量因表土层破坏、地下水超采等已影响耕种,因此,耕地保护形势依然严峻.

②注:图 0-1 和表 0-1 的数据来源为国土资源部,2001—2008 年《中国国土资源公报》.

根据我国城市建设情况来看，从 2000—2014 年，我国城市建成区面积迅速扩大，有的年份新增城市建成区面积增长 5 倍以上。与此同时城市建设中，征收土地面积也在迅速增长。新增建成区面积的大部分都是来自征收土地。有的年份征收土地面积超过了城市建成区新增面积，说明还有一部分闲置土地，征收以后没有用于城市建设。见图 0-2。

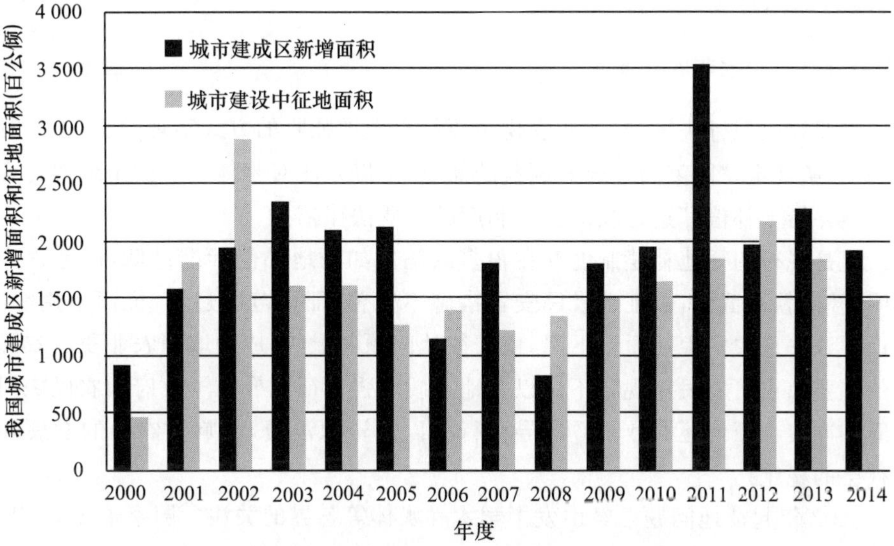

图 0-2　2000—2014 年我国城市建成区新增面积和征地面积

数据来源：根据国家统计局历年《中国统计年鉴》计算。

0.1.2　大量的失地农民的出现

随着大量的农地转变为非农用地，出现了大量的失地农民。关于失地农民的数据迄今未有准确统计，但是有一些估算数据。有关资料表明，20 世纪 90 年代至今，十几年来的圈地运动至少造成我国农村 2 000 余万农民“下岗”。对这个数据，有人认为还是一个保守的说法。20 世纪 90 年代至今全国大搞开发区，最高峰时开发区达 8 000 多个，当时全国每年流失的耕地数量为 1 000 万亩以上，人为征占为 500 万亩，按人均 2 亩耕地计算，13 年间全国失地农民数量起码达 6 500 万人次。东部一些发达地区，人均耕地只有几分，失地农民的系数就更高。因此，由此可以推断,从1990年至今制造的失地农民已经远远超过2 000万人次。[①]另外从经验数据来看一般每征一亩地就有1.5个农民失业,在1987—2000年国家建设占用耕地3 395万亩,那么有5 000万失地农民。[②]

如果按照1/1.5这个经验数据计算,那么2000—2014年只是城市建设征用耕地,就导致了5 407万失地农民。从1987—2014年,失地农民数量已经超1亿。这个数字惊人的庞大。

0.1.3 农地非农化制度

按照我国现行法律,农地非农化主要是以土地征收的方式实现的。《土地管理法》第二条规定,"国家为了公共利益的需要,可以依法对集体所有的土地实行征收或征用并给予补偿。"这是我国征地制度的主要法律依据。

但是现行的征地补偿制度存在很多缺陷。如征地补偿标准过低,征地程序不透明,补偿款被截留,被征地农民安置措施不完善,征地范围过宽,征而不用等等。征地导致失地农民生活质量下降,由于征地问题而上访,成为取消农业税后农民上访的主要焦点。农民对现状不满以及地方政府强行征地导致了政府和农民之间的矛盾和冲突。征地还导致了政府寻租行为以及资源浪费,影响了农业的发展和农村社会的稳定。

2002年起征地问题已经引发了学术和媒体等各界的关注。国家于2004年10月21日发布了《国务院关于深化改革严格土地管理的决定》(国发〔2004〕28号)的文件,开始对征地制度进行反思和改革。与此同时,另一种农地非农化的模式即集体土地的非农化流转也正在民间悄悄地实践(如著名的"南海模式"),并引发广泛关注,对征地制度改革的呼声越来越高。

0.1.4 农地非农化的核心问题

征地问题中引发的种种矛盾,直指现行征地补偿制度。而首当其冲的便是补偿标准过低的问题。如何制定合理的补偿标准,是所有问题的重中之重。所以要首先抛开制度因素,探索农地非农化合理的定价方法,是当今农地非农化研究的核

①林春霞.2 000万农民"下岗" 谁来关心失地农民的命运? 中国经济时报,载新华网:http://news.xinhuanet.com/fortune/2003-09/02/content_1058580.htm,2003-9-2.

②孔祥智,王志强.我国城镇化进程中失地农民的补偿问题.北京郊区现代化发展论坛论文选编.中共北京市委农村工作委员会主办.北京,2004.

心问题。

本文在这样的背景下，对农地非农化的价格确定问题进行了研究，其目的就在于从经济学理论角度，对农地非农化的确定问题进行分析，并与实际相结合，探索一种相对合理的农地非农化的价格确定的方法。

0.1.5 农地非农化价格确定的意义

在这样的背景下研究农地非农化的价格确定问题，对于现行农地征收制度的改革和征地补偿标准的制定有理论指导意义。对于土地价格理论有重要的补充意义。对于维护农民土地权益；集约利用和保护耕地；促进城乡协调发展；实现农业现代化和建设社会主义新农村；实现城市化和工业化都有重要的实践指导意义。

0.2 文献综述

0.2.1 土地价格理论的研究

农地非农化的价格是土地价格的一种，因此农地非农化的价格研究是以土地价格理论为基础的。

0.2.1.1 国外研究情况

关于土地价格理论的研究，最早可追溯到英国古典政治经济学家威廉·配第，他考察了地租及极差地租的问题，还计算出当时英国的土地价格。后来有约翰·洛克的自然法论、魁奈的纯产品说、斯密的代价说、詹姆斯·安德森和大卫·李嘉图的土地肥力说、萨伊的供求说、马尔萨斯的主次说、屠能的区位说、凯里的投资报酬说、约翰·卡尔·洛贝尔图斯的利润差额说、门格尔的归属说、庞巴维克的时差说、克拉克的经济盈余说、维克塞尔的边际生产力说等，经济学家们对土地价格和地租理论方面从不同的角度进行了大量的分析和研究。古典经济学家们的土地价格理论虽然已经很丰富，但由于土地价格问题极为复杂，他们的研究工作都因不能计量或测算地价而终止。

随着经济发展，土地经济问题日益突出，经济学家的研究也更加系统化，直至1924年美国经济学家伊利和莫尔豪斯合著的《土地经济学原理》的出版，标志着新的学科“土地经济学”的产生。土地价格理论作为土地经济学的重要组成部分，得到了更为详尽的研究。

从总体上来看，国外的土地价格理论主要分为收益决定论和供求决定论。收益决定论认为土地价格由土地纯收益的资本化得到。这由土地经济学的创始人伊利提出。“把预期的土地年收益系列资本化而成为一笔价值基金，这在经济学上就称为土地的资本价值，在流行词汇中则称为土地的售价。”①马克思提出“土地价格不外是资本化的，因而是提前支付的地租。”②这二者都是土地价格收益决定论的经典表述，只是二者的理论基础不同。伊利认为土地收益决定于边际生产力，而马克思以劳动价值论、剩余价值论、平均利润和生产价值论为基础构建了其地租理论体系，他把地租分为级差地租和绝对地租。

后来日本学者野口悠纪雄对其进行了发展，提出了心理预期对地价的影响。认为土地价格用公式可以表示为

$$i=\frac{R}{q}+\frac{\Delta q^{e}}{q} \tag{0.1}$$

式中：q 为现在的地价；R 为土地利用收益；i 为利息率；Δq^{e} 为心理预期的地价上升额。这个公式可以推导出

$$q=PVR(n-1)+\frac{q_n^{e}}{(1+i)^{n}} \tag{0.2}$$

式中：$PVR(n-1)$ 为 $n-1$ 年后的利用收益现值的和；q_n^{e} 为 n 年后的预期地价。③

在此，地价为收益地价和预期地价之和。将心理预期的因素引入土地价格的决定，解释了地价涨落的原因。

土地价格的供求决定论认为，土地价格是由土地的供给和需求的均衡点所决定的。这种理论创建于马歇尔。萨缪尔森认为土地的自然供给无弹性，土地的需求是一种引致需求，土地的价格由土地的市场供给和市场需求决定。由于土地供给无弹性，因此，土地价格主要由土地需求决定。雷利·巴洛维也认为土地价格“往往取决于供求力量的相互作用。”④

0.2.1.2 国内研究情况

我国关于地价问题的研究最早可追溯到公元前 2100 年。据《尚书·禹贡》记载，夏禹治水后，曾按土色、质地和水分将九州分为九等，并依其肥力规定贡赋等

①伊利. 土地经济学原理. 北京：商务印书馆，1982：225.

②马克思恩格斯全集(第 25 卷下). 北京：人民出版社，1972：911.

③野口悠纪雄. 土地经济学. 北京：商务印书馆，1997：49-50.

④雷利·巴洛维. 土地资源经济学——不动产经济学. 北京：北京农业大学出版社，1989：201.

级。而20世纪30年代开始对土地经济问题的系统研究,一是由于在西方土地经济学作为一个专门学科而产生;二是为了执行孙中山的平均地权的政策。章植的《土地经济学》(1930)是中国的第一部土地经济学的著作。他认为土地价格由收入还原决定。而收入除了土地的收入以外,还要受到虚荣心、希望土地增值的心理以及需要住宅的心理所影响。还原利率则受到政府的政策和风俗习惯的影响。影响土地价格波动的因素又由需要和供给两方面构成,而又有诸多因素在影响供给和需求。可见,他的土地价格理论已经是对西方各种学说的一种融合。这一时期的著作还有朱剑农的《土地经济学原理》(1946),张丕介的《土地经济学导论》(1947)等,均介绍了国外的有关理论。

新中国成立后,关于土地价格理论的研究一度停止。20世纪80年代开始,土地价格问题受到重视。学者们主要以马克思的地租地价理论为依据,但是由于对马克思理论的解释的不同,又产生了不同的土地价值价格理论。如张薰华(1987)认为,土地不是劳动的产物,不是商品,没有价值,从而也没有那个反应价值的价格。按利息率计算的土地价格实际上是土地经营权的出售价格。另一种观点(如周诚1996)认为土地价值具有二元性。土地可以分为土地物质和土地资本。"在土地构成中,土地物质是无价值的,而土地资本是有价值的。换言之土地构成的二元性构成了土地价值的二元性。"又有学者认为土地价格是多种因素综合影响的,如谢经荣等(2002)认为,土地价格从内涵上讲是资本化的地租,而又决定于土地供求。毕宝德等(2006)认为,土地价格的内涵是在正常市场条件下土地所有者转移土地纯收益的资本化价值。其特点是,土地价格是土地的权益价格;土地价格不是土地成本的货币表现,不依成本定价;土地价格由土地的供给与需求决定;呈总体上升趋势;具有强烈的地域性等。

在我国台湾省也有不少学者研究地价和地政问题。

林英彦(1971)认为,地价系指土地的价值以货币表示者。通常所谓的价值可分为使用价值与交换价值两种。许文昌(1991)认为,地价即指土地价格,土地价格系由土地价值衍生而来。是以先有土地价值,才有土地价格。土地因具有养力、载力、区位等,乃有生产价值与地位价值,亦即含有使用价值,由土地使用价值可衍生出"收益地价"。土地因供给有限,为稀少财,故有交换价值,由土地交换价值可衍生出"土地市价"。殷章甫(2004)提出,土地的市价与收益价经常不一致。他认为,

土地市价＝收益地价＋期待价值

如果期待价值＞0,则土地市价＞收益地价

如果期待价值＜0,则土地市价＜收益地价

如果期待价值＝0，则土地市价＝收益地价

而随着人口增加、经济发展、工商业繁荣，土地的期待价值＞0，土地价格会上涨。如果政局不稳定、社会不安、人们对未来发展悲观，则期待价值＜0，土地价格就会跌落。但后者比较少，因此地价总是上涨的。

0.2.2 土地价格确定方法的研究

土地价格确定方法也叫做土地价格评估方法。农地非农化的价格确定应以土地价格确定方法为依据。

0.2.2.1 国外研究情况

收益还原法、市场比较法和成本法是国际公认的三种评估方法。

收益还原法是将待估土地预期未来各年的正常纯收益以适当的还原利率折现求和，求取待估土地在一定时点、一定产权状态下价格的一种评估方法。其主要源于伊利的《土地经济学》一书中对土地价格的测算。一般认为，收益还原法是以效用论为基础。而实际上比伊利早100多年，马克思在其《资本论》里提出的土地价格计算方法也是收益还原法。因此收益还原法具有深厚的经济学理论基础，但是其“未来预期收益”的预测有难度，使价格具有了一定的“主观性”。

市场比较法是在求得一宗待估土地的价格时，将待估土地与在较近期内已经发生交易的类似土地交易相比较，根据后者已知价格，参照该土地的交易情况、期日、区域以及个别因素等差别，修正得出待估土地价格。这是目前在西方国家最常用的方法。这种方法简便易行，适用于土地市场比较发达活跃的地区。而对于尚不发达的土地市场不太适合。

成本法是以开发土地所耗费的各项客观费用之和为主要依据，再加上一定的利润、利息、应缴税金等来确定土地价格的方法。成本法主要从投资角度考虑了土地的价值，而难以反映土地的真实价值，因为它无法反映土地的收益。

边际生产力法是按照土地的边际收益计算土地价格的方法。边际生产力理论是由美国的经济学家克拉克提出的。认为资源的价格应该按照其边际生产力进行分配。将其应用到土地价格的确定方面，就是土地的边际生产力确定方法。日本有很多学者采用这样的方法，并结合生产函数来计算土地的边际收益，从而得到土地价格。如土屋圭造(1962)就按照这个方法对静冈、大分、鹿儿岛、左贺、福冈等地的农地价格进行了计算。这种方法多用于农地价格。

另外还有一些非市场价值评估法。

条件价值评估法(CVM)由 Ciriacy-Wantrup 在 1947 年提出，是通过问卷调查方式引导被调查者偏好，进而实现非市场物品价值评估的特殊方法。通过对一系列假设问题的回答，被调查者表达出他们为获取或储存一定数量非市场物品的支付意愿(WTP：willingness to pay)，或者不再拥有或完全使用非市场物品的接受补偿意愿(WTA：willingness to accept)。根据被调查者在假设市场中表达出的 WTP 或 WTA 建立数学模型，达到为非市场物品估价的目的。

旅行成本法由 Harold Hotelling 在 1947 年最早提出，是一种较为成熟和常用的非市场价值评估方法，尤其适用于入场费用低廉或者免收入场费用的具有旅游娱乐或观赏休憩功能的资源环境价值评估。

Hedonic 法[①]由 Rosen 在 1974 年提出，是反映某地块特定指标体系指标值已知的情况下，认为该地块的价值(即价格)是该地块各属性价值的集合。其模型如式(0.3)：

$$P=P(Z_1,\cdots,Z_n) \tag{0.3}$$

式中：P 为每英亩农用地的销售价格；每个 Z 表示与地块其他相关市场因素有关的特征值。

0.2.2.2 国内研究情况

在我国除了国际流行的三大方法外，还有以下几种方法。

剩余法又称假设开发法，是在预计开发完成后土地正常交易价格的基础上，扣除预计的正常开发成本及相关费用、利息、利润和税收等，以价格余额来估算待估土地价格的方法。

基准地价系数修正法是通过对待估土地的地价影响因素的分析，对各城镇已公布的同类同用途同级土地基准地价进行修正，估算待估土地客观价格的方法。

以上两个方法是在土地估价实践中常用的方法。

另外还有影子价格法。影子价格最早由康托洛维奇和丁伯根提出。我国学者将其用于土地价格定价方面。如丁栋红(1996)提出“影子地价”是从土地资源有限性出发，认为土地资源总是有限的，需要合理分配使用，这样在一定的配置资源约束条件下，以求每增加一个单位土地资源，可得到最大经济效益。黄贤金(1997)提出农业用地影子价格的具体计算方法是

①黄贤金. 农地价格论. 北京：中国农业出版社，1997：217-226.

目标函数：$\max Z = \sum_{j=1}^{n} C_j X_j$ (0.4)

约束条件：$a_{i1}x_1 + a_{i2}x_2 + a_{ij}x_j + a_n x_n \leqslant b_i$ (0.5)

$a_{ij} \geqslant 0$

$i=1,2,\cdots,m$

$j=1,2,\cdots,n$

式中：C_j 为各类农用地或土地单位面积收益系数；X_j 为各类农用地或土地面积；a_{ij} 为约束系数；b_i 为约束常数；Z 为目标值(生态、经济效益等)。

还有很多估价方法在此不能一一列举。

0.2.3 农地非农化的研究

0.2.3.1 国外研究情况

由于发达国家在20世纪50～60年代就完成了工业化，农地非农化也是在那个时期大量出现的。因此国外对农地非农化价格的研究也主要集中在较早时期。而近期以研究农地非农化对农业的影响等比较多。

收益还原法与影响因素分析，这种方法以收益还原法为基础，得到一个基本的土地价格后对其进行相应调整。如赖平(1972)就采用这种方法并用影响供求的因素进行了调整。计算了日本分地区的农地转用价格。宫崎猛(1981)在收益还原法的基础上进行了资产增值的调整。

对土地价格影响因素的分析。这种方法，将影响即将变为非农用地的农地价格的各种影响因素尽量周全地考虑，并建立数学模型。如土地城市需求模型，(Leroy J. Hushak，1975)是通过建立一个城市发展对土地的需求模型，主要反映城乡结合部的土地市场供需状况，并利用模型来实现分析和确定农地转用价格的研究目的。建立了一个需求模型，认为土地价格受地块面积、与市中心的距离、与高速公路的距离、与铁路的距离、位置、区划或其他限制土地用途的政策、财产税收制度、其他因素等影响。

土地价格动态模型[①](Andrew J. Plantingna，Douglas J. Miller，2001)，解释了土地开发对农地价格产生的影响作用，公式强调农地的价格应该等于到农地转变用途时农地地租的折现与扣除转移成本后净开发租金的折现之和，其计算公式可

①吕萍，孙琰华. 国外农地转用价格的确定方法. 中国土地科学，2004(6)：55-59.

表述如下：

$$P_{\max}=P_a+P_d=\sum S(R_a,r,t_1)+\sum S(R_d,r,t_2) \tag{0.6}$$

式中：$P_{\max}$为市场价格；P_a 为现用途价格，由农业地租 R_a 决定；P_d 为开发用途的价格，由开发用途租金 R_d 决定；r 为折现率；t_1 为从现用途到转换用途的时间；t_2 为转换用途以后的时间。

大企业决定论，磯辺俊彦(1966)认为某个区域的农地转用地价决定于最早进入该地区，并扩大规模，占有大面积土地的企业，而步其后尘的小企业，只有占据次优的地形，但是要接受现有的价格。

税收制度论，加藤一郎(1959)认为，工业化过程中，企业以低价买入农民土地，又以高价卖出，其中赚得高额利润，引起了农民的不满。因此应该抑制农地转用，并且对超额利润征收高额的税收。

农地转用对农业的影响一方面是由于占用农地而导致对粮食生产的影响，另一方面在有转用预期的地区，也会影响农业生产，如崔龙文(2001)。

0.2.3.2 国内研究情况

国内关于农地非农化的主要研究始于 2001 年左右，并且涌现出大量的研究成果，不胜枚举。但是这些主要可以分为以下几个方面。

对征地制度改革的研究。指出现行征地制度的缺陷，并提出改革的措施和方向。其中比较典型的有周其仁(2004)从产权经济学角度对征地制度进行了分析。汪晖、黄祖辉(2004)从界定公共利益的征地范围角度进行了分析。

对征地过程中各方利益的分析。征地过程涉及到农民、村集体、开发商、地方政府等各个行为主体，对他们之间的利益格局和分配情况进行分析。如王景新(2005)分析了长三角及海南地区征地过程中的利益格局重构。沈飞(2004)等研究了政府的制度性寻租问题。

对征地过程中增值收益的计算。用统计计量等方法计算征地过程中产生的增值收益。如朱道林等(2006)计算了全国各省 2001 年征地补偿和转用增值水平及增值倍数，比较了不同地区征地转用增值倍数。

对农村工业化模式的研究。与国家征地的同时农村发生着一场变革，农村工业化的集体土地直接流转模式的研究以蒋省三、刘守英(2003)的南海模式为代表，建议国家对农村现阶段发生的土地非农化模式进行疏导和支持。

对农地征用的国外经验介绍。为了进行征地改革，很多学者把目光转向国外，希望从国外的征地制度，征地价格的测算方法方面吸取一些经验。段文技(2001)

研究了国外土地征用制度比较和借鉴问题。王正立、刘丽(2004)研究了国外土地征用补偿标准方式及支付时间。吕萍、孙琰华(2004)研究了国外农地转用价格的确定方法。

对征地补偿标准测算的研究。补偿标准是一个重要的问题,但是由于其具有一定的难度,与其他几类比较,这类文献并不多见。强真等(2005)将农地征用价格分为两部分,即农地形式下的价格份额和未来变为建设用地形式下的价格份额,两者通过各自的权重共同构成农地征用价格。冯建友、于蕾(2007)认为征地补偿价格为熟地地价减去土地开发费用、税费、利息、利润、土地增值。吕萍、孙琰华(2004)基于 Ricardian 地租理论模型分析概括了农地转用价格确定的理论和方法模型,并对地价模型进行了初步估计。王仕菊等(2008),认为征地补偿标准应该基于耕地价值确定,而耕地价值包括经济价值、社会价值、生态价值,社会价值又包括了社会保障价值和社会稳定价值。

0.2.4 对研究现状的评论

土地价格理论对农地非农化的价格确定问题提供了强大的理论支撑。农地非农化的价格确定,归根到底是土地价格的确定问题。因此必须依据土地价格相关理论对其进行分析。但是土地价格理论过于经典和“古老”,只是侧重与地租地价的研究,而没有对于“新生”的农地非农化问题提供相应的理论。

土地价格确定方法对农地非农化的价格确定问题提供了有力的方法论支撑。农地非农化的价格确定要在土地价格确定方法的基础上做相应的补充和发展,而不能离开土地价格确定方法。但是土地价格确定方法一般只针对某种用途的土地价格的确定,缺少对用途转变的土地价格的确定的研究。

农地非农化的研究对农地非农化的价格确定问题提供了可行的现实支撑。无论是国外的还是国内的,无论是制度层面的还是技术层面的研究,都对本研究提供了相当雄厚的研究基础。但是现阶段的研究首先大多停留在制度层面的研究上,而对技术层面的农地非农化价格确定问题的研究不够多。其次,现有的农地非农化价格的研究大多是只提出了方法和模型,并进行了简单的计算,而缺少从理论层面上对其进行细致的研究。

因此,本研究从经典经济学理论和土地价格理论出发,详细分析了农地非农化的价格基础,以及价格变化的影响因素,并通过实际案例测算,最后对现行的农地非农化制度做出了评论和改革的建议。

0.3 研究方法与资料来源

0.3.1 研究方法

本文采用的研究方法有以下几种。

经济学理论分析方法。经济学理论和土地价格理论是本研究的理论基础。对农地非农化的价格确定问题上,从土地价格的基础开始运用已有的经济学理论一步一步进行分析和推理,最终得到农地非农化的价格。

数理和计量分析方法。采用了生产函数分析方法;多元回归(线性回归、曲线回归和岭回归)、相关分析等计量经济方法;数学模型方法等数理和计量分析方法。

图示法。本研究多处采用直观的图示法,对解释问题更有帮助。图示法中的图形主要分为几种类型。一种为对数据的统计性描述。如增长曲线,变化曲线,直方图等。第二种为建立的抽象的图形模型,能够简单明了地分析问题。第三种为实地拍摄图片,帮助说明实际情况。

案例分析法。对很多问题为了更好地说明,后面附有案例。另专设一章,进行了案例分析,以验证理论,并找出问题所在。

比较分析法。由于研究内容的需要,文中多处采用比较分析法,从比较中发现问题。

0.3.2 资料来源

本研究的数据资料来源为以下几种。

国内外文献资料。涉及本研究的国内外文献有书籍、杂志、报刊、网络新闻等形式。获取渠道为图书馆、书店、学术会议、网络。

国内外统计数据资料。统计数据资料一般采用官方公布的统计资料和统计公报等。获取方式为公开出版的书籍及相关部门官方网站。

实地调查资料。实地调查了北京市、江苏省、海南省、辽宁省、山西省、内蒙古自治区等地的典型地区,走访了农户、村委会、开发商、开发区管委会和地方政府等多个部门。

0.4 研究框架与创新

0.4.1 研究框架

本研究是按照下列框架进行的。见图 0-3。

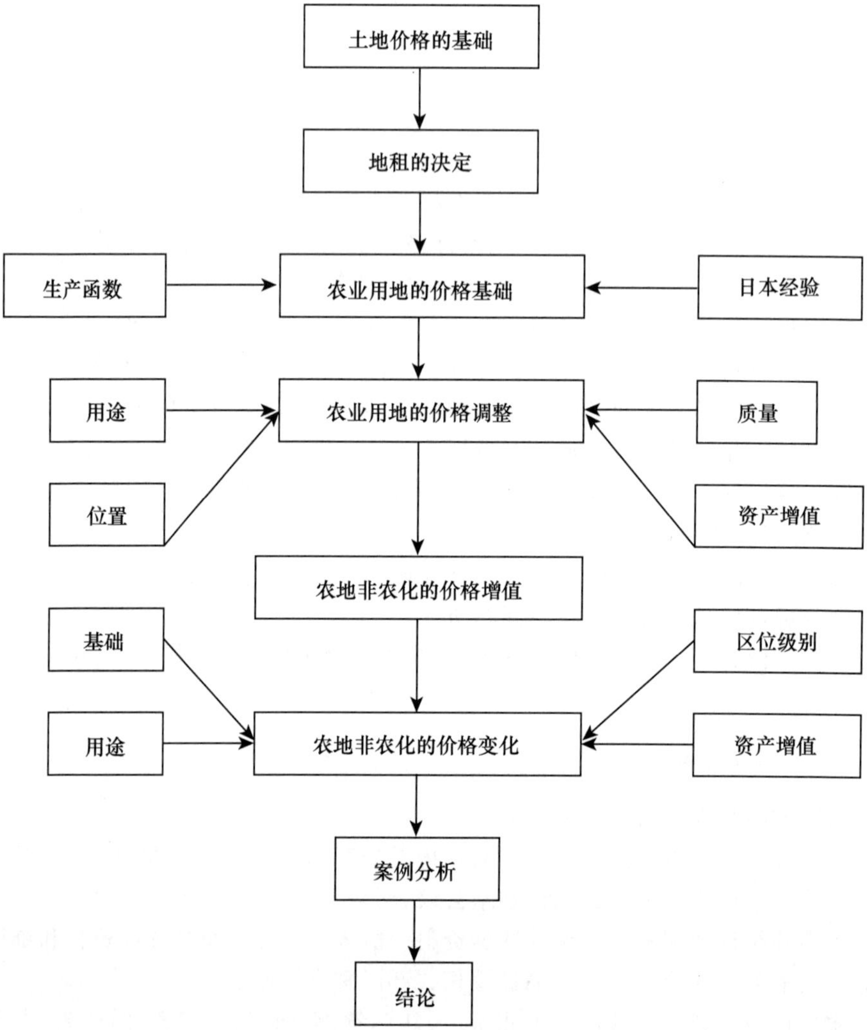

图 0-3　论文的研究框架

第一章由经济学相关理论确定了土地价格的基础。首先从价值价格理论出发，对几种价值价格理论进行了分析和评价，然后根据价值价格理论回答了学术界颇有争论的土地是不是商品，土地有没有价值与价格，土地的价值与价格是如何决定的问题。认为土地不是商品、没有价值，但是土地是生产资料，可以有价格。土地价格决定于地租。

第二章对土地价格的基础，即地租的决定问题进行了理论分析。从地租的起源和地租的决定角度，对经典经济学的地租理论做了总结和评论及取舍，为下一步研究问题奠定了理论基础。认为地租的决定不能只根据一种理论单独决定，要取各种理论的精华之处。

第三章确定了农业用地的价格基础。农地非农化的基础是农业用地。农业用地的价格基础，是农业用地的地租。农地地租如何决定，以劳动价值论为理论基础，方法论上采用以生产费用论和边际效用论为基础的边际分析方法和生产函数模型，计算出农业用地的地租量，进而计算农业用地的价格。通过理论推理、日本经验的借鉴和我国的实践三个步骤进行。

第四章对农业用地的价格进行了影响因素分析和调整。从农业用地的用途、位置、质量和资产增值几个方面对农业用地价格进行了理论分析和数量调整。并伴有案例分析和日本经验借鉴。

第五章对农地非农化的价格变化和确定问题进行了分析。确定了农地的价格后，再看非农用地的价格如何。首先确定一个非农用地价格的基础，然后再对其按照用途、区位和级别及资产增值三个因素进行调整。最后得出农地非农化后的价格增值。

第六章进行了相关案例的实证分析。首先对北京市大兴区庞各庄镇进行了实际的测算，并将测算结果与实际地价进行了比较。其次列举了农地非农化的国家征地和农村集体土地直接流转两种模式的案例，进行了分析。

第七章对现行的农地非农化价格确定方法进行了评论并提出农地非农化合理定价的重要意义。对我国现行征地补偿费制定标准、产值和倍数的问题、土地资产增值问题、土地增值收益的归属问题、征地补偿费的归属问题以及现行土地市场中存在的问题一一进行评论并提出了改革的思路。最后提出了农地非农化合理定价的重要意义。

0.4.2 可能的创新与不足

本研究尝试在以下几个方面有所突破。

首先，从经典经济理论出发，详细分析了农地非农化的价格基础，并一步一步进行调整，每一步都有坚实的经济学理论基础，最后提出了农地非农化价格确定的一套方法。为农地非农化的价格确定提供了理论基础和测算方法。

其次，在价格确定方法中提出了最优收益决定论、时间因素对区位的影响、多因素土地竞标理论、地产泡沫形成等理论，对土地价格理论进行了补充和发展。测算了土地资产增值，区分了土地资产增值中的确定性增值和不确定性增值。

最后，对于现行农地非农化机制与“农地入市”的农地非农化机制进行了比较分析，设计了“农地入市”的农地非农化模式。

本研究从经济学理论出发，在前人的研究基础上对农地非农化价格的确定理论方面做了一些尝试性的发展，并且辅之以相关的实证分析。但是本研究在分析方法上采用了生产函数等比较基本的计量经济方法，而没有与当今前沿的分析方法相结合，希望今后从这个角度进一步强化，以得到更加精确和严密的测算结果。

第1章　土地价格的基础

在确定农地非农化的价格时，首先需要确定农地的价格，这是农地非农化的基础。而农地的价格又是以什么为基础呢？我们知道价值是价格的基础，那么土地价格的基础是否是土地价值呢？为了寻找答案，我们需要从价值与价格的关系入手，寻找土地价格的基础。

1.1　关于价值与价格的不同观点

1.1.1　劳动价值论

劳动价值论从商品的二重性入手，认为商品具有使用价值和价值两种属性。相应的体现在商品中的劳动也具有二重性，即具体劳动和抽象劳动。劳动二重性决定了商品二重性：具体劳动创造使用价值，抽象劳动创造价值。

价值是凝结在商品中的一般的无差别的人类劳动，也就是抽象劳动。商品的价值量由生产商品的社会必要劳动时间决定。社会必要劳动时间，是在现有的社会正常的生产条件下，在社会平均的劳动熟练程度和劳动强度下制造某种使用价值所需要的劳动时间。价值是交换价值的基础，是商品的内在属性或社会属性。价值是一个历史范畴，是商品生产特有的范畴。当劳动产品成为商品时，人类劳动才表现为价值。

在商品经济条件下，社会财富表现为商品，因为它们包含着一般人类劳动，即价值或价值量，所以它们就有了价值形式或交换价值。商品经济条件下，各个生产单位生产的直接目的就是交换。此时，商品的使用价值除了构成社会物质财富的内容，还成为交换价值的物质承担者。交换价值表现为一种使用价值和另一种使用价值的相交换的量的比例关系。使用价值不同的商品之所以能够按照一定的比例交换，是因为，它们都是人类劳动的产物，都有人类劳动凝结在其中。

商品价值的表现形式是价值形式，随着历史的发展，价值形式经过了简单价值形式、扩大的价值形式、一般的价值形式和货币形式几个发展阶段。其中最发达的价值形式就是货币形式，即用货币的使用价值表现一切商品的价值。当用货币表现价值时，就形成了价格。价格是价值的货币表现，是物化在商品内的劳动的货币名称。

价值与价格有着极为密切的关系。价值是价格的形成基础，即价格是用一定的货币量表现出来的价值量，价值不能直接表现为自身，而只能通过价格的形式表现出来，价格与价值的关系是形式与内容的关系。

但是，也要注意到，价格与价值既相互统一，又不能混为一谈。价格以价值为形成基础，或者说价值是价格的本源。而价格又并非价值，不能等同于价值，因为决定或者影响价格形成或实现的因素，除了价格之外，还有其他因素，如供求和货币币值等。马克思指出："商品的价值量表现着一种必然的、商品形成过程内在的同社会劳动时间的关系，随着价值量转化为价格，这种必然的关系就表现为商品同在它之外存在的货币商品的交换比例，这种交换比例既可以表现商品的价值量，也可以表现比它大或小的量，在一定条件下，商品就是按照这种较大或较小的量来让渡的。可见，价格和价值量之间的量的不一致的可能性，或价格偏离价值量的可能性，已经包含在价格形式本身中。"①

因此，价格并不是价值的直接表现，价值也不是决定价格的唯一因素。

价格并不直接表现为价值，而是间接地通过曲折的过程表现价值的。即，价值要转化为价格，首先价值要转化为交换价值，然后交换价值再由充当等价物的货币表现出来，才最后转化为价格。价值形成于生产领域，实现于流通领域，价值转化为交换价值的过程，正是商品由生产领域转移到流通领域的过程。可见，离开了交换，就不会有价格。也就是说，价值只有转化为交换价值，才能与价格发生直接联系。可见，价格并不是直接与价格相联系，而是直接与交换价值相联系，即价格直接表现的是商品的交换价值而非价值。因而价格表现价值并非是直接的，而是间接的。一般所说的没有价值就没有价格，其实指的是没有交换价值就没有价格，因为一个物品如果没有交换价值就不能成为商品进行交换。所谓价值决定价格的产生和存在，主要应指交换价值，因而价格的特殊本质并不是由价值决定的。

价值虽然是价格的本源，但不是决定价格的唯一因素，除了价值之外，决定价格的还有供求和货币币值两个因素。价格就是一定数量的货币，价格之所以能够通过货币来表现，是因为，货币也是商品，也有价值和交换价值。货币作为特殊商品，具有表价的职能，可以充当商品交换的媒介，即任何商品相互交换，在货币出现之后，都不再是直接交换，而是首先同货币交换，再用所得的货币去交换所需要的

①马克思恩格斯全集(第23卷).北京:人民出版社,1972:120.

商品。因为价格是通过一定量的货币表现出来的，因此价格是商品价值与货币交换的一种比率，由此形成的价格并不完全反映价值本身，而是对价值的背离，即价格在数量上并不等同于价值，只有在供求平衡时价格才会等于价值。由于价格是由价值、供求和货币币值三个要素共同决定的，所以价格的特殊性不在于直接反映价值本身，而在于反映价值、供求和币值三者变化的关系。而这三个要素变化的方向及相互作用的程度，就是价格的数量界限，其相互作用的最终结果就是表现为实实在在的价格。从实际情况看，只要商品价值、供求关系和币值的变化不相互抵消，而且足以使价格发生变化，价格就要发生变化。

因此可以说，价格是直接表明单位商品交换价值的实际货币量。

1.1.2 均衡价格论

均衡价格论可以说是西方经济学最具权威的价格理论。均衡理论分为局部均衡论和一般均衡论。

局部均衡论由马歇尔提出。马歇尔在英国传统经济学的基础上吸收了历史学派、数理学派、边际学派等众多观点，实现了西方经济学说体系的一次折中和综合。被称为新古典学派。

均衡价格是马歇尔经济理论体系的基础和中心问题。马歇尔把价值等同于交换价值，认为一物的交换价值，是一物在任何时间任何地点可以换取的别物的数量。“因此，价值这个名词是相对的，表示在某一地点和时间的两样东西之间的关系。文明国家通常采用黄金或白银作为货币，或是金银并用。我们不是用铅、锡、木材、谷物和其他东西来互相表示价值，而是首先用货币表示它们的价值，并称这样表示的每样东西的价值为价格。”[①]他认为，价值是以实物表示的交换比率，而价格则是以货币单位表现的交换比率。在货币购买力处于静止状态下，任何事物的价格就可作为相对于一般事物的交换价值的代表，故所谓均衡价格事实上就是均衡价值。[②]

在价格分析过程中，马歇尔将力学观念的均衡运用到经济学当中，来说明均衡价格的形成。均衡是相反的力量所形成的均衡的态势。在价格问题上，相反的力量就是在一个市场内，买者和卖者对于某一商品的要求和控制的程度和能力。因此一个商品的价格决定于买卖双方力量相互冲击和相互制约，而最终使买卖双方

①马歇尔．经济学原理(上卷)．北京：商务印书馆，1965：81．

②胡寄窗．西方经济学说史．北京：立信会计出版社，1991：227．

力量达到均衡态势的价格就是均衡价格。即均衡价格是一种商品的需求价格与供给价格相一致时的价格或供给与需求的价格在市场上达到均衡状态时的价格。“当需求价格等于供给价格时，产量没有增加或减少的趋势，它处于均衡状态之中。当供求均衡时一个单位时间内所生产的商品量可以叫做均衡产量，它的售价可以叫做均衡价格。”①市场上的供给和需求两个相反的力量是相互作用的。如果市场上的需求价格大于供给价格，卖主就会增加供给量；而供给量的增加又趋向于压低需求价格，提高供给价格，使二者趋于一致。如果某一产量使需求价格低于供给价格，卖者就会减少供给量，而供给量的减少又趋向于压低供给价格，提高需求价格，使二者趋于一致。因此这种均衡是稳定的均衡，如果市场价格背离了均衡价格，将会自动恢复均衡。

马歇尔的均衡价格有两个前提条件，假定某一商品的价格只取决于它本身的供求状况，而不受其他商品的价格和供求状况的影响。以及假定货币的购买力不变。这也是所谓的局部均衡论。局部均衡的含义就是指，分析研究的是单个(产品或要素)市场，其方法是把所考虑的某个市场从相互联系的构成整个经济体系的市场全体中“取出”来单独加以研究。在这种研究中，该市场商品的需求和供给仅仅被看成是其本身价格的函数，其他商品的价格则被假定为不变，而这些不变价格的高低只影响所研究商品的供求曲线的位置。所得到的结论是，该市场的需求和供给曲线共同决定了市场的均衡价格和均衡数量。正如马歇尔所说，“我们要研究的力量为数是如此之多，以至最好一次研究集中力量，做出若干局部的解答……我们首先单独研究某一种特殊商品的供求和价格的初步关系。我们用‘其他情况不变’这句话，把其他一切力量当作是不起作用的：我们并非认为这些力量是无用的。”②因此假定商品价格只取决于其本身供求状况的同时，又假定货币购买力不变，就把影响商品价格的其他一切因素都抛出在外，只研究商品本身的供求问题。所以把这种理论叫做局部均衡论。

但显然，局部均衡论在理论上简单易行，而在实际当中却是不可能存在的。因此，法国经济学家瓦尔拉斯的均衡理论被当作一般均衡论而推广。瓦尔拉斯认为，市场上所有商品的供给、需求和价格是相互影响、相互依存的。严格说来，不可能想象一个商品的价格可以孤立地只和另一商品交换形成而不涉及到其他一切有关商品的价格。因此，任何一个商品价格必须同时和其他商品的价格联合着决定。

---

①马歇尔.经济学原理(下卷).北京：商务印书馆，1965：37.

②马歇尔.经济学原理(上卷).北京：商务印书馆，1965：19.

不仅要研究两种商品交换的价格决定，更主要的还必须考察市场上所有各种商品供给和需求同时达到均衡状态条件下的价格决定，即必须建立一个均衡价格理论体系。如果市场上各种商品的价格，恰好使得它们的需求量和供给量相等，这时的价格就是均衡价格，亦即商品的价值，这时的均衡也就是一般均衡。

不管是局部均衡论还是一般均衡论都是以价格代表了交换价值，以交换价值当作价值的。因此将价格与价值等同起来，研究了价格的决定。均衡价格理论认为商品的价格是由供给和需求双方共同决定的。当市场上商品的需求和供给达到均衡时的价格就是所谓的均衡价格。因此决定商品价格的因素是商品的供给和需求量。

局部均衡论以及后来代替它的一般均衡论成为经济学中独霸一时的理论和研究方式，虽然问世已有100多年，但仍然影响着现在的经济学理论和方法论。均衡价格理论，虽然抛弃了对价值的研究，转而研究单纯的价格形成的问题。从而避开了本质的问题，只研究了单纯的现象问题，但是对争论不休的边际效用价值论和生产费用价值论进行了一次综合，提出了供给和需求共同决定价格，这比较接近竞争市场的价格的形成。劳动价值论也提出，价格不只由价值决定，还要受到供求关系的影响，从而，价格会围绕价值上下波动，这就是价值规律。均衡价格理论更加深入地研究了这种供求关系是如何影响价格波动的。

1.1.3 边际效用价值论

边际效用价值论认为效用是价值的来源。它们从人的物质需要出发，认为产品的效用是它能满足人的欲望的能力，产品有用与否和用途的大小完全取决于人们的主观判断。效用是从产品和人的关系中产生的而不是产品本身的内在因素，产品是否具有价值，取决于人对于产品是否有满足某种欲望能力的评价。人们给某种物品以价值，是因为它有用，能够满足人们的需要，或是满足人们的嗜好和虚荣。没有用的东西，是谁也不肯给予它价值的。“物品的效用就是物品价值的基础。”①

效用和价值并不相同，效用是个较大的概念，价值是个较小的概念。一切能满足人的某种欲望的物都有效用，但并不是一切有效用的物都有价值。反之一切有价值的物都有效用。价值只有在效用处于某种限制之下才会出现，这种限制就是产品的有限性或稀缺性。价值的成立必须效用性和稀少性相结合，价值以稀缺性

①萨伊.政治经济学概论.北京：商务印书馆，1963:59.

为前提。

由于物品供给的稀缺性，必须将物品按照欲望的重要性进行比较，并将一定量物品作适当的分配以满足不同种类的欲望。在这一系列被满足的欲望中，总有一个是最后被满足的欲望，这是最不重要的欲望。如果物品减少了，它是首先被去掉的欲望，是处在被满足和不被满足的边缘的欲望，这就叫作边际欲望，边际效用就是物品满足边际欲望的能力。

边际效用价值论认为，边际效用是价值的尺度。产品效用的高低取决于边际效用的大小。如果产品供给量减少一单位，那么所放弃的欲望必然是最不重要的欲望，所损失的效用也只是满足这个边际欲望的效用。因此这一单位产品的价值决定于它的边际效用。但是一定量的同样产品中的各个单位的品质都是一样的。它们的用途可以互换，因此，一定量的，同样的产品的各个单位的价值必然是一样的，边际效用不只决定产品中某一单位的价值而是决定全部产品的每一个单位的价值。“决定物品价值的不是它的最大效用，也不是它的平均效用，而是它的最小效用。”①

对同一种物品的需要程度，随物品需要的增加而递减。因此得出欲望程度递减规律即边际效用的递减规律。由于边际效用的递减规律，“任何种类的物品越多，决定其价值的边际效用就越小。”“物品的数量和物品的价值成反比。”②

边际学派将价值论分为主观价值论和客观价值论。上面提到的是主观价值论，亦即他们的价值理论。客观价值论就是他们的价格理论。为了把依存于个人的主观评价同市场的客观价值（价格）结合起来，他们提出了“边际对偶”理论。认为，市场竞争价格的上下限决定于两对“边际对偶”的估价，其上限是由实际成交的最后买者和最先被排除的最有能力的卖者的估价所组成，其下限是由实际成交的最小能力的卖者和最先被排除的最有能力的买者的估价所组成，在此上下限内出现供求平衡，形成市场价格。这个理论通过边际对偶分析确定了以下两点：每个市场价格本身都是一种边际价格；价格为主观评价的产物。

边际效用价值论，从人的主观感受出发，来确定商品的价值。虽然不够科学，但是提供了一个新的角度——从需求和消费的角度，研究价值问题。并且将心理学因素引入到经济分析和价值形成过程的分析，边际分析方法也成为后来在经济学中广泛应用的方法论。

①庞巴维克.资本实证论.北京：商务印书馆，1964：167.

②庞巴维克.资本实证论.北京：商务印书馆，1964：171，170.

1.1.4 生产费用价值论

生产费用价值论认为，商品价值由工资、利息、地租三种收入构成。自然力、劳动和资本共同创造了价值。因此，这三个要素的报酬之和就等于商品的价值。这种观点起初形成于亚当·斯密，他说“工资、利润和地租，是一切收入和一切可交换价值的三个根本源泉。”“无论在什么社会，商品价格归根到底都分解成为那三个部分或其中之一。在进步社会，这三者都或多或少地成为绝大部分商品价格的组成部分。”①

萨伊进一步发展了这种观点。他认为劳动、资本和自然是资本主义生产的三要素，同时也是商品价值的创造者。价值是劳动、资本和自然共同协作的结果。价值就是使用价值即效用，而效用的创造不仅有劳动，还有资本和土地。因此资本和土地也创造价值，从而创造了收入。劳动创造的收入相当于三个生产要素在创造效用时各自耗费的代价，从而构成效用的生产费用。商品的价值是由效用的生产费用即工资、利息和地租决定的。工资、利息和地租构成商品的价值，同时也包括在商品的价格中，而市场供求关系则会使价格与这种效用的生产费用相一致。

约翰·穆勒也是生产费用论的杰出代表。他认为，一个商品的价值是该商品购买其他商品的一般力量，价格则是表示商品与货币相联系的价值。在自由竞争条件下，一般商品的价值是围绕着生产费用这个中心而变化的。他认为，生产费用是由劳动和资本构成的。劳动是其主要的因素，它包括在生产过程中直接投入的劳动和生产资料转移到过去的劳动。另一个因素是资本，它是资本家节制的结果。商品的临时市场价格是由供给和需求决定的，商品的自然的或经常的价值则是由生产费用来决定的。

生产费用论在价值确定的问题上，认为商品价值由三个要素的报酬构成，即商品价值＝工资＋利息＋地租。生产费用论与边际效用价值论截然不同，是从生产的角度出发来确定价值的，所以也叫做成本价值理论或要素价值理论。即生产中所耗费的费用或成本是商品价值确定的基础。而这些成本就包括了各种生产要素的报酬。生产费用与劳动价值论也截然不同，虽然都是从生产的角度出发，但是生产费用论否定了劳动价值论的劳动是价值的唯一源泉的观点，提出了价值的三个源泉。使价值理论由一元论转向了多元论。

生产费用论的价格理论往往是和供求理论相联系的。“一种商品价格如果不

①斯密. 国民财富的性质和原因的研究(上卷). 北京：商务印书馆，1972：47，45.

多不少恰恰等于生产、制造这商品乃至运送这些商品到市场所使用的按自然率支付的地租、工资和利润，这商品就可说是按它的自然价格的价格出售的”。[①]所谓自然价格就是和平均生产费用一致的价格。市场上任何一种商品的供售量，如果不能满足对这种商品的有效需求(即能使商品的需求得以实现的需求)，那么它的市场价格(即它出售的实际价格)，就会高于自然价格；反之如果供大于求，市场价格就会低于自然价格；如果供求相等，市场价格就会和自然价格相等。萨伊则认为，工资、利息和地租构成商品的价值，同时也包括在商品的价格当中，而市场的供求关系则会使价格与这种效用的生产费用相一致。[②]

实际上生产费用论混淆了价值的决定和价值的分配问题，如果将生产费用论作为分配理论或者要素报酬理论，是比较恰当的。商品的价值可以分割为地租、利息和工资。由生产费用论延伸的分配理论认为，既然生产有三个要素，而这三个要素又是价值的源泉，因此每个生产要素的所有者都得到他们应得到的收入，工人得到工资、资本家得到利息、土地所有者得到地租。这种被马克思叫做“三位一体的公式”的分配理论成为以后的经济学当中分配理论的依据。生产费用论为分配理论打下了一定的基础的同时也打开了成本分析的方法先河。“一件物品的效用，即对于这物品的想望也许还不能把它的价格提到和它的生产费用相等的水平。在这种情况下，这件物品就不会生产，因为它的生产费用超过它的价值。”“如果任何一种物品的法定价格低于它的生产费用，这种物品的生产就将停止，因为谁都不愿意亏本生产。”[③]由此延伸出生产函数等各种计量经济的分析方法。

1.2 土地的价值与价格

土地是不是商品？土地有没有价值与价格？土地的价值与价格是如何决定的？这些问题是一切有关土地经济问题的最基本，也是最复杂的问题。

1.2.1 土地是不是商品

关于土地是不是商品的问题争论很多。

首先需要明确土地的概念。关于土地概念的论述很多，从不同角度可以有不同的解释，在此不能穷尽，只能从经济学的角度来定义。从经济学的角度来讲，土

①斯密. 国民财富的性质和原因的研究(上卷). 北京：商务印书馆，1972：49.

②鲁友章，李宗正. 经济学说史(上册). 北京：人民出版社，1979：197，266.

③萨伊. 政治经济学概论. 北京：商务印书馆，1963：326.

地是一种生产资料或叫做生产要素。英国古典经济学家威廉·配第的著名论断“土地为财富之母，劳动为财富之父和能动的要素。”[①]说明了土地在创造财富过程中的重要地位。我们知道生产资料是人们从事物质资料生产所必需的一切物质条件。生产资料包括劳动对象和劳动资料。土地既是劳动对象，也是劳动资料。“经济学上所说的土地是指未经人的协助而自然存在的一切劳动对象。”“土地(在经济学上也包括水)最初以食物，现成的生活资料供给人类，它未经人的协助，就作为人类劳动的一般对象而存在。”“土地是他的原始的食物仓，也是他的原始的劳动资料库。例如，他用来投、磨、压、切等等的石块就是土地供给的。”[②]因此土地是最基本的生产资料。“土地是一切生产和一切存在的源泉。”[③]经济学家们还认为，土地作为一种生产要素，它不仅仅是土地本身，它包括一切天然资源。“生产要素通常分为土地、劳动和资本三类。土地是指大自然为了帮助人类，在陆地、海上、空气、光和热各方面所赠与的物质和力量。”[④]“土地一词的含义，就经济学的术语来讲，不仅限于土地的表面；它包含一切天然的资源——森林、矿藏、水源等等在内。”“土地问题是那些比通常所认识到的还要多得多的经济活动的基础。”“土地是万物的基础。”[⑤]

其次需要明确商品的概念。国内政治经济学教科书普遍将商品定义为商品是用来交换的劳动产品。这是源于马克思劳动价值论的观点。“进入交换的产品是商品”。[⑥]“如果把商品体的使用价值撇开，商品体就只剩下一个属性，即劳动产品这个属性。”[⑦]马克思虽然没有提到过明确的商品的定义，但他开宗明义地提出，价值和使用价值是商品的两个因素。因此由此可以看出商品必须满足两个条件。其一，是用于交换。因为商品具有使用价值，能够满足别人的某种需求，因此为了得到这种使用价值，而交换。其二，为劳动产品。这二者必须同时满足，缺一不成为商品。

商品概念的泛化。正如马克思所说“商品首先是，按英国经济学家的说法，‘生

①威廉·配第．赋税论，献给英明人士，货币略论．北京：商务印书馆，1972：71.

②马克思恩格斯全集(第23卷)．北京：人民出版社，1972：668，203.

③马克思恩格斯选集(第2卷)．北京：人民出版社，1972：109.

④马歇尔．经济学原理(上卷)．北京：商务印书馆，1965：157.

⑤伊利．土地经济学原理．北京：商务印书馆，1982：13，5.

⑥马克思恩格斯全集(第13卷)．北京：人民出版社，1972：533.

⑦马克思恩格斯全集(第23卷)．北京：人民出版社，1972：50.

活上必需的、有用的或快意的某种东西。’”[①]马克思劳动价值论以外的观点都认为，商品是用于交换的满足人们某种需要的物品。新帕尔格雷夫经济学大辞典中对商品词条的解释是“市场经济中进行交换的物品。”[②]这代表了多数西方学者的观点。随着我国改革开放和市场经济的深入发展，我国学者纷纷对传统的劳动价值论的商品概念提出了质疑。问题的焦点主要集中在经过交换的非劳动产品是否是商品之上。如果按照传统的商品定义，当然不是商品。可是在经济发展过程中，有一些非劳动产品，如专利等无形产品，股票、期货等资本品，水、土地等自然资源进入了交换领域，由原来的无偿变为有偿。因此人们觉得无法用原来的商品概念解释这一现象，只好寄托于非劳动价值论的商品观点。学者们认为劳动价值论产生于100多年前，之后世界经济发生了翻天覆地的变化，因此旧的理论不再适合新的情况，也不再适合指导新的实践。认为“商品是用于交换的使用价值。”[③]甚至认为，只有放弃了商品是用于交换的劳动产品这一概念才能解释清楚这些问题。“土地商品化的理论出路，只有放弃商品是劳动产品这样的定义。”[④]

需要指出的是，《资本论》产生的时代背景是，西方国家在工业革命之后在自由市场经济体制下，沿着资本主义道路长足发展的年代。那时专利等无形产品已经产生了近300年，并且相当普及，股份公司产生了200多年，土地的买卖业已司空见惯。因此，这些现象的出现绝不是市场经济发展到今天而产生的新生事物，它是伴随着市场经济产生而产生的，是市场经济的一个组成部分。在西方经济学中，将市场划分为商品市场、货币市场和生产要素市场，而并没有将所有可交换的物品统统定义为商品。因此我们没有必要对商品概念进行扩大化。

至此，这一问题已经简单明了。土地是生产资料或生产要素，而不是商品。土地进入市场进行交换，不是因为土地成为商品，而是因为生产要素市场的形成和发展。

1.2.2 土地有没有价值

解决了土地是不是商品的问题，土地有没有价值的问题就可迎刃而解。但是问题并非如此简单。

---

①马克思恩格斯全集(第13卷). 北京：人民出版社，1972：15.

②陈伯仁. 商品定义之我见. 锦州师范学院学报(哲学社会科学版)，1998(3)：49.

③黄延峰. 广义商品定义与自然资源的价值分析. 商业研究，2001(3)：27.

④高映轸. 土地商品化的理论出路. 中国房地产，1995(8)：5.

西方学者从不同的价值理论出发来解释土地价值问题。边际效用学派认为，有用即价值，而且这种价值是与稀缺性结合在一起的。物品要有价值，必须既是有用的，又在数量上是有限的，即必须具有稀少性，稀少性必须同交换价值联系在一起，稀少性是交换价值的起因。那么对于土地来说有用而且稀缺，才会具有价值。如同美国的《宅地法》实施时期，相对于人类的活动而言，美国西部的广袤地区，相当于无限大。因此才会颁布《宅地法》这样的法案，将土地无偿送给开发者。维塞尔说“生产财物、土地、劳动和资本，只要它们的数量不是过分多余，由于它们有效用，就必然获得价值。”①正是这种观点的代表性论断。生产费用价值论者认为，土地是价值的一个组成部分，土地是价值的一个源泉，因此自然就具有价值。均衡价值(格)论则认为，一切商品和生产要素的价值(格)都是由需求和供给的均衡形成的。因此土地的价值(格)也是由土地的需求和供给的均衡形成的。由于西方学者价值与价格含混不清，因此关于土地的价值和价格也是含混的，但可以认为，按照他们的价值理论，他们基本认定进入交换的土地是有价值的。

马克思在分析商品的价值和使用价值的属性时指出，“一个物可以是使用价值而不是价值。在这个物并不是由于劳动而对人有用的情况下就是这样。例如，空气、处女地、天然草地、野生林等等。”他在分析绝对剩余价值的生产时也提到，“如果生产资料没有价值可以丧失，就是说，如果它本身不是人类劳动的产品，那么，它就不会把任何价值转给产品。它的作用只是形成使用价值，而不形成交换价值。一切未经人的协助就天然存在的生产资料，如土地、风、水、矿脉中的铁、原始森林中的树木等等，都是这样。”②因此，天然的土地没有价值。西方学者也有类似观点。土地作为“大自然的赠品”时“土地确实没有生产费用，它不是生产要素，甚至不能成为消费财货”。拉特克里夫也认为“作为自然空间属性的土地，如果不投入资本和劳动，就不具有经济价值。”③正如房龙在《美国的故事》当中提到的那样，十六七世纪的地图绘制者，在绘制南美洲和中美洲地图时……几乎是完美无缺。……然而除这些地区外他们就都不感兴趣了。在美洲北部广袤的旷野上，他们只简单地写下了这么一行字：“毫无价值的土地。”④没有开发的北美洲大陆，是没有价值的。

---

①弗·冯·维塞尔. 自然价值. 北京：商务印书馆，1982：115.

②马克思恩格斯全集(第23卷). 北京：人民出版社，1972：54，230.

③刘书楷. 刘书楷论文选集(第二集). 北京：学苑出版社，1999：147.

④房龙. 美国的故事. 北京：社会科学文献出版社，1999：24.

马克思还提出了土地物质和土地资本的概念。"人们只要对已经变成生产资料的土地进行新的投资，也就是在不增加土地的物质即土地面积的情况下增加土地资本。"[①]后来他还进一步说明了土地资本。"资本能够固定在土地上，即投入土地，其中有的是比较短期的，如化学性质的改良、施肥等等，有的是比较长期的，如修排水渠、建设灌溉工程、平整土地、建造经营建筑物等等。我在别的地方，曾把这样投入土地的资本，称为土地资本。它属于固定资本的范畴。""这种投资……会改良土地，增加土地产量，并使土地由单纯的物质变为土地资本。一块已耕土地，和一块具有同样自然性质的自然土地相比，有较大的价值。"[②]

据此，我国学者形成了土地价值的二元论。即认为土地物质没有凝结人类劳动，因此没有价值，土地资本凝结了人类劳动，有价值。"经过改良的土地，由于投入土地的资本而具有了价值……土地资本作为土地实体的土地自然物质相结合，不仅改良了土地，使其由自然状态变为生产资料具有了新的使用价值，增加土地产量和生产力，而且由于人们投入的资本（劳动）凝结在土地之中，形成了土地价值。"[③]并且，认为土地物质是指土地面积等土地的自然物和自然力，是土地的自然状态。土地资本是指投入土地的资本，这样的土地已经经过改良和利用。因此要区分两种情况。处于自然状态的土地是纯自然物，其单一成分是土地物质，没有价值。经过改良的土地由土地物质和土地资本构成，其土地物质部分没有价值，而土地资本部分有价值。"在土地构成中，土地物质是无价值的，而土地资本是有价值的。换言之土地构成的二元性构成了土地价值的二元性。"[④]而在土地价值二元论当中，又有所分歧，"一种观点认为土地资本是指所有的土地基础设施建设；二是认为土地的附属设施不属于土地资本的范畴，土地资本应是那些能够直接改善土地的物理、化学、生物性能，从而改善土地的使用价值或功能，并且与土地密切结合为一体的那些固定资本，如土地改良，土地平整、劈山或填海造地、地基构筑等形成的土地固定资产。"[⑤]这种土地价值二元论的观点在我国占有比较权威的地位。

但是，本文认为，土地是没有价值的。首先，作为土地，并没有分为土地物质和土地资本。土地物质和土地资本不是并列的关系，也不是土地整体的两个构成部分。土地资本是追加在土地上的资本。马克思虽然指出他曾"把土地物质和土地

①马克思恩格斯全集（第 4 卷）. 北京：人民出版社，1972：189.

②马克思恩格斯全集（第 25 卷下）. 北京：人民出版社，1972：698，699.

③刘书楷. 刘书楷论文选集（第二集）. 北京：学苑出版社，1999：142.

④周诚. 从土地构成看土地价值理论及其应用. 中国房地产，1996(7)：6.

⑤黄贤金. 农地价格论. 北京：中国农业出版社，1997：5.

资本区别开来”,但是他说明了土地资本“属于固定资本范畴”。

其次,需要明确的是,土地物质是指土地的面积,并不是指土地的自然力,也不是指未经改造的土地。被大家引用的马克思所说的土地物质的含义,实际上是马克思引用了蒲鲁东的话,“……我们不能在它的物质成分上(用蒲鲁东先生的说法)添加任何东西,……土地的物质即土地面积……蒲鲁东先生所理解的土地的物质,就是有空间界限的土地。至于他所说的土地的永恒性,我们并不反对土地作为一种物质具有这种性质。”这句话表明了,在此作为土地物质只是指土地的面积,有空间界限的土地,具有永恒性的土地。“马克思地租理论中的土地物质(即土地面积)就是这样一种抽象,他不管这个面积是何等物质。是生荒地还是在用地?是农业用地还是工业用地?是优等地还是劣等地?他只管这个物质(笼而统之的物质实体)的面积有多大。”[①]但是除此之外,如对于土地的肥力、土地位置等自然状态并未涉及。土地物质是一个绝对的,永恒的,不变的范畴。实际上,作为土地,并不只是土地物质,它还包括土地肥力、土地位置等因素。而土地肥力和土地位置是可以变化的因素。如,土地的肥力可由于精耕细作而变好,也可以由于粗放经营而变坏,甚至沙漠化。土地位置是相对于参照物而言的。因此在社会历史发展的不同时期,由于参照物的变化,土地位置就会发生变化。

第三,土地资本的收入是资本利息,而不是地租。对此马克思也有很明确的表述。“土地资本的代表不是土地所有者而是土地经营者。作为资本的土地带来的收入不是地租而是利息和经营利润。有些土地产生这种利息和这种利润,但不产生地租。总之,土地只要产生利息,就是土地资本,但是,它既是土地资本,也就不能提供地租,就不能形成土地所有权。”这句话表明土地资本带来的是利息,不是地租。他说“租金不仅包含真正地租,而且还可能包含投入土地的资本的利息。在这种情况下,土地所有者不是以土地所有者的身份而是以资本家的身份获得这一部分租金。不过,这并不是我们所要讲的真正的地租。”[②]“为投入土地的资本以及作为生产工具的土地由此得到的改良而支付的利息,可能形成租地农场主支付给土地所有者的地租的一部分,但这种地租不构成真正的地租。真正的地租是为了使用土地本身而支付的,不管这种土地是处于自然状态,还是已被开垦。”[③]可见,马克思不仅明确地区分了作为“真正的地租”的土地的收入和作为资本利息的土地

①高映轸.谈经济学中的土地二元论.中国房地产,1996(10):16.

②马克思恩格斯全集(第4卷).北京:人民出版社,1972:190,189.

③马克思恩格斯全集(第25卷下).北京:人民出版社,1972:698.

资本的收入。而且他也区分了租金和地租的概念。地租是纯粹的土地的收入。租金则包括了土地的地租和土地资本的利息。土地价值二元论中,将土地资本作为土地的一部分,必然将资本的利息算作了地租。

第四,土地资本已经在商品价值中得到回收。在商品价值构成中,包含在固定资本里,而地租作为转化的超额利润是包含在剩余价值里的。如果在地租里包括土地资本部分,无疑会造成重复计算。实际上对此马克思做了相应论述。"土地资本是固定资本,但是固定资本同流动资本一样也有损耗。土地方面已有的种种改良要求人们把它们保持下来并进一步改良。这些改良只有在一定时期内才有效用,这和所有别的用来使物质变成生产资料的改良是一样的。假如土地资本是永恒的,那么,有些地方就不会有今天这样的面貌,罗马近郊平原、西西里岛和巴勒斯坦就会仍然放出昔日繁盛的全部光辉。"①土地资本同资本一样,是逐步损耗的,这种固定资本通过在土地上生产的商品的价值而逐步偿还。不应计入地租里。"一旦投入的资本分期偿还,这种化为利息的地租也就会变成纯粹的级差地租。否则,同一个资本就必然要作为双重的资本而存在了。"②正如有的学者指出,土地价值二元论"由于认为投向土地的劳动会形成土地的价值,这就势必把土地价值理解为二次或多次凝结。"③

综上所述,土地是进行生产的场所和场地,是生产资料或叫做生产要素。是进行生产的自然基础,不是商品,也没有价值。

1.2.3 土地有没有价格

按照劳动价值论,价值是价格的基础,价格是价值的货币表现。那么按理,没有价值的东西就应该没有价格。在对劳动价值论的这种理解的指导下,我国计划经济体制时期,认为土地等自然资源是没有价格的,对其进行了无偿的开发和占有。这一方面是对理论认识的不足,而更进一步的原因是,在工业化初期为工业化进行资本的原始积累,农业必须为工业做出贡献。我国在土地改革后,迅速实行"合作化",形成土地等生产资料由土地改革后的农民私有转向"公社、大队、生产大队三级所有,以生产队为基础"的所有制形式。这种"合作化"在执行过程中,违背了合作化"自愿互利"的原则,而变成了"强制剥夺"。其原因就是推行工业化,就必

①马克思恩格斯全集(第4卷).北京:人民出版社,1972:190.

②马克思恩格斯全集(第25卷下).北京:人民出版社,1972:841.

③李秉濬.土地经济理论的核心是地租理论.中国土地科学,1995(6):2.

须进行“资本的原始积累”，而“一穷二白”的社会主义国家要实现资本原始积累，也只能依靠强制手段进行。我国实行的农业“合作化”（集体化）是“传统农业为主的落后的社会主义国家，在工业化的原始积累阶段，为保证工占农利，而将全体农民组织起来集体生产、集中供奉的农业经营形式。”[①]在这样的背景下，土地等生产资料自然是无偿地由私有变为集体所有，何谈什么价格。在工业化进程中，工业对农业的剥夺，抑或是农业对工业的贡献，不仅是产品贡献、资本贡献、劳动力贡献、市场贡献和外汇贡献，还有土地的贡献，农业中的土地要素不断被工业无偿占用。

那么实际上，土地这样没有价值的物，是否有价格呢？随着市场经济的发展，土地开始在市场上进行交换，交换的东西都是有价格的。没有价值的东西如何有了价值？这是否违背了劳动价值论？关于这一点，马克思早有论述。“价格形式不仅可能引起价值量和价格之间即价值量和它的货币表现之间的量的不一致，而且能够包藏一个质的矛盾，以致货币虽然只是商品的价值形式，但价格可以完全不是价值的表现。有些东西本身并不是商品，例如良心、名誉等等，但是也可以被它们的所有者出卖以换取金钱，并通过它们的价格，取得商品形式。因此，没有价值的东西在形式上可以具有价格。在这里，价格表现是虚幻的，就像数学中的某些数量一样。另一方面，虚幻的价格形式——如未开垦的土地的价格，这种土地没有价值，因为没有人类劳动物化在里面——又能掩盖实在的价值关系或由此派生的关系。”[②]因此，不是商品，没有价值的东西可以在市场上交换，也可以有价格。马克思把这种价格称之为“虚幻的价格形式”。在此，需要纠正广义商品论的是，不是所有在市场上交换的东西都是商品，不是商品也可以交换，可以有价格形式。

1.2.4 土地价格的决定

那么土地的价格是如何决定的呢？按照马克思的理论，土地的价格不是其价值的货币表现（因为土地没有价值），而是地租的资本化，这是一种虚幻的价格。“地租表现为土地所有者出租一块土地而每年得到的一定的货币额。我们已经知道，任何一定的货币收入都可以资本化，也就是说都可以看作一个想象的资本的利息……这样资本化的地租形成土地购买价格或价值，一看就知道，它和劳动的价格完全一样，是一个不合理的范畴，因为土地不是劳动的产品，从而没有任何价值。”“瀑布和土地一样，和一切自然力一样，没有价值，因为它本身没有任何物化劳动，

①程淑兰．中国农村发展：理论和实践．北京：中国人民大学出版社，1999：149．

②马克思恩格斯全集（第23卷）．北京：人民出版社，1972：121．

因而也没有价格，价格通常不外是用货币来表现的价值。在没有价值的地方，也就没有什么东西可以用货币来表现。这种价格不外是资本化的地租。”①因此马克思所说的土地价格（有时他也叫做土地价值）就是资本化的地租。

可以说配第最早提出了关于土地价格是资本化地租的思想。“在发现地租或每年的使用权的价值后，我们就要问，一块可以自由买卖的土地的自然价值（我们平常的说法）相当于多少年的年租……因此土地价值也大约等于21年的年租。”②对此马克思评论到，“配第在这样确定了地租（这里等于包括利润在内的全部剩余价值）和找到了地租的货币表现之后，就着手确定土地的货币价值，这又是很有天才的。”“配第把地租归结为剩余劳动，因而归结为剩余价值之后说道，土地不过是资本化的地租，即一定年数的年租，或者说，一定年数的地租总额。”“土地的价值不外是预购的一定年数的地租，是地租本身的转化形式，在这种形式中，若干年（例如21年）的剩余价值（或剩余劳动）表现为土地的价值；总之，土地的价值无非是资本化的地租。”③虽然他规定了21年的期限不尽科学，但是，说明了土地价格问题的实质，即资本化的地租。在配第之后另一名英国的经济学家洛克也认为土地价格的大小取决于该地所提供的收入（地租）多少，地价与地租的关系如同本金与利息的关系。地价无非是按利率计算的地租收入的资本化。边际学派维塞尔提出“土地的价值，像永久性租金的价值那样，是依据同样原则用地租资本化来计算的，”“土地和资本开始按照它们所生产的租金数额来互相交换，于是人们就用资本的价值来表示土地的价值。”“正像资本只有按同一利率来计算的时候才能够正确地互相比较一样，土地和资本也同样地只有采取资本的利率来估价土地的时候才能够正确地加以比较。”④土地经济学的创始人伊利也持有这样的观点。他认为土地价值的意义在于“土地的资本化的收益能力”，“把预期的土地收益系列资本化而成为一笔价值基金，这在经济学上就称为土地的资本价值，在流行词汇中则称为土地售价。”⑤

关于土地价格的决定，还有一种主要观点就是均衡价格论。这种观点认为土地也是商品，土地价格是由市场供求关系决定的，供给和需求的均衡点形成均衡价格。土地的总量有限，土地的自然供给无弹性，其自然供给量不受地价变动的影

①马克思恩格斯全集（第25卷下）.北京：人民出版社，1972：702，729-730.

②威廉·配第.赋税论，献给英明人士，货币略论.北京：商务印书馆，1972：45-46.

③马克思恩格斯全集（第26卷Ⅰ），北京：人民出版社，1972：382-384.

④弗·冯·维塞尔.自然价值.北京：商务印书馆，1982：200，202.

⑤伊利.土地经济学原理.北京：商务印书馆，1982：220，225.

响，也不会对地价构成影响。土地的经济供给虽有变动，但也受土地自然供给量不变的限制。因而土地价格通常是由需求一方决定的。所以土地需求的变化直接决定着地价的涨落。然而对一定时期和一定地区来说，影响土地供求的因素很多，土地的供给与需求又经常在变动，因此地价仍然是在供求规律的作用下形成的。这种理论把土地视为商品，把土地交易和土地价格纳入市场，将制约和影响土地价格的各种因素都纳入市场供求关系和供求规律当中考虑。这种观点形成于萨伊，在马歇尔、萨缪尔森的经济学的分配理论中得以进一步发展，并在雷利·巴洛维等人的土地经济学理论中得到完善。

土地价格是资本化的地租，这种观点揭示了土地价格的实质和来源。土地的价格只是地租的资本化，将一系列年份的地租折算成现值，也就是提前收回了地租。

这种资本化的地租可以简单地用公式表示为：

$$土地价格=\frac{地租}{利息率}$$

土地价格决定于地租和利息率。在利息率既定的情况下，土地价格就决定于地租。因此土地价格的实质问题就是地租问题。土地价格供求决定理论则揭示了影响土地价格变动的诸多因素。

正如马克思所说，“地租的这种资本化是以地租为前提，地租却不能反过来由它本身的资本化而产生并得到说明。”[①]伊利也认为“并不是资本价值决定收益，而是收益决定资本价值。许多人都往往以为，既然土地按每沿街英尺、每方英尺或每英亩的某一定价出售，它就应该产生一定的收益来作为投资的公平报酬。这却远非事实。为土地付出多少代价，是凭它将要生产的是什么，或渴望生产的是什么来决定，而不是凭它应该生产的是什么来决定。”[②]

---

①马克思恩格斯全集(第25卷下).北京：人民出版社，1972：703.

②伊利，莫尔豪斯.土地经济学原理.北京：商务印书馆，1982：225.

第 2 章　地租的决定

地租是土地价格决定的基础。那么地租又是如何决定的呢?

什么是地租呢？马克思说，作为租地农场主的资本家，为了得到在这个特殊生产场所使用自己资本的许可，要在一定期限内（如每年）按契约规定支付给土地所有者即他所使用土地的所有者一个货币额（和货币资本的借入者要支付一定利息完全一样）。这个货币额，不管是为耕地、建筑地段、矿山、渔场、森林等支付，统称为地租。①地租即：土地使用者，为了使用土地，按照一定期限（如一年）支付给土地所有者的货币额。

2.1　经济学中关于地租的理论

地租理论渊源悠久，经济学家对地租的来源、地租的决定等问题提出了各自的见解。从地租的起源和地租的决定两个方面将经济学家的观点归纳如下。

2.1.1　地租的起源

对于地租的起源，经济学家有以下几种观点。

2.1.1.1　自然恩赐论

认为地租来源于大自然的赐予。持这种观点的经济学家有威廉·配第、魁奈、马尔萨斯等。

配第提出了最早的地租理论。他认为地租的源泉在于土地的自然力。地租是扣除生产费用后土地的自然产物。纯粹的地租是不凭借任何人的土地自然产物。马在天然草原上放牧后增加的重量相当于纯粹的地租。②

魁奈提出了纯产品学说。他假设整个社会实行大规模的租地农业经济。农场经营主租用土地所有者的土地，而使用土地必须支付地租，这个地租就是“纯产

---

①马克思恩格斯全集（第 25 卷下）. 北京：人民出版社，1972：698.

②胡寄窗. 西方经济学说史. 上海：立信会计出版社，1991：43.

品”。即“纯产品”作为地租被土地所有者拥有。魁奈将“纯产品”看作“自然的协助”、“自然的赐予”。他认为土地的自然属性是“纯产品”产生的原因。财富是由土地生产出来的产品,因而财富的真正源泉是农业。魁奈认为只有农业才创造“纯产品”,因此农业是唯一的生产部门。这也是他的重农主义观点之所在。

马尔萨斯认为,地租是对地主占有土地肥力的报酬,是自然对人类的赠与或是上帝对人类的赐予。地租存在的原因有三:①决定于土地的性质,土地能够生产出比维持耕种者的需要还多的生活必需品。②决定于生活必需品的性质,它总是有销路的。③决定于肥沃土地的稀少性。可见,他认为地租存在的原因首先在于土地的特殊性质。土地生产出比维持耕种者需要还多的生活必需品,因此有了剩余,就为地租的产生提供了可能。而土地的这种特殊性质不是人为的,是大自然的赐予。他说地租是对地主占有土地肥力的报酬,而肥沃的土地也是大自然的恩赐。

地租起源的自然恩赐论,地租是土地上生产出来的剩余产品。土地为什么会生产出来剩余产品呢?他们将原因归结为土地资源的特殊性,认为这是大自然的赐予。用威廉·配第的话说就是“土地是财富之母,劳动是财富之父”。

诚然,他们看到了土地的特殊性及土地对农业生产的特殊作用。因为农业生产中经济的再生产过程与自然的再生产过程是交织在一起的。农业生产一方面是人类的劳动产品,劳动力和生产关系等经济现象的再生产过程,同时又是动植物的生长和繁衍及其与自然界进行物质和能量相互转换的自然现象的再生产过程。因此农业生产既要服从经济规律,又要服从自然规律。土地是农业生产利用各种自然力的基础,也是农业生产的最重要的生产资料。

但由此认为地租产生是由于大自然的恩赐,不很准确。地租是一种经济现象,它不仅与土地的自然条件,如土地肥沃程度等有关,更重要的是它由于社会经济关系才产生。但是以上几位经济学家显然没有意识到这一点,仅仅把地租归结为土地的自然条件,是不全面的。

2.1.1.2 稀缺论

同自然恩赐论相反,这种观点认为地租产生的原因不是大自然恩赐的结果,而是大自然吝啬的结果。持这种观点的经济学家有李嘉图、马歇尔等。

英国古典经济学家李嘉图对地租问题也做了卓有成效的研究。在李嘉图之前配第、魁奈、马尔萨斯等在不同程度上都将地租归结为自然的赐予。李嘉图针锋相对地指出,地租不仅不是自然的赐予,相反却是其吝啬的结果。如果土地数量无限,谁也不会为使用土地支付地租;如果所有土地都同样富饶、距离城市的位置也都一样,地租便不复存在。正因为土地数量有限,而且土地肥力存在差别,才产生了地租。

马歇尔是英国新古典经济学家，剑桥学派的奠基人。他认为，地租的产生是由于大自然的吝啬，未恩赐人们以无限制的土地。如不存在稀少性，任何土地均不会有地租。故从一定意义上看，一切地租均为稀有地租。又由于任何土地均有其不同的利用方式，故一切地租也是级差地租。

地租起源的稀缺论认为，产生地租的原因是因为土地资源的有限性及优等土地的有限性导致土地肥力的差别，从而产生了地租。

土地资源的重要特征就是其有限性与和各地土地自然条件和经济条件的差异性。土地是自然的产物，其面积是有限的。这不同于其他生产资料。将地租的起源归结为稀缺，这与稀缺价值论是一脉相承的。

2.1.1.3　垄断论

有一部分经济学家认为地租存在是由于土地所有权垄断或土地私有权造成的。持这种观点的经济学家有亚当·斯密、詹姆斯·穆勒、约翰·穆勒。

英国古典经济学家亚当·斯密对地租理论有很深的研究。他认为地租是为使用土地而支付的代价或价格。他说地主在向租地人出租的土地时，他的原则首先是使租地人得到的土地生产物足以补偿他所耗费的农业资本，并得到农业资本的普遍利润。否则租地人就不会承租土地。但是土地生产物多于这一数额的价格，地主则作为使用土地的价格、地租收归己有。可见，斯密认为地租是资本主义地租。不过是租地资本家为取得土地使用权而向土地所有者交纳的农产品价格超过预付资本加平均利润以上的余额。他对土地所有权对地租的意义有明确认识。他强调，地主不仅对经过改良的土地要求地租，对未经改良的甚至完全不适于耕种的土地也要求地租。因此“作为使用土地的代价的地租，当然是一种垄断价格。他完全不和地主改良土地所支出的费用或地主所能收取的数额成比例，而和租地人所能缴纳的数额成比例。”①马克思对此作出评价，说“斯密非常明确地强调土地所有权即作为所有者的土地所有者要求地租。斯密因此把地租看作土地所有权单纯的结果，认为地租是一种垄断价格，这是完全正确的，因为只是由于土地所有权的干预，产品才按照高于费用价格的价格出卖，按照自己的价值出卖。”②斯密有时又将地租看作自然力的产物，将它归结为无需代价的自然力和人共同劳动的结果。这体现出斯密理论的二重性。正如李嘉图后来所指出，自然力虽然有助于使用价值

①亚当·斯密.国民财富的性质和原因的研究(上卷).北京：商务印书馆，1972：138.

②马克思恩格斯全集(第26卷Ⅱ).北京：人民出版社，1972：389.

的增进，却丝毫不会增加物品的交换价值。工业中也有大量使用自然力，但如果自然力有助于农产品的交换价值的增加，那么它同样也将有助于工业品交换价值的增加。

英国经济学家、李嘉图学派的代表人物詹姆斯·穆勒及其子约翰·穆勒对地租来源的解释是土地私有权的存在。詹姆斯·穆勒认为土地私有权导致地租的产生。但他认为地租的存在是不合理的，他反对土地私有权的存在，主张通过征收高额地租税的办法，或多或少把土地私有变为土地国有。约翰·穆勒认为由于地主阶级垄断了土地，所以农民耕种土地，就必须支付地租。随着科学的发展农产品产量增加价格下降。随着经济增长地租和土地价格会一起增加，因此他主张这一部分财富应该收归国家所有，用于社会福利事业。他提出征收土地税，使地租社会化。认为在私有财产制度下地租阻碍了人们更好地发挥生产积极性，并使地主阶级能够无偿地占有他人的劳动成果，束缚了个性的充分发挥。因此他主张用征收土地税的办法，使地租逐步社会化。

这种理论很好地说明了地租存在的制度条件。但是仍然没有说明地租的来源问题。正如马克思所说，“地租是土地所有权在经济上借以实现即增殖价值的形式。”[①]“地租的占有是土地所有权借以实现的经济形式。”“利用瀑布而产生的超额利润，不是产生于资本，而是产生于资本对一种能够被人垄断并且已经被人垄断的自然力的利用。在这种情况下，超额利润就转化为地租，也就是说，它落入瀑布的所有者手中。”“在考察地租的表现形式，即为取得土地的使用权(无论是为生产的目的还是为消费的目的)而以地租名义支付给土地所有者的租金时，必须牢牢记住，那些本身没有任何价值，即不是劳动产品的东西(如土地)，或者至少不能由劳动再生产的东西(如古董，某些名家的艺术品等等)的价格，可以由一系列非常偶然的情况来决定。要出售一件东西，唯一需要的是，它可以被独占，并且可以让渡。”[②]因此，土地所有权的垄断是产生地租的制度根源，决定地租被谁占有，而并不是地租的源泉。

2.1.1.4　劳动创造论

这种观点认为地租来源于人类的劳动。持这种观点的经济学家有杜尔阁、巴士夏和马克思。

杜尔阁是法国重农学派的重要代表人物。他继承和发展了魁奈的纯产品理

①马克思恩格斯全集(第25卷下).北京:人民出版社,1972:698.

②马克思恩格斯全集(第25卷下).北京:人民出版社,1972:714,727.

论。他认为农业是唯一的生产部门，而作为生产剩余的“纯产品”就是地租。魁奈认为“纯产品”是自然的恩赐，而杜尔阁却不这样认为。他认为“纯产品”是土地对农业劳动者劳动的赐予。这样杜尔阁就把“纯产品”的生产和劳动联系起来。他还进一步指出“农业劳动者是唯一的这样一种人，他的劳动生产出来的产品超过了他的劳动工资。”[①]他认为土地所有者如果不通过土地耕种者的劳动是什么也得不到的；土地所有者从土地耕种者那里获得生活资料，并且由此支付其他薪资人员的劳动报酬。这就是说“纯产品”是劳动创造的，土地所有者之所以占有“纯产品”是凭借对土地的私有权。可见他将地租归结为农业劳动者的剩余劳动。

法国经济学家巴士夏提出了服务价值论。他认为所有的服务都可以分成两类：一类产生于人们的劳作，一类属于自然的赐予。前者必须得到补偿和支付，即通常所说的价值，后者常被人们忽视，因为它由自然赋予而无需支付。按照这一观点，地租显然不是李嘉图所说的为使用自然力而支付的报酬，任何人无权也无法为自然无偿提供的服务索取报酬。地租是过去服务的报酬。土地价值代表给土地施肥、清理土地、实施排灌等服务，地主的收益即提供这些服务后所得的报酬。地租的性质和起源，同其他收入一样，基因于服务。

马克思完善了劳动价值论，创建了剩余价值论。其地租理论也是以劳动价值论和剩余价值论为基础的。认为地租是由超额利润转化而来，也是剩余价值分配的结果。他认为“一切地租都是剩余价值，是剩余劳动的产物。”“地租的量完全不是由地租的获得者决定的，而是由它没有参与、和它无关的社会劳动的发展决定的。”他还指出自然力和土地所有权并不是地租的源泉。“自然力不是超额利润的源泉，而只是超额利润的一种自然基础，因为它是特别高的劳动生产力的自然基础。”他还认为“瀑布的土地所有权本身，对于剩余价值（利润）部分的创造，从而对于借助瀑布生产的商品的价格的创造，没有任何关系。即使没有土地所有权，例如，即使瀑布所在的土地是作为无主的土地由工厂主来利用，这种超额利润也会存在。所以，土地所有权并不创造那个转化为超额利润的价值部分，而只是使土地所有者，即瀑布的所有者，有可能把这个超额利润从工厂主的口袋里拿过来装进自己的口袋。它不是使这个超额利润创造出来的原因，而是使它转化为地租形式的原因，也就是使这一部分利润或这一部分商品价格被土地或瀑布的所有者占有的原因。”[②]因此农业工人的剩余劳动是地租真正的源泉，土地所有权只是决定这个地

①杜尔阁. 关于财富的形成和分配的考察. 北京：商务印书馆，1961：22.

②马克思恩格斯全集（第25卷下）. 北京：人民出版社，1972：715，717，728，729.

租的归属。

2.1.2 地租的决定

关于地租的决定，经济学家也有其不同的观点。

2.1.2.1 剩余价值论

这种观点认为，地租是在产品中扣除一些必要的部分之后的剩余。实际上指剩余价值理论的萌芽和剩余价值论。

威廉·配第认为，商品价值是工人的劳动所创造的，而工人的工资仅仅等于最低限度的生活资料价值，二者之差构成地租。他举了一个例子来说明这个问题，“假定一个人能够用自己的双手在一块土地上面栽培谷物；即假定他能够作为耕种这块土地所需要的种种工作，如挖掘、犁、耙、除草、收刈、将谷物搬回家、打脱晒净等等；并假定他有播种这块土地所需的种子。我认为，这个人从他的收获之中，扣除了自己食用及为换取衣物和其他必需品而给予别人的部分后，剩下的谷物就是这一年这块土地的正当的当然的地租。”①可见，他认为地租即农产物中扣除种子和农业工人必需生活资料价值后的余额。这里实际上配第把地租归结为农业工人生产的全部的剩余产品。这表明配第已经接近于正确理解剩余价值的性质。他所说的地租实际上就是剩余价值，而且是全部的剩余价值。配第把地租的本质归结为剩余劳动的生产物与剩余价值，但同时他认为地租是全部的剩余价值。

魁奈创立了“纯产品”论，杜尔阁又继承了他的学说。他们认为“纯产品” 就是地租，“纯产品”等于整个社会生产出来的产品价值扣除“原预付”（几年预付的资本，如房屋、农具等）和“年预付”（每年预付的资本，如种子、肥料、工人工资等）后的剩余。由于整个社会只有农业才是真正的生产部门，因此这个剩余就是地租，被土地所有者占有。魁奈的“纯产品”理论为揭示剩余价值理论，奠定了基础，他从农业生产领域将纯产品归结为农业劳动者的剩余劳动产品，这样就接触到了剩余价值的存在和来源。但是由于他没有科学的劳动价值论，所以不能彻底坚持纯产品是农业劳动者剩余产品的观点，又将其说成是“自然的恩惠”，并认为全部纯产品都应该作为地租归土地所有者所有。由于他片面地认为只有农业生产中自然力的参加才能使物质财富增加，才能创造纯产品，将其视为剩余价值的唯一形式。

马克思创立了剩余价值论，他用剩余价值论揭示了资本主义生产的本质。他

①威廉·配第.赋税论，献给英明人士，货币略论.北京：商务印书馆，1972：43.

认为一切地租都是剩余价值，是农业工人剩余劳动的产物，是土地所有权在经济上借以实现即增殖价值的过程。在量上等于超额利润。他认为地租是实行土地经营时那种社会关系的结果。地租来自社会，不是来自土壤。他用大量的实例证明了这一观点。他说，“农业工人的工资被压低到它的正常平均水平以下，以致工资的一部分由工人手中扣除下来，变为租金的一个组成部分，从而在地租的伪装下流到土地所有者而不是工人的手中。”“地租率高以及与此相适应的土地价格的上涨，部分地只是由于工资的扣除，以及工资甚至被压低到身体需要的最低限度以下，也就是说，由于正常工资的一部分交给了土地所有者。”“地租的一部分，不过是他的租地人替他从农业工人的工资中掠夺而来的。”“当情况迫使农业短工的工资暂时提高时，租地农场主就立即叫嚷说，要把工资提高到其他产业部门所通行的正常水平，而不同时降低地租，是不可能的，并且必然会使他们破产。因此，这里面包含着这样的自供：租地农场主以地租的名义，克扣一部分工资交给土地所有者。”“因此，在这里，高地租和低工资完全是一回事。只要土地价格水平取决于这个使地租增加的情况，土地价值的提高和劳动的贬值就是一回事，土地价格的昂贵和劳动价格的低廉就是一回事。”“地租一方面是平均利润扣除的结果，另一方面是平均工资扣除的结果。”①

2.1.2.2　级差地租论和区位论

这种观点认为，地租是由不同土地存在的差别决定的。级差地租理论认为地租是由土地的肥沃程度和位置的差别决定的。区位理论认为地租是由土地地理位置的差别及区位决定的，在级差地租理论基础上进一步发展了它，提出了多种区位理论。

(1)级差地租论

配第、詹姆斯·安德森、马尔萨斯、李嘉图等经济学家认为由于存在土地肥沃程度的差别，导致肥沃土地生产费用低于贫瘠土地生产费用，从而产生的差额就是地租。

级差地租的概念最初是由配第提出的。他不仅提出同等面积的土地因土地丰度不同引出级差地租，而且他还提出由于同等丰度的土地由于距离市场的远近不同而引发级差地租。他说“假如维持伦敦或一支军队所需的谷物，必须从远离四十英里的地方运来，那么，在伦敦或在这支军队驻扎地一英里以内的地方栽培的谷

①马克思恩格斯全集(第25卷下).北京：人民出版社，1972:707-709.

物，除其自然价格之外，尚应加算将谷物运输三十九英里所需的费用……因此结果是，靠近人口稠密的地方(即维持其居民生活需要很多土地的地方)的土地，由于上述理由，比距离远而土质相同的土地，不仅能产生更多的地租，而且所值的年租总数也更多一些。”[①]配第还提到了，由于土地丰度的差别，从而投在土地上的劳动生产力的差别而发生的级差地租。

英国古典经济学家詹姆斯·安德森被马克思誉为现代地租理论的真正创始人。[②]他认为同一级差地租的存在与其额度的大小决定于肥沃土地与相对不肥沃土地的差别程度，而与农业的绝对生产率无关。引起土地肥力差别的原因有二：即原始土地本身的肥力和租地农场主的投资，地主收回的地租也包括这两部分的结果。级差地租存在的前提是土地肥沃程度不同，不同肥沃程度土地生产的产品，按同一市场价格出售，肥沃土地的产品获得超额利润而形成级差地租，贫瘠土地则不存在地租，因此在安德森看来，土地产品的价格决定地租，且地租与土地所有权无关。[③]

马尔萨斯认为地租是产品总价格中扣除劳动工资和耕种投资利润后的剩余部分。他认为肥沃土地上生产的生活必需品所需生产费用比劣等土地上生产的生活必需品所需生产费用低。生活必需品的价格一般由劣等土地上耗费的生产费用决定，肥沃土地上的生活必需品出售后就会得到一个差额，这个差额就是地租。

李嘉图对此问题更是做了详尽的分析。他将地租的产生归结为两个原因：土地肥力的等级差别，追加的资本和劳动的生产率与以前不同。由此他分析了级差地租的两种形式。由于土地肥力不同、位置不同而产生的地租属于级差地租第一种形式。由于在同一土地上连续投资所得产量不同而产生的地租属于级差地租第二种形式。他说“当次等肥力的土地投入耕种时，头等的土地马上就开始了地租，而地租的数额取决于这两份土地的质量上的差别。当三等土地投入耕种时，二等土地马上就有了地租，并且也和前面的一样，数额由生产力的差异规定。同时，头等土地的地租将会提高。”[④]在说明级差地租第一形态产生的条件和数量规定后，李嘉图直接指出，如果在头等土地上追加投资所得产量大于使用四等、五等或其他更劣质土地的产量时，资本宁可用在头等土地上。追加投资所得产量高于原来使

①威廉·配第. 赋税论，献给英明人士，货币略论. 北京：商务印书馆，1972：49-50.

②马克思恩格斯全集(第25卷下). 北京：人民出版社，1972：700.

③黄贤金. 农地价格论. 北京：中国农业出版社，1997：86.

④李嘉图. 政治经济学与赋税原理. 北京：商务印书馆，1962：57-58.

用最劣土地的产量部分，也形成地租。可见，李嘉图不仅阐述了级差地租的第一形态，而且指出了级差地租的第二种形态，并精确地说明了两者赖以生产的条件和数量规定。但是，李嘉图肯定在边际土地上不存在地租。

约翰·穆勒认为由于土地肥沃程度和位置的不同，耕种优等土地或距离市场较近的土地，比用同等数量资本耕种劣等土地或距离市场较远的土地，所生产的产品产量要多，其差额就是级差地租。随着经济增长地租和土地价格会一起增加，因此他主张这一部分财富应该收归国家所有，用于社会福利事业。

另有一位经济学家凯里也认为地租与土地的肥沃程度相关，但他反对李嘉图和马尔萨斯关于农业耕种顺序是从最肥沃的土地开始的观点。他认为首先从最贫瘠的土地开始，随着财富的增加和人口的增加，才会开始开发肥沃的土地，并使报酬不断提高。当最肥沃的土地被地主占有之后，农业资本家租用土地就必须支付地租，作为地主及其先人在这块土地上投入资本和劳动的报酬。它认为地租是资本投到土地上取得的利息，是利润的一种形式。地租和资本家取得的利润一样是合理的。

(2)区位论

农业区位论：德国经济学家屠能侧重于说明土地的地理位置和地租的关系，补充了级差地租的土地肥沃程度的差别的论述。他阐述的孤立国，同世界其他地方完全隔绝。该国中心地带是城市，周围为农村。屠能考察了离城市远近不同的土地在作物种植上会形成什么差别，在成本和收益上会产生何种新情况。他认为首先离市区越近，土地经营的密集度必然越高。其次，产品的耐久度同土地离城市的距离成正比，从此处将物品运至城市将耗费更多时间。离城市最近的一圈将从事不易保存或难以转运的蔬菜或乳制品等劳作。稍远一些的树林地带为城市提供燃料和建筑材料，最远的地带则饲养家畜，为城市提供肉类和皮张。这就是著名的“屠能圈”。

他还假设如果城市远近不同的地方都种植黑麦，黑麦价格将由满足必要需求的最远地带的最大生产费用决定。他举了一个例子来说明这个问题。设最远地带每蒲式耳黑麦的成本和价格为 1.5 塔勒，而近地带的成本为 0.5 塔勒，但售价则与远地带相同。两者的差额将形成一种永久的、每年可以得到的收益，这就是土地地租。

屠能实际上提出了根据不同地理位置规划生产的见解，使他成为后来“区位”理论的创始者。他以级差地租理论为基础，提出了“屠能圈”，详细说明了城市周围的农业土地的利用方式。农业用地提供的农产品种类以城市为中心，由近至远呈圈形变化。如图 2-1 所示。

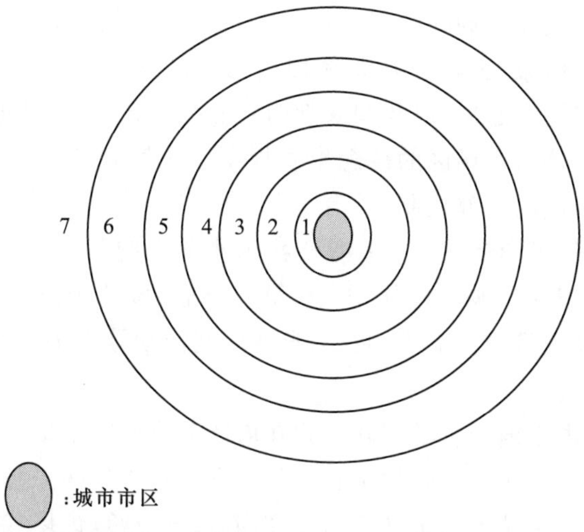

1. 种植易腐难运的农产品及饲养奶牛
2. 发展林业，里半圈种植燃料用木材，外半圈种植建筑用木材
3. 以非常集约的方式种植农作物，并实行两年轮作
4. 种植牧草及粮食，不实行集约生产
5. 粗放的三年轮作
6. 放牧或粗放的种植业
7. 狩猎

图 2-1 屠能圈

工业区位论：韦伯发表了《论工业的区位》，提出了工业区位理论。其核心是通过对运输、劳动力及集聚因素相互关系的分析与计算，找出工业产品生产成本最低点作为工业企业的理想区位。他以现代交通运输为前提，寻求在原材料和消费中心一定的情况下，工业企业的最佳分布点。他使用了“区位因素”这个概念，即一个地理点上能够对工业生产起积极作用和吸引作用的因素。他认为在实际当中的区位因素有运输费用、劳动成本和聚集度等。

中心地理论：也叫作城市区位论，由德国地理学家克里斯塔勒提出。是一定区域内城市和城市职能、大小及空间结构的学说，即城市的等级——规模学说。从城市中心居民点的物品供应、行政管理、交通运输等主要职能的角度，论述了城镇居民点的结构及形成过程。同时，城市对其周围地区承担的各种服务职能，理论上必须最接近所属地区的地点。他由几何推导得出，这些地点在正常情况下应当位于六角形服务区域的中央，这样就形成了他的六边形城市区域分布模型。

市场区位论：由德国经济学家廖什提出。他把生产区位和市场结合起来分析。

他从工业配置要寻求最大市场的角度，得到了与克里斯塔勒相近的六边形区位模型。他通过整个企业体系的考察，从总体均衡的角度揭示整个系统的建立问题。他把生产区位与市场结合起来，以利润来判明企业配置方向，并且把利润同产品的销售范围结合起来。还从市场区的概念出发提出了区聚集和点聚集的问题，从理论上剖析了经济区形成的内部机制。

空间结构理论：德国学者 E・V・博芬特尔将前人的区位理论进行综合并创新，提出了空间结构理论。涉及农业、工业、第三产业、城镇居民点、基础设施的区位、空间的关系，以及人员与商品、财政、信息的空间流动等许多方面。因此具有综合、整体、动态的特点。

竞标地租论：美国土地经济学家阿兰索在屠能区位论的基础上，把级差地租理论应用到城市土地，引入区位边际均衡和区位边际收益等空间经济学理论，提出了竞标地租观点，并做出了城市租金梯度曲线和同心圆土地理论模式图，通常称此理论为转换边际原理。在城市的任何一个地段上，总有一种用途比任何其他用途都有较高的地租报酬。在土地利用中商业用途总是能排挤其他土地利用方式而占据市中心及交通路口等土地收益最高的地段。认为城市商业区用地收益从商业中心向外围呈指数状衰减。中心地带以商业用地为主，次一带为住宅用地，再次一带为工业用地，然后为农业用地。

如图 2-2 所示，按照土地收益最大的原则，OA 为商业用地，AB 为住宅用地，BC 为工业用地，C 以外为农业用地。

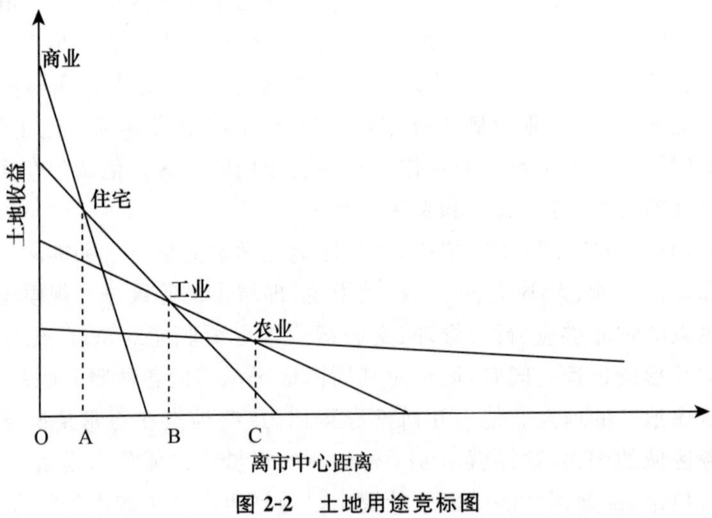

图 2-2　土地用途竞标图

假设土地收益受交通的影响，则屠能圈所表示的同心圆变为星状图，如图 2-3 所示。

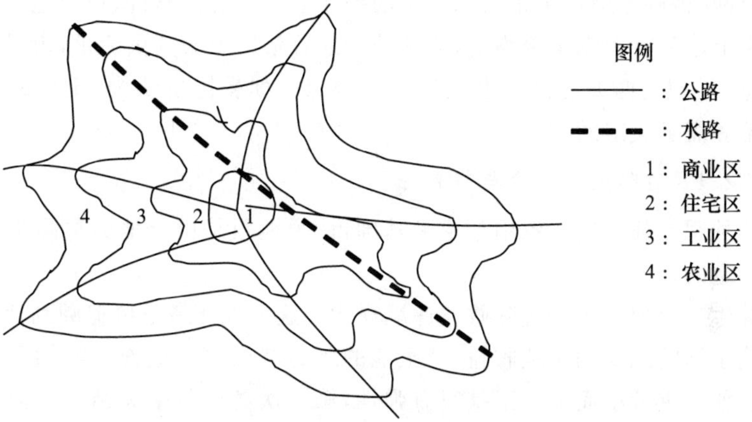

图 2-3 中心城市土地利用结构

2.1.2.3 供求论

这种观点认为地租是由土地的需求和供给决定的。

萨伊首先提出了这样的观点。认为地租由土地的供给和需求决定。他提出生产费用论。认为生产创造效用，而劳动、资本和自然力在这一创造过程中都提供了生产性服务，由此生产出来的产品理所当然地构成拥有这些要素的人的收入。其中劳动者获得工资，资本所有者获得利息，土地所有者获得地租。各种生产要素所有者根据各自的动机所提供的生产性服务价格，则由市场供求规律而定。因此，土地所有者提供了土地，在创造效用即财富的过程中提供了生产性服务。理应得到地租，而其价格由土地的供求决定。

土地是在自然界存在的，它的供给是固定不变的，没有生产费用，也没有供给价格。“其供给是人类不能控制的，这种效用是自然以一定的数量供给的，因此就没有供给价格。”[①]因此，地租只受土地需求的影响，是土地这个生产要素的报酬。

萨缪尔森认为土地不同于其他要素的一个特性，就是它的总供给是由非经济力量决定的。土地供给的固定性使得其供给曲线完全无弹性。而地租决定于供给曲线与需求曲线相交的均衡点。“如果地租高于均衡价格，那么所有企业所需的土

①马歇尔．经济学原理(上卷)．北京：商务印书馆，1965：163．

地量就会少于土地现有的供给量。一些土地所有者的土地就不能租出去;他们不得不索价少一些,从而压低价格;类似的理由,租金也不能在低于均衡点之下保持太长的时间,否则土地需求未得到满足的企业会提高价格出价,迫使地价回到均衡价格水平上。只有在竞争价格上,需求的土地总量恰等于其供给量,市场才会处于均衡状态。"①现代西方经济学者大都持此观点。如曼昆也认为"土地的租赁价格是由供给和需求决定的。"②

2.1.2.4　边际生产力论与归算论

这两种观点都以边际效用理论为基础,认为地租是由土地的边际生产力和边际产量决定的。

边际生产力理论源于边际收益递减规律。这个规律最早可追溯到杜尔阁。他这样比喻了不断减少的土地收益。"土地的肥力就像一个被连续添加重量而压下的弹簧。如果重量小而弹簧不是很有弹性,第一次尝试就毫无结果。但当重量足以克服第一次的阻力时,弹簧将被压下。承受一定的压力之后,它又会开始阻止加于其上的额外的力量,以前加在其上能够产生一英寸或者更多的下压力量将几乎不能将其压下一毫。因此不断添加的重量效果是逐渐减少的。"③杜尔阁不仅提出了土地收益是递减的,他还形象地提出了土地收益在递减之前的阶段是递增的。李嘉图则完整地表达了边际收益递减规律,使之成为经济学著名的一个规律。在技术水平不变的条件下,对一份土地连续追加劳动和资本的数量,那么每增加的一单位投资所带来的产出增加量就会越来越少。屠能不仅提出了区位论,实际上也提出了边际生产力理论。他认为不断增加单位劳动将导致农产品的总量增加越来越少。"他指出,按照这个规律,农场主一定会注意使他所雇佣的劳动力不超过这一点,在这点上增加的最后一个劳动力的成本与增加的农业产出的价值相等。"④他实际上指出,最后一个劳动力的边际产品决定所有工人的工资。他的这一思想为后来者提供了思路。

美国经济学家克拉克以其边际生产力理论著称。他的分配理论也是以边际生产力理论为基础的。古典经济学家认为土地的供给是固定的,其性质与一般资本不同。而克拉克认为在静止经济中资本的供给也是固定的,在竞争均衡中土地与

①萨缪尔森,诺德豪斯.经济学(第十四版上).北京:北京经济学院出版社,1996:488.

②曼昆.经济学原理.3版.北京:机械工业出版社,2003:14.

③斯坦利·L·布鲁,兰迪·R·格兰特.经济思想史.北京:北京大学出版社,2008:35.

④斯坦利·L·布鲁,兰迪·R·格兰特.经济思想史.北京:北京大学出版社,2008:179.

资本一样也具有移动性，因为其利用方式可以变化，土地性质有差别，资本的不同部分也有性质上的差别。这样他就把资本和土地等同起来。这样地租就不是一个独立的经济范畴，而成为利润的一种派生形式，并认为地租是由土地的边际生产力决定的。他举例说明，一个工人在一定土地上进行生产可获得很高的收入，由于土地报酬是递减的，每增加一个工人的收获量会比前一个工人少，若第10个工人的收获量只等于所得的工资，则其生产率为土地的边际生产力，则该块土地地租为总产量与最后1个工人产量10倍(即10个工人的工资总额)的差额。

马歇尔认为，土地的供给是固定不变的，没有生产费用，也没有供给价格。因此地租只受土地需求的影响，它的大小取决于土地的边际生产力。他从"农业报酬递减规律"出发，认为耕种者对同一土地连续追加资本和劳动，农产品总产量的增加率是递减的。当减到报酬或农产品收益仅仅够偿付耕种者的开支和他自己的劳动这一点时，就是达到"耕种边际"。总产量超过这个边际产量的余额，就是它的"生产者剩余"，也就是地租。

归算理论由奥地利学派提出。他们从生产费用论出发，将生产资料的价值归结为产品价值中归属于某种生产资料的一部分。而这种价值最终是由边际效用决定的。门格尔首先提出，生产资料的价值是由它们生产出来的产品的价值决定的。而产品的价值则由边际效用决定。庞巴维克认为生产资料的价值是最终由它们的最后制成品的边际效用量所决定。他提出了补全物品的价值构成理论。他认为生产品，如土地、农具和农民的劳动是生产小麦的补全物品，这些补全物品的价值"是和它作为一个整体所能提供的边际效用相适应的。""一切物品是通过三种互相补全的生产要素(劳动、土地和资本)的合作而生产出来的。我们的理论既然能够说明联合产品有多少可以在经济上归功于哪一个要素，从而能够说明各个要素在总价值中所占的份额，那么它就能够为决定各个要素所应得到的报酬奠定最有意义的基础。"①

维塞尔在此基础上，从边际效用论和生产费用论出发，提出了归算理论。以萨伊的生产费用论为依据，把生产资料的价值问题变成生产要素的价值问题，再变为社会收益的分配问题。"当土地、资本和劳动一道起作用的时候，我们必须能够从它们的共同产品中把土地的份额、资本的份额和劳动的份额分别开来。不仅如此，我们还必须能够计算每一块土地、每一笔资本和每一个劳动者所提供的服务，光知道了机器、煤炭和原料三者合在一起的收益，又有什么用处呢？必须区别每一种要

①庞巴维克.资本实证论.北京:商务印书馆,1982:186,192.

素对整个成果所作的贡献。”每一种生产资料、每一种工具、每一块土地或每一份原料、每一种劳动，如果可以这样说的话，都代表生产品中的一份。这样的一份由于对这种生产品的结果有所贡献，因而将结果的一个份额归算于它，并且它的价值也就必须由这种结果的总数来决定。那么这种份额应该如何计算呢，即用边际效用来计算。“不言而喻，适用于被生产出来的消费财物的边际定律，也适用于生产这些财物的财物。我们知道在每一批消费财物中，每一单位财物都从边际效用那里获得了自己的价值；这样，产品预期可以得到的价值已经被调整到边际水平，由此而得来的生产财物的价值，必然也自始就被放在边际价值的基础之上了。”他以 x、y、z 代表三种生产要素，

如果 $x+y=100$

$2x+3y=260$

$4y+5z=590$

则 $x=40, y=60, z=70$

40、60 和 70 就是 x、y、z 的归算价值，也就是他们的分配份额。

他说，等式的数量根据整个生产领域内所实行的各种生产要素组合的数量而定，这些等式的一边是生产要素的组合，另一边是这些要素共同取得(或预期)的收益，等式的两边相等。如果把所有的等式加在一起，所有生产要素花费之和就等于总收益。因此将总收益按照等式的标准归给各个生产要素。他将收益中这样归到各个生产要素名下的份额，即劳动的收益、土地的收益和资本的收益称之为“生产贡献”。①

2.2 对于地租理论的评论及取舍

2.2.1 地租的剩余价值决定论

地租的剩余价值决定论认为地租是农业劳动者剩余劳动的产物，被土地所有者无偿占有。将地租与农业劳动者的劳动联系在一起，从配第到魁奈再到马克思，他们一步步揭示了地租与农业劳动者剩余劳动的关系，揭开了地租的本质。是所有地租决定论中唯一科学的，揭示了事物本质的理论。指出资本主义地租的实质是资本主义土地所有权的经济形态，是平均利润以上的剩余价值的转化形态。

但是其困境首先在于，该理论根据资本主义社会发展的历史背景，揭露了资本

①弗·冯·维塞尔.自然价值.北京:商务印书馆,1982:118,143,132.

主义及资本主义以前的社会形态中的地租的本质问题。认为地租是私有制的一个经济范畴,只有消灭私有制才能消灭地主靠出租土地而进行的掠夺。这种观点是正确的,但是却解释不了社会主义社会土地公有制仍然存在地租的问题。消灭了私有制地租自然就消灭了,可是在我国社会主义初级阶段,仍然存在地租,仍然存在土地的买卖问题。我们一方面按照社会主义国家土地没有地租的观点,对集体农业用地以极低的补偿价格进行非农转化,损害了农民的利益。另一方面,又按照市场经济规律,对工业商业用地按照市场价格进行出租拍卖等。理论依据的混乱,导致了实践的混乱和部分人受益、部分人受害的现象。

其次在于,计算方法的不可行性。地租决定于农业劳动者的剩余劳动。那么地租应该等于农业劳动者的全部劳动减去农业劳动者的必要劳动。配第和魁奈是这样计算的,但是他们把问题过于简单化,即他们将地租当做全部的剩余价值,忽视了资本利息等剩余价值的其他组成部分。这种方法看似简单,但是地租却被过大地估计了。而且以简单的农业社会为假设条件,没有机械化,没有其他产业。马克思则引入了级差地租和绝对地租的概念,用它们来计算地租,他并没有采用农业劳动者的全部劳动减去必要劳动的计算方法。

因此剩余价值决定论,正确地揭示了地租的本质,但是不能够解决我国现阶段在农地非农化过程中产生的问题,也不能正确地计算地租量。因此,该理论作为一个揭示本质的理论,但是不能作为一个解决问题的方法论,计算地租,还要寻找其他途径。

2.2.2 地租的级差地租及区位决定论

级差地租理论认为由于土地肥力和位置存在差别,导致不同土地存在劳动生产率的差别,从而产生了地租。这种观点把级差地租形成的条件说成形成的原因了。土地肥力和位置的不同,只是产生级差地租的条件,产生地租的根本原因是土地私有和土地经营的垄断。因此在这一点上是错误的。但是级差地租理论对地租理论的贡献非常巨大。

提出了地租形成的两个条件。土地肥力和位置,迄今仍然是影响地租的两个基本因素。土地土壤成分、地质、地貌以及温度、日照等导致土地产出的不同。这是土地的自然肥力。对土地追加的资本导致土地肥力的提高,从而也可以获取级差地租。土地肥力对于农业用地的地租来说特别重要。位置是指距离市场的远近和道路交通的便利度,以及环境等因素。对于工商业用地来说位置更为重要。位置、位置、位置,已成为影响市地的首要因素。级差地租理论实际上主要研究了土地肥力之差带来的级差地租,很少考察位置之差带来的级差地租。这与当时资本主义社会城市化工业化还没有充分发展有关。随着资本主义工业化和城市化发展,级差地租理论慢慢被区位论代替。实际上区位论是以级差地租理论为基础,对级差地租理论的一种发展。区位论对于农业用地、工业用地和城市用地的地租与区位(即位置)的关系做了研究,提出了影响地租的诸多区位因素。是现代土地价格理论的重要基础。

提出了决定地租的具体办法。级差地租理论将土地分为若干等级,在投入相等的情况下不同等级土地上产出之差,就是级差地租。使地租计算方法具有了可操作性。马克思的地租计算方法也是用级差地租来计算的。但是级差地租理论主要根据土地肥力的不同,针对农业用地的差别,来计算农业用地的地租。很少根据位置的差别来计算级差地租,也很少计算工商业用地和城市用地的地租。区位论则对此做出了补充和发展。分析了地理位置对各种不同用途土地地租的重要影响。

2.2.3 地租的供求决定论

供求论是现代西方经济学的主流价格理论。因此地租的供求决定论也在西方地租理论中占有主要地位。

但实际上,我们知道,供求论只是描述了商品价格波动的表面现象,并没有解释商品的价值决定的本质问题。供求不是决定地租的因素,只是影响地租的上下波动。因为供求只能调节市场价格暂时的波动。它们能向你说明某种商品的市场价格为什么高于或低于其价值,但绝不能说明其价值本身。

尽管如此,供求论很好地分析了影响地租的因素。尤其是在市场经济当中的地租要受到供求的影响。因此要分析土地的供给和需求。土地的供给是指可利用土地的供给,即地球提供给人类利用的各种生产和生活用地的数量。土地的供给通常分为自然供给和经济供给。土地的自然供给是指土地中自然形成的可供人类利用的部分。土地的自然供给是相对稳定的。不受人为和社会经济因素影响,因此它是无弹性的。土地的自然供给受下列因素的制约:适宜人类生产生活的气候条件;具有适宜植物生长的土壤质地和气候条件;具有可资利用的淡水条件;具有可供人类利用的其他资源;具有最基本的交通条件。土地的经济供给是指在土地自然供给的基础上,投入劳动进行开发后,成为人类可直接用于生产、生活各种用途土地的有效供给。随着社会经济发展,扩大土地经济供给的活动不断地进行着。土地经济供给的增加不仅包括总量的增加,而且还包括某种用途土地随着利用效益的提高在数量上的增加，以及一定面积土地上产出的增长。前者是土地经济供给的直接增加，后两者是土地经济供给的间接增加。因此土地的经济供给是有弹性的。供给人们利用的土地通常有多种用途并存，而且多种用途之间可以相互竞争或替代。某种用途的土地供给量，随着该用途利益的变化而变化。当某一项用途带来的利益提高，则其供给量必然会相应地提高，即原供其他用途的土地必有一部分转作该用途。工业化过程中的农地的转用，就属于这种情况。土地自然供给、利用土地的知识和技能、社会需求、产品价格、土地开发利用计划、土地供给者的行为等都会影响土地经济供给的变化。

土地需求是人类为了生存和发展，利用土地进行各种生产和消费活动的需求。影响土地需求的因素主要有以下几个方面。人口数量因素、经济发展因素、土地质量因素、利用土地的知识因素等。随着社会的发展和文明的进步，对土地的需求越来越多，人地矛盾越来越紧张。人类对土地需求可以分为两个方面，即农业用地的需求和非农用地的需求。

人类需要农业用地，就是需要农业用地为人类提供食物和工业原材料以及生态环境的保护。但是其中最主要的需求就是对食物的需求。在食物需求当中首先是对农业粮食作物等农作物的需求。因此对耕地的需求是首要需求。随着人口的增加和经济的发展，需要更多的耕地来满足新的需求。但实际情况是随着我国人均耕地越来越少。人类为了生存和发展，还要发展工商业、交通服务业、住宅建设等多种需求，满足这些需求也需要日益增多的土地。非农用地的需求会随着社会生产力水平的提高而增加。由于土地总量是有限的，因此，非农用地增加，就会减少农业用地，而且由于耕地的自然条件和交通状况都比较好，非农用地的需求往往在耕地上打主意。但是土地用途一经改变，很难恢复到原来的用途。农地变为建设用地，就再难恢复到农地了。这基本上是一种不可逆的过程，因此必须慎重对待。

土地供给和需求的分析，对地租变动的分析很有用处，可以作为一种分析方法，采纳使用。

2.2.4 地租的边际生产力决定论

这种理论将边际效用的概念扩大为边际产量、边际收益和边际生产力，以“边际报酬递减规律”为依据，确定了生产要素的报酬，也包括土地的报酬，即土地的边际生产力。以边际效用价值论为基础，而边际效用价值论从人的主观感受出发，来确定商品的价值，片面强调了主观性，不够科学。但是边际分析方法却成为经济学中广泛应用的方法论。

如供求论中供给和需求曲线都和边际分析有关。需求是由消费者的边际效用决定的。供给曲线由生产者的边际收益和边际成本决定的。同样,土地需求和供给曲线也是由其边际效用和边际收益边际成本等决定的。可见边际分析方法成为经济学中最基本的分析方法。

土地经济学家雷利·巴洛维认为"地租可以简单地看作是一种经济剩余,即总产值或总收益减去总要素成本或总成本之后余下的那一部分。""各类土地上的地租额取决于产品价格水平和成本之间的关系。"①见图 2-4。

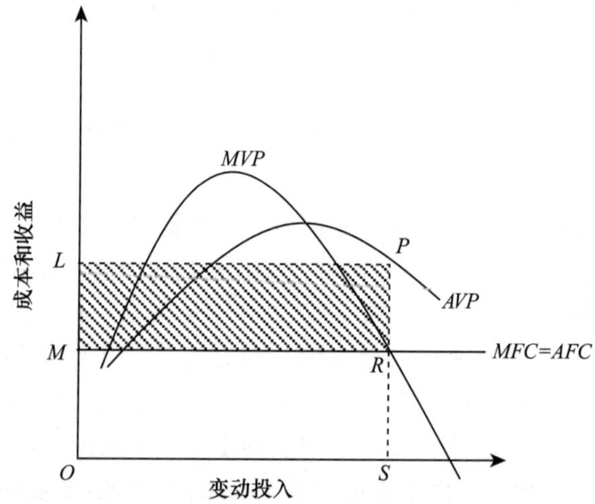

图 2-4 土地产值曲线和成本曲线图

图中,总收益为长方形 *OLPS* 的面积,总成本为长方形 *OMRS* 的面积,阴影部分 *LMRP* 为剩余,即地租。该图中 *MVP* 为边际产量,*MFC* 为边际成本,按照边际产量和边际成本相等的原则选择了最佳投入 *S* 点。因此此时的地租也是遵循了边际原则的。

归算论则将边际效用价值论和生产费用价值论结合起来。从商品价值=工资+利息+地租的公式,将商品的价值归算给工资、利息和地租,而且期间还遵循"边际规律"。我们知道生产费用论混淆了价值的决定和价值的分配问题。但是生产费用论成为分配理论的基础,并开创了成本分析法的先河。实际上归算论就以

①毕宝德. 土地经济学. 第 5 版. 北京:中国人民大学出版社,2006:325.

生产费用论为基础，运用边际分析方法，具体地计算了生产要素的报酬问题，因此归算论是生产要素的报酬或分配问题。可以说生产函数的分析方法的理论基础就是生产费用论以及归算论。

如果说边际分析方法在边际学派刚产生的阶段，只是一种思想和一种理论，那么随着数学的发展以及将数学工具引入经济学之后，边际分析方法就得到了长足的发展，并一直延续到现在，仍然作为经济学当中一个重要的分析工具。这与数学当中的微积分的发展及其被引入到经济学是密切相关的。

杰文斯将数学工具引入了经济学分析。他说，“很明白，经济学如果是一种科学，它必须是一种数学的科学。”尤其是将微分方法引入了边际分析。

“$\frac{\Delta u}{\Delta x}$这个分数式的极限，或者说，$\frac{\mathrm{d}u}{\mathrm{d}x}$便是 x 商品量的效用程度。

用数学的名词叙述，效用程度是 u 的微分系数，u 是 x 的函数，故效用程度亦是 x 的函数。”①

边际分析的数学含义是自变量发生微小变化时引起的因变量的变化，这种分析正是用微积分来完成的，可以说没有微积分就无法进行边际分析。引入了微积分，就使边际分析以不可阻挡之势出现在经济学各个分支当中。边际分析研究的是函数边际点上的极值。也就是研究因变量在某一点(即边际点)是由递增变为递减还是由递减变为递增的规律。这种边际点的函数值就是极大值或极小值。边际点的自变量是作为判断并加以取舍的最佳点，而寻找这个可据以作出最优决策的最合理的边际点，正是经济研究的一个焦点。因此微积分方法是研究最优化规律不可缺少的方法。

20 世纪 30 年代以来，计量经济学的兴起，为边际分析方法的发展提供了坚实的理论基础，边际分析方法又为计量经济学的发展提供了方法论。如今，运用微积分的边际分析方法已经离不开经济问题的研究。而将这种分析方法运用到地租理论当中，也是必然的。

因此，地租的决定不是依据哪一种理论单独决定的。我们要取各种理论的精华之处，为我们的问题服务。劳动价值论，揭示了地租的本质，但是终究缺少实证研究的方法论基础。级差地租论和供求论则提供了地租变化的影响因素和变化规律。边际效用论和生产费用论虽然其价值论的基础是错误的，但是为我们提供如何对地租进行量化计算的方法。

①斯坦利·杰文斯.政治经济学理论.北京：商务印书馆，1984：30，59.

第3章　农业用地的价格基础

农业用地的价格基础，是农业用地的地租。农地地租如何决定，古今中外，学派林立，各持己见，并没有一个统一的观点。本文综合各种学派观点，认为农业用地地租的决定，以劳动价值论为理论基础，方法论上采用以生产费用论和边际效用论为基础的边际分析方法和生产函数模型，计算出农业用地的地租量，进而计算农业用地的价格。

3.1　农业用地地租的决定

3.1.1　“三位一体公式”的另一种解释

前面提到，生产费用价值论认为商品的价值由地租、工资和利息三种收入构成。由于土地(自然力)、劳动和资本共同创造了价值，因此这三个要素的报酬之和就等于商品的价值。这种价值理论虽然违背了劳动价值论的价值一元决定论，但是它开创了成本分析法的先河。在分析方法上是可取的。

在收支平衡的条件下，商品的收益和成本是相等的。商品的收益决定于商品的价格和销售量即销售收入。而成本则由各种要素的报酬组成。即

$$TR=TC \tag{3.1}$$

$$TR=P\cdot Q$$

$$TC=TT+TW+TI$$

$$P\cdot Q=TT+TW+TI$$

$$P=\frac{TT}{Q}+\frac{TW}{Q}+\frac{TI}{Q}$$

$$P=AT+AW+AI \tag{3.2}$$

式中：TR 为总收益；TC 为总成本；P 为价格；Q 为产量；TT 为地租总量；TW 为工资总量；TI 为利息总量；AT 为单位产量的地租；AW 为单位产量的工资；AI 为单位产量的利息。

这样看来，似乎商品价格决定于地租、工资和利息，见式(3.2)。生产费用价值论者，据此提出了“工资、利润和地租，是一切收入和一切可交换价值的三个根本源泉。”这是由于，生产是由土地(自然力)、劳动和资本三个要素共同完成的，因此这三个要素的报酬之和就构成了商品的价值。马克思称其为“三位一体的公式”，并且批判了这个公式。他说，“资本—利润(企业主收入加上利息)，土地—地租，劳动—工资，这就是把社会生产过程的一切秘密都包括在内的三位一体的公式。”①“在资本—利息，土地—地租，劳动—工资这个公式中，资本、土地和劳动，分别表现为利息(代替利润)、地租和工资的源泉，而利息、地租和工资则是它们各自的产物，它们的果实。前者是根据，后者是归结；前者是原因，后者是结果；而且每一个源泉都把它的产物当作是从它分离出来的、生产出来的东西。这三种收入，利息(代替利润)、地租、工资，就是产品价值的三个部分，总之，就是价值部分，用货币来表示，就是一定的货币部分，价格部分。”②他把土地、资本和劳动描述为，“土地，这个无机的自然界本身，这个完全处在原始状态中的‘粗糙的混沌一团的天然物。’”“资本不是物，而是一定的、社会的、属于一定历史社会形态的生产关系，它体现在一个物上，并赋予这个物以特有的社会性质。”“作为其中的第三个同盟者的，只是一个幽灵——劳动，这只是一个抽象，就它本身来说，是根本不存在的。”以此来说明，土地、资本和劳动是价值的三个源泉这种说法是错误的。劳动创造价值，而土地和资本分享了价值。

但，我们可以这样理解：如果我们不过分纠缠于其价值观，抛开价值决定的问题，那么我们会发现，它对于解决实际问题提供了比较有效的方法论基础。它成为成本分析和要素价格理论的基础。

实际上式(3.2)并不代表商品价值的决定，只是代表等式两边的数学相等关系，或者说是一个收益和成本相等的关系，即式(3.1)所表达的等式关系。表示市场的均衡状态。如果它成为一个不等式，即

$$P<AT+AW+AI$$

或者

$$P>AT+AW+AI$$

则表明厂商亏损或者获得了超额利润。在亏损的情况下，厂商会停止生产。

①马克思恩格斯全集(第25卷下).北京：人民出版社，1972：919.

②马克思恩格斯全集(第25卷下).北京：人民出版社，1972：922.

在获得超额利润的情况下，其他厂商会加入，分享利润，从而使超额利润消失。所以式(3.2)是完全竞争市场的一个长期的均衡状态。对等式右边组成部分的详细分析就是成本分析。当这个商品是农产品时，农产品的价格就等于农业用地的地租、农业劳动力的工资和农业资本的利息之和。

一个成熟的、完善的市场经济，不仅包括完善的产品市场，还包括完善的要素市场。要素市场除了资本市场、劳动力市场以外，还包括土地市场。要素市场上，各种要素价格的决定，即各种要素的报酬，在实际操作中，就是按照“三位一体的公式”进行的。即土地的报酬是地租、劳动的报酬是工资、资本的报酬是利息。因此这个公式也表达了分配的含义。

在我国社会主义市场经济条件下，土地是一种公有的生产要素，土地市场有其特殊性。迄今没有哪个学派的理论能够正确指导我国这个特殊的土地市场的实践。而随着市场经济的发展，土地等生产要素必然要进入市场，但其运行缺乏理论基础，导致土地市场发展滞后，操作不规范等一系列问题。

3.1.2 边际生产力的作用

将边际效用理论运用到生产领域和分配领域产生了边际产量和边际生产力的概念。边际产量是指最后一单位要素投入引起的产量的增量。它是从生产的角度研究要素投入对产量的影响。边际生产力则阐明在生产中相互合作的各种生产要素所得到的报酬的一种方法。通常情况下，增加一种生产要素所增加的产量(或产值)的增量，就等于一单位该生产要素的报酬。这个报酬如果以产量表示就称作边际物质产品，如果以产值表示，就称作边际收益产品。

二者的关系是：

$$MRP = MRQ \cdot P \tag{3.3}$$

式中：MRP 为边际收益产品；MRQ 为边际产量产品；P 为价格。

MRP 或 MRQ 就是某种要素的报酬的量，实际上等于边际收益或边际产量。

现在假设，这个要素投入是土地，那么在其他条件不变的情况下，增加一单位面积土地的投入，所增加的农产品的产量(或产值)，就是农业土地的价值即地租。

因此，边际生产力理论为我们提供了简单有效地解决问题的方法。

但是问题远非如此简单。以边际生产力决定要素报酬，是有其假设条件的。这些假设条件有，完全竞争经济；单要素可变；静态经济等。

首先我们看完全竞争假设。完全竞争是一种不受任何阻碍和干扰的市场结构。其条件是市场有许多生产者和消费者，他们都只是价格的接收者，竞争地位平等；生产者提供的产品是同质的(无区别的)；资源自由流动；所有的产品和资源是私有的；市场信息畅通；厂商加入或者退出市场完全自由。这样的条件非常苛刻，迄今没有哪一个国家的哪一种市场能够满足这个条件。所以完全竞争只是理论的假设，一个完美的极限。我们朝着这个方向努力，我们只能无限逼近，却永远达不到。

那么现实离目标有多远呢。西方学者指出，“在充满垄断与买方垄断势力的现实世界中，要素报酬并不等于边际生产力。”“我们可能记起在一个产权辩论中两个人的对话，他们都声称他们拥有对这块土地的所有权。第一个人说：‘这块土地是我的！’但第二个人反击道：‘不，它不是你的。这块土地几个世纪以来一直属于我们的家族。我的曾祖父打败了印第安人得到了这块土地。’第一个人回答到：‘好的，我将打败你而得到这块土地！’”①这说明分配不是边际生产力决定的，而是通过武力或垄断得到的。在我国，社会主义市场经济、土地的公有制条件下，土地收入如何分配，这是一项前无古人的课题。但是我们在经济研究方面，首先要抛开产权、伦理、制度、政治等因素，单纯地研究经济本身。虽然这有时是不现实的，但我们不得不这样做。

其次，是单要素可变假设。生产一种产品，投入的要素很多。如土地、资本、劳动、管理、知识、信息、技术……就农产品来说，投入要素有土地、资本(农机、机井、畜力、化肥、农药、种子、薄膜……)、劳动力等。依据生产规模、地域、自然条件不同，要素投入也不相同。所有要素都是可变的，而且要素之间也有替代、相关等多种错综复杂的关系。因此问题就变得复杂了。作为重要投入要素的土地，不是单独起作用的，与其他多种要素共同作用。那么，在我国这样人多地少，土地稀缺的国家，在生产农产品过程中，土地作用到底有多大，由此土地本身的价值到底有多大，这也成为一个复杂的问题。

再次，是静态经济假设。静态经济是完全抽象掉了时间因素和具体的变化过程，分析经济现象的均衡状态以及有关的经济变量达到均衡状态所具备的条件，是一种静止地、孤立地考察某种经济事物的方法。实际上农业生产周期比较长，受时间因素影响比较大。著名的蛛网模型就表明了受时间因素影响的农业生产会离均衡越来越远。除了受到自然周期等短期的时间因素的影响外，农业还会受到经济周期、技术革命等中期和长期时间因素的影响。因此，农业生产是一种动态经济。

①斯坦利·L·布鲁，兰迪·R·格兰特.经济思想史.北京：北京大学出版社，2008：272.

这些因素又干扰了土地本身对农业贡献的程度。

那么，现实情况是，农业是一个不完全竞争的，多要素投入的动态的经济，这是符合实际的。作为农业投入要素之一的农业用地更有其特殊性。公有制、稀缺性、市场不完善等都不符合边际生产力决定的原始假设。但是，我们仍然可以将这些因素暂时抽象掉，假设已经满足了所有假设条件。那么就可以利用边际生产力理论来决定农业用地的地租了。

3.1.3 农业生产函数

将“三位一体的公式”与“边际生产力”结合起来，我们利用一种比较“古老”的方法——生产函数解决问题。

既然承认了农业地租是由土地的边际生产力决定的，那么土地的边际生产力如何得到呢？

3.1.3.1 生产函数

李嘉图的地租理论暗含了生产函数的概念——各种投入的数量与它们相应的产出之间的关系。他假定土地的数量是固定的，随着资本或劳动投入的增加，可以观察到收益在递减。屠能在谈到劳动的边际生产力时，显然也构思了一个类似的生产函数。可以用图 3-1 表示边际收益递减规律。

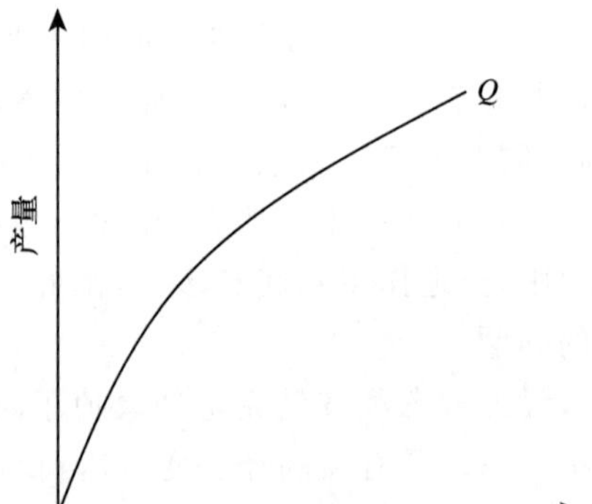

图 3-1 边际收益递减规律

纵轴表示产量，横轴表示资本或劳动的投入，曲线 Q 表示产量的变化。产量随着资本或劳动的投入而增加，但是曲线是上凸的，因此表明其增量是递减的。

埃奇沃思则首次区分了边际产量与平均产量。他假定土地是固定的，而劳动是可变投入，然后构思了一个生产函数。后来经济学家一般用图 3-2 表示了他的这一思想。

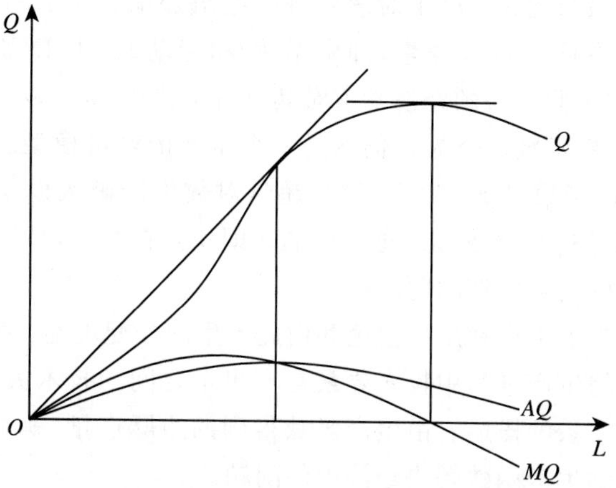

图 3-2 总产量、平均产量和边际产量

图 3-2 表示总产量、平均产量与边际产量的关系。纵轴 Q 表示产量、横轴 L 表示劳动投入、Q 为总产量、AQ 为平均产量、MQ 为边际产量。当 Q 以递增的速率增加时，$MQ>AQ$ 并且是增加的；当 Q 以递减的速率增加时，MQ 是减少的，这时就是边际收益递减阶段，当 MQ 减少到 AQ 以下，会引起 AQ 减少；当 Q 开始减少时，$MQ<0$。

如果以函数形式表示，就是：

$$Q=f(L)$$

$$AQ=\frac{Q}{L}=\frac{f(L)}{L} \tag{3.4}$$

$$MQ=\frac{\mathrm{d}Q}{\mathrm{d}L}=\frac{\mathrm{d}f(L)}{\mathrm{d}L}$$

到了 20 世纪 20 年代末，美国数学家柯布和经济学家道格拉斯提出了生产函数这一名词，并利用 1899—1922 年美国制造业的数据资料，建立了著名的 C-D 生产函数。如式(3.5)。

$$Q=AK^{\alpha}L^{\beta} \tag{3.5}$$

式中：Q 为产量；K 为资本；L 为劳动；A、α、β 为待定参数。

该函数的基本假设条件有：技术不变，即 $A>0$ 为技术参数，为常数。规模报酬不变，即 $\alpha+\beta=1$。当 $\alpha+\beta<1$ 时表示规模报酬递减；$\alpha+\beta>1$ 时表示规模报酬递增。生产中只有两个投入要素，即资本 K 和劳动 L。C-D 函数的这些假设条件，是不现实的。因此后来的经济学家对其进行了修正。

尽管这样，C-D 函数迄今为止仍然是一个重要的经济模型。因为后来的生产函数，如 CES 生产函数、VES 生产函数、超越对数生产函数以及前沿生产函数无一不是对 C-D 函数进行修正和改善得到的。即使是在今天，最原始的 C-D 生产函数也仍然能够分析实际经济问题。

生产函数体现了生产费用价值论和由此产生的分配理论。生产函数是用数学公式对现实发生的生产过程中投入要素与产出量之间的技术关系进行拟合，是对生产过程中量的关系的描述。由生产函数得到的边际产量，就是要素的边际生产力。我们可以借助生产函数解决经济中的问题。

3.1.3.2 农业生产函数

可以将生产函数用于解决农业土地地租决定问题。

很多生产函数都没有包括土地因素。假设土地是固定的，忽略了土地投入对产量的影响。在这里我们将土地因素引入生产函数。在一种可变要素投入的生产条件下，农业生产函数如下：

$$Q=f(A) \tag{3.6}$$

式中：Q 为产量；A 为土地面积，表示一定的土地面积投入与农产品产量的函数关系。

当土地面积投入变化时，产量也会发生变化。这个变化趋于无穷小时，边际土地产量就等于生产函数的导函数。如式(3.7)。

$$MQ_A=\frac{\mathrm{d}Q}{\mathrm{d}A}=\frac{\mathrm{d}f(A)}{\mathrm{d}A} \tag{3.7}$$

式中：MQ_A 为边际土地产量。

按照边际生产力决定地租的原理，MQ_A 就是土地的报酬，即地租的量。如果 MQ_A 是按照产品的产量表示的，那么就是边际物质产品，在此以 MRQ_A 表示；如果 MQ_A 是按照产值表示的，那么就是边际收益产品，在此以 MRP_A 表示。二者的关系是：

$$MRP_A = MRQ_A \cdot P \tag{3.8}$$

式中：P 为农产品的价格。

当有多种可变投入要素时，在此假设投入要素有土地、资本和劳动力，农业生产函数为：

$$Q = f(A, K, L) \tag{3.9}$$

式中：Q 为产量；A 为农地面积；K 为资本；L 为劳动力。那么边际土地产量，即地租就是：

$$MQ_A = \frac{\partial f(A, K, L)}{\partial A} \tag{3.10}$$

现在假设农业生产函数是 C-D 函数，则

$$Q = bA^{\alpha}K^{\beta}L^{\gamma} \tag{3.11}$$

式中：Q 为产量；A 为农地面积；K 为资本；L 为劳动力；b、α、β、γ 为待定系数。

3.1.3.3 产出弹性与边际产量

为了得到边际生产力，我们必须用到产出弹性这个概念。产出弹性是指当其他投入要素不变时，该要素增加 1% 所引起的产出量的变化率。由 C-D 函数式(3.5)可以推出其产出弹性：

$$\begin{aligned} E_K &= \frac{\partial Q}{\partial K} \cdot \frac{K}{Q} = A\alpha K^{\alpha-1}L^{\beta}\frac{K}{Q} = \alpha \\ E_L &= \frac{\partial Q}{\partial L} \cdot \frac{L}{Q} = A\alpha K^{\alpha}L^{\beta-1}\frac{L}{Q} = \beta \end{aligned} \tag{3.12}$$

即参数 α、β 分别是资本 K 与劳动 L 的产出弹性。其中$\frac{\partial Q}{\partial K}$和$\frac{\partial Q}{\partial L}$分别为资本 K 和劳动 L 的边际产量。因此由式(3.12)有

$$\begin{aligned} MQ_K &= \frac{\partial Q}{\partial K} = \alpha \cdot \frac{Q}{K} = \alpha \cdot AQ_K \\ MQ_L &= \frac{\partial Q}{\partial L} = \beta \cdot \frac{Q}{L} = \beta \cdot AQ_L \end{aligned} \tag{3.13}$$

式中：AQ_K 和 AQ_L 分别为资本 K 和劳动 L 的平均产量。即，资本和劳动的边际产

量是其对应产出弹性与平均产量的乘积。

因此,可以根据式(3.13)得到式(3.11)中土地投入的边际产量。

首先求土地的产出弹性:

$$E_A=\frac{\partial Q}{\partial A}\cdot\frac{A}{Q}=b\alpha A^{\alpha-1}K^{\beta}L^{\gamma}\frac{A}{Q}=\alpha \tag{3.14}$$

由此得到土地的边际产量为

$$MQ_A=\alpha\cdot AQ_A \tag{3.15}$$

因此只要估计模型参数 α 就可以得到土地的边际产量,即地租。

3.1.3.4 参数估计

将 C-D 函数模型式(3.5)化为计量经济学形态,为

$$Q=AK^{\alpha}L^{\beta}\mu \tag{3.16}$$

即增加了一个随机干扰项 μ。

将式(3.16)两边取对数,就可化为多元线性回归模型,即

$$\ln Q=\ln A+\alpha\ln K+\beta\ln L+\ln\mu \tag{3.17}$$

就可以得到参数估计值了。

同样,将农业 C-D 生产函数模型式(3.11)化为计量经济学模型,并化为线性模型:

$$\begin{aligned}&Q=bA^{\alpha}K^{\beta}L^{\gamma}\mu\\&\ln Q=\ln b+\alpha\ln A+\beta\ln K+\gamma\ln L+\ln\mu\end{aligned} \tag{3.18}$$

求参数 α 的估计值,就是土地的产出弹性。

3.1.4 地租资本化

在第 1 章中,我们得到结论,土地价格是地租的资本化。这种观点揭示了土地价格的实质和来源。地租资本化又称作收益还原法或收益资本化法。是一种经典的土地价格评估方法。受到了众多的学者的认可。这种方法将土地未来正常年纯收益(地租),以一定的土地还原利率还原为一定量的资本,估算土地价格。

这种资本化的地租可以简单地用公式表示为:

$$\text{土地价格}=\frac{\text{地租}}{\text{利息率}}$$

用代数方法表示如下：

$$V=\frac{R}{r} \tag{3.19}$$

式中：V 为土地价格；R 为地租；r 为利率。

根据这一原理，产生的土地价格评估方法是收益还原法。是一种经典的方法，受到众多学者的认可。

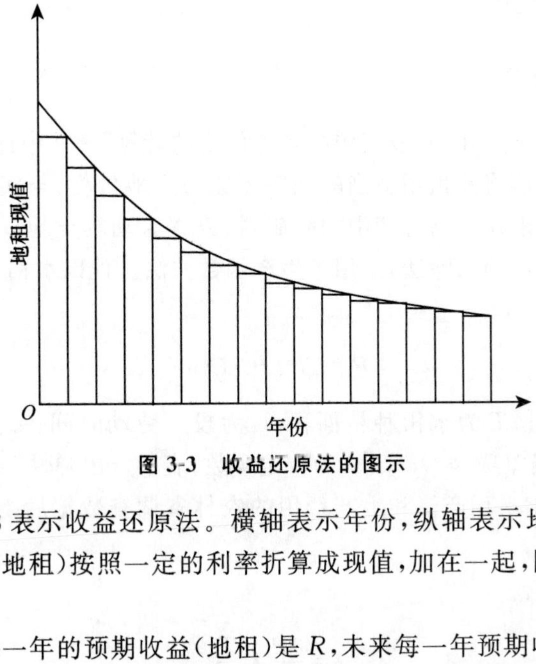

图 3-3 收益还原法的图示

可以用图 3-3 表示收益还原法。横轴表示年份，纵轴表示地租的现值。将每一年份的收益(即地租)按照一定的利率折算成现值，加在一起，图中曲线下方的面积就是土地价格。

假设，未来每一年的预期收益(地租)是 R，未来每一年预期收益(地租)的现值是 $R_1, R_2, R_3, \cdots, R_n$，$V$ 表示土地价格，r 为利率。那么土地价格是：

$$\begin{aligned} V &= R_1 + R_2 + R_3 + \cdots + R_n \\ &= \frac{R}{1+r} + \frac{R}{(1+r)^2} + \frac{R}{(1+r)^3} + \cdots + \frac{R}{(1+r)^n} \\ &= \frac{R}{1+r} \cdot \frac{1-\left(\frac{1}{1+r}\right)^n}{1-\frac{1}{1+r}} \end{aligned}$$

当 $n \to \infty$ 时

$$V=\frac{\frac{R}{1+r}}{1-\frac{1}{1+r}}=\frac{R}{r}$$

那么给定一个地租额和一个利率，就可以计算土地价格了。

3.2 日本经验

3.2.1 土屋圭造

日本学者土屋圭造在“农业资源配置和价格的计算”一文中计算了农业用地的价格。他发现简单地将地租用适当的利率还原为土地价格，与实际交换价格差距很大。他放弃了历来在产品总额中扣除肥料、家族劳动等土地以外的生产要素费用后得到土地纯收益的扣除法，采用了生产函数方法。他以水稻为例，建立了 C-D 生产函数

$$P=bT^{\alpha}L^{\beta}C_1^{\gamma}C_2^{\delta}u \tag{3.20}$$

式中：P 为水稻产量；T 为水田种植面积；L 为投入劳动时间；C_1 为流动资本；C_2 为固定资本；u 为误差项；$b,\alpha,\beta,\gamma,\delta$ 为待定参数，表示产出弹性。

计算了 1959 年水稻产量和生产费用的农林省调查数据后得到结果如表 3.1 的上半部分。

由式(3.20)得到

$$\alpha=\frac{\partial P}{\partial T}\cdot\frac{T}{P} \qquad \frac{\partial P}{\partial T}=\alpha\cdot\frac{P}{T} \tag{3.21}$$

即土地产出弹性乘以土地的平均生产力，能够直接计算土地的边际生产力。

表 3-1 的下半部分中，就按照这种方法计算了 1959 年日本几个地区的土地边际生产力以及土地价格，还与实际地价进行了比较。

表 3-1　水稻产出弹性及水田计算价格(土屋圭造,1962)

地区	静冈	大分	鹿儿岛	左贺	福冈
土地 α	0.762 7	0.835 1	0.978 8	0.812 2	0.598 1
劳动 β	−0.148 1	−0.059 5	−0.277 6	0.090 5	0.365 0
流动资本 γ	0.407 4	0.078 3	0.346 7	0.127 7	−0.127 0
固定资本 δ	0.104 5	0.097 0	0.040 5	0.056 5	0.049 8
$\alpha+\beta+\gamma+\delta$	1.126 5	0.950 9	1.088 4	1.086 9	0.885 9
平均生产力(kg)	333	429	394	449	408
产出弹性(α)	0.767 2	0.835 1	0.978 8	0.812 2	0.896 5
边际生产力(1)(kg)	253.979	358.258	385.647	364.672	365.773
边际生产力(2)(日元)	17 148	24 209	26 059	24 641	24 731
计算地价(日元)	171 480	242 090	260 590	246 410	247 310
买卖地价(日元)	200 162	142 733	145 625	207 941	192 836

注:边际生产力(1)=平均生产力×产出弹性。

边际生产力(2)=边际生产力(1)×10 128 日元/150 kg。

计算地价:将边际生产力(2)以 10%进行资本还原。

买卖地价:日本不动产研究所"水旱田价格及地租调查"昭和 35 年 12 月。

数据来源:土屋圭造.農業の資源配分と計算価格.阪本楠彦编.土地価格論.農山漁村文化協会,昭和57年:154.

3.2.2 新谷正彦

生产函数在表现投入产出技术关系的同时,其计算结果包涵了农业部门要素所得分配的信息。

新谷正彦在《日本农业的生产函数分析》一书中,采用了如下的C-D函数,见式(3.22),测算了土地等农业投入要素的生产弹性。

$$\ln Y=\alpha_1 \ln L+\alpha_2 \ln A+\alpha_3 \ln K+\alpha_4 \ln C+\alpha_5 \ln D+b \tag{3.22}$$

式中:Y 为农业生产总值;L 为劳动投入时间;A 为种植面积;K 为固定资本;C 为流动资本;D 为虚拟变量;α_1、α_2、α_3、α_4、α_5、b 为待定系数。其结果如表 3-2 所示。

表 3-2　二战后日本农业生产要素的产出弹性(新谷正彦,1983)

年份	劳动产出弹性 α_1	土地产出弹性 α_2	固定资本产出弹性 α_3	流动资本产出弹性 α_4
1955	0.710	0.054	0.151	0.242
1965	0.536	0.140	0.213	0.186
1975	0.500	0.194	0.230	0.158

新谷还用同样的生产函数计算了各种农作物的生产要素产出弹性和各国农业生产要素的产出弹性。下面只举土地的产出弹性，见表 3-3 和表 3-4。

表 3-3　二战后日本各种农作物土地产出弹性(新谷正彦,1983)

农作物	稻米	稻米	大麦	裸麦	小麦	甘薯	大豆	黄瓜（露天）	黄瓜（暖棚）
年份	1960—1969	1969—1979	1960—1970	1960—1970	1965—1970	1954—1956	1954—1958	1969—1975	1969—1975
土地产出弹性	0.60	0.26	0.12	0.16	0.14	0.21	0.27	0.63	0.18
农作物	圆白菜	萝卜	人参	草莓	橘子	苹果	烟	烟	蚕茧
年份	1969—1975	1969—1975	1969—1975	1969—1975	1969—1975	1969—1975	1954—1962	1963—1971	1952—1960
土地产出弹性	0.31	0.39	0.12	0.38	0.69	0.60	0.49	0.35	0.67

表 3-4　1960 年世界代表性国家土地产出弹性(新谷正彦,1983)

国家	亚洲		美洲			欧洲			非洲	大洋洲	
	日本	印度	美国	加拿大	巴西	英国	法国	挪威	南非	澳大利亚	新西兰
土地产出弹性	0.20	0.28	0.16	0.18	0.28	0.16	0.16	0.16	0.23	0.28	0.16

新谷也计算了 1975 年的土地价格。1975 年的农业产值为 17 048 亿日元，土地产出弹性为 0.194，按照还原利率 7.2%进行资本还原得，每顷土地价格 42.7 万日元，这个数字低于日本不动产研究所公布的 1975 年的数值 50.1 万日元。

3.2.3　速水佑次郎

速水佑次郎和弗农·拉坦在《农业发展的国际分析》中分析各国农业生产率差别时也用 C-D 函数计算了土地的产出弹性。他们建立了一个国家间的农业生产函数，见式(3.23)。

$$\log Y = k(\alpha_L \log L + \alpha_A \log A + \alpha_S \log S + \alpha_F \log F + \alpha_M \log M) + (\beta_E \log E + \beta_T \log T) + \log \gamma \qquad (3.23)$$

式中：Y 为农业产出；L、A、S、F、M 分别为劳动、土地、牲畜、化肥、机械等投入；E、T 分别为教育和技术；k、α_L、α_A、α_S、α_F、α_M、β_E、β_T 为待定系数；γ 为误差项。$\alpha_L + \alpha_A + \alpha_S + \alpha_F + \alpha_M = 1$；发达国家的 $k>1$；欠发达国家 $k=1$。

表 3-5 中上半部分是 43 个样本国家 1960 年、1970 年和 1980 年的估算值，下

半部分是1960年、1970年和1980年的所有43个国家以及分为发达国家和欠发达国家的估算值。

表 3-5　对各国土地产出弹性的估计值(速水,1985)

年份	1960				1970				1980			
估计方法	1	2	3	4	1	2	3	4	1	2	3	4
土地产出弹性	0.045	0.040	0.099	0.100	0.048	0.040	0.062	0.057	0.014	0.009	0.080	0.080
国家	所有国家				欠发达国家				发达国家			
估计方法	1	2	3	4	1	2	3	4	1	2	3	4
土地产出弹性	0.036	0.033	0.090	0.091	−0.052	−0.065	0.088	0.094	0.068	0.099	0.101	0.080

可见用农业C-D生产函数可计算出各种农业生产要素的产出弹性,而这种产出弹性就是生产要素的贡献比率。土地产出弹性就是土地对产出的贡献,从而可算出土地的边际产出和土地价格。

3.3　我国的应用

3.3.1　计算土地产出弹性

这里,借鉴已有的理论基础和他人的实践经验,建立我国的农业生产函数,对我国农业指标进行计算,得出土地的产出弹性。

建立一个农业生产函数:

$$Q=bA^{\alpha_A}F^{\alpha_F}V^{\alpha_V}L^{\alpha_L}\mu \tag{3.24}$$

式中:Q为产量;A为投入的土地面积;F为固定资本;V为流动资本;L为劳动力,b、α_A、α_F、α_V、α_L为待定参数。对式(3.24)进行线性变化,两边取对数得

$$\ln Q=\ln b+\alpha_A \ln A+\alpha_F \ln F+\alpha_V \ln V+\alpha_L \ln L+\ln \mu \tag{3.25}$$

鉴于数据的可获取性,用粮食产量(万吨)代表了农产品产量Q,用粮食播种面积(千公顷)代表了土地面积A,用农业机械总动力(万千瓦)代表了固定资本F,用化肥施用量(万吨)代表了流动资本V,用乡村农业劳动力(万人)代表了劳动力L。

将2005年全国各省粮食产量(万吨)、粮食播种面积(千公顷)、农业机械总动力(万千瓦)、化肥施用量(万吨)、乡村农业劳动力(万人)等数据①代入式(3.23),

①数据来源为2006年《中国统计年鉴》,国家统计局.

利用 SPSS 软件最小二乘法进行回归后结果如表 3-6 表示。

表 3-6　最小二乘法回归结果

Model	Unstandardized Coefficients		Standardized Coefficients	t	Sig.	Collinearity Statistics	
	B	Std. Error	Beta			Tolerance	VIF
Constant	−0.163	0.356		−0.459	0.650		
lnA	0.803	0.099	0.805	8.112	0.000	0.087	11.461
lnF	0.020	0.084	0.017	0.235	0.816	0.162	6.157
lnV	0.225	0.093	0.219	2.437	0.022	0.106	9.425
lnL	−0.045	0.089	−0.042	−0.505	0.618	0.124	8.042

Dependent Variable：ln Q

表 3-6 中结果，存在多重共线性，变量符号也不合理，因此做岭回归分析。见表 3-7 和图 3-4。

表 3-7　岭回归结果

k	RSQ	ln A	ln F	ln V	ln L
.000 00	.977 65	.805 166	.017 071	.219 326	−.041 981
.020 00	.976 06	.675 534	.055 987	.235 849	.028 980
.040 00	.973 42	.594 833	.082 453	.243 003	.072 112
.060 00	.970 83	.539 472	.101 641	.246 205	.100 771
.080 00	.968 48	.498 954	.116 155	.247 492	.120 978
.100 00	.966 40	.467 891	.127 469	.247 762	.135 837
.120 00	.964 53	.443 228	.136 490	.247 454	.147 107
.140 00	.962 84	.423 100	.143 807	.246 802	.155 860
.160 00	.961 28	.406 308	.149 822	.245 938	.162 782
.180 00	.959 84	.392 041	.154 819	.244 941	.168 334
.200 00	.958 47	.379 733	.159 006	.243 860	.172 835
.220 00	.957 18	.368 978	.162 536	.242 725	.176 515
.240 00	.955 93	.359 473	.165 528	.241 557	.179 541
.260 00	.954 72	.350 991	.168 073	.240 371	.182 039
.280 00	.953 54	.343 357	.170 242	.239 174	.184 105
.300 00	.952 37	.336 435	.172 094	.237 974	.185 815
.320 00	.951 22	.330 116	.173 674	.236 774	.187 226
.340 00	.950 08	.324 313	.175 021	.235 579	.188 386
.360 00	.948 95	.318 954	.176 167	.234 390	.189 332
.380 00	.947 81	.313 983	.177 138	.233 210	.190 096
.400 00	.946 68	.309 349	.177 955	.232 038	.190 703

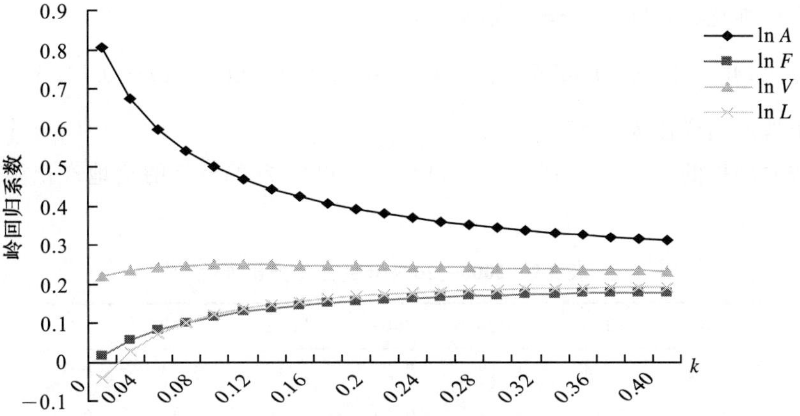

图 3-4 岭迹图

结果表明，当岭参数 $k \geqslant 0.1$，各自变量的岭回归系数比较稳定，符号也合理。因此取 $k=0.1$ 时的岭回归结果建立回归方程。

标准化岭回归方程为：

$$\ln Q = 0.467\,891 \ln A + 0.127\,469 \ln F + 0.247\,762 \ln V + 0.135\,837 \ln L \quad (3.26)$$

再计算 $k=0.1$ 时的未标准化岭回归方程，结果见表 3-8。

表 3-8 $k=0.1$ 时的岭回归结果

Mult R	.983 054 222 6			
RSquare	.966 395 604 5			
Adj RSqu	.961 225 697 5			
SE	.239 767 175 7			
	ANOVA table			
	df	SS	MS	
Regress	4.000	42.984	10.746	
Residual	26.000	1.495	0.057	
F value	Sig F			
186.927 077 1	.000 000 0			
	------------Variables in the Equation--------------			
	B	SE(B)	Beta	B/SE(B)
ln A	.466 902 068	.048 599 740	.467 891 437	9.607 089 913
ln F	.147 713 964	.057 603 440	.127 469 156	2.564 325 390
ln V	.254 638 481	.050 989 303	.247 762 194	4.993 958 848
ln L	.145 042 422	.052 883 817	.135 836 587	4.993 958 848
Constant	.131 538 752	.299 609 198	.000 000 000	.439 034 426

未标准化的岭回归方程如式(3.27)。

$$\ln Q=0.4669\ln A+0.1477\ln F+0.25461\ln V+0.1450\ln L+0.1315 \quad (3.27)$$

土地产出弹性为0.47。

按照同样的方法算得1985年、1995年、2000—2004[①]年的土地产出弹性如下表3-9。

表3-9　2000—2004年的土地产出弹性

	1985	1995	2000	2001	2002	2003	2004	2005
k	0.04	0.04	0.18	0.28	0.16	0.14	0.1	0.1
α_A	0.30	0.42	0.34	0.31	0.40	0.43	0.48	0.47

3.3.2　计算农地价格

得到土地产出弹性后,可以计算农地价格。见表3-10。

表3-10　农地价格

	α_A	Q/A	MRQ_A	P	MRP_A	r	V_A
1985	0.30	3 483.02	1 044.91	17.71	370.11	7.2	5 140.42
1995	0.42	4 239.66	1 780.66	75.11	2 674.91	10.98	24 361.66
2000	0.34	4 261.15	1 448.79	48.36	1 401.27	2.25	62 278.70
2001	0.38	4 266.94	1 621.44	51.50	1 670.08	2.25	74 225.72
2002	0.40	4 399.40	1 759.76	49.24	1 733.01	1.98	87 525.88
2003	0.43	4 332.50	1 862.97	56.50	2 105.16	1.98	106 321.26
2004	0.48	4 620.49	2 217.83	71.20	3 158.20	2.25	14 0364.27
2005	0.47	4 641.63	2 181.57	70.03	3 055.50	2.25	135 800.14

α_A 为土地产出弹性。即粮食播种面积对粮食产量的贡献比率。

$\frac{Q}{A}$为土地生产率,即每单位土地的产量,单位是kg/hm²。

①数据来源为历年《中国统计年鉴》,国家统计局.

$$\frac{Q}{A}=\frac{\text{粮食产量}}{\text{粮食播种面积}} \tag{3.28}$$

MRQ_A 为边际物质产品，即以产量表示的土地的边际生产力。单位是 kg/hm^2。

$$MRQ_A=\alpha_A \cdot \frac{Q}{A} \tag{3.29}$$

P 为粮食价格。1985 年、1995 年、2000 年的是三种粮食平均收购价格，2001—2005 年的是三种粮食平均生产价格。①单位是元/50 kg。

MRP_A 为边际收益产品，即以收益表示的土地的边际生产力。单位是元/hm^2。这就是所谓的地租，即我们计算的农业用地的价格基础。

$$MRP_A=MRQ_A \cdot P \tag{3.30}$$

r 是利率，是我国当年银行一年期定期存款利率，每百元年利率。单位是%。

V_A 为农地价格，是将边际收益产品 MRP_A 以利率 r 还原的农地价格，单位是元/hm^2。

$$V_A=\frac{MRP_A}{r} \tag{3.31}$$

因此农地价格为

$$V_A=\frac{\alpha_A \cdot \frac{Q}{A} \cdot P}{r} \tag{3.32}$$

3.3.3 影响农业用地价格的因素

由以上计算可知影响农业用地价格的因素有以下几个方面。

(1)土地产出弹性

土地产出弹性是土地投入变化 1%导致产出变化的百分比。是土地对产出的贡献比率。

表 3-11 表示了各个不同年份各种农业要素的产出弹性。α_A、α_F、α_V、α_L 分别为土地、农业机械总动力、化肥、劳动力的产出弹性。可见，在我国农业中，土地的贡献与其他要素相比，还是比较大的。在我国农业中的贡献一个是靠土地，另一个是

①数据来源为历年《全国农产品成本收益资料汇编》，国家统计局.

靠化肥投入。而在这二者之中，土地贡献比较大。

表 3-11　我国农业要素产出弹性

	α_A	α_F	α_V	α_L
1985	0.30	0.15	0.33	0.20
1995	0.42	0.13	0.34	0.09
2000	0.34	0.12	0.27	0.25
2001	0.38	0.10	0.28	0.22
2002	0.40	0.13	0.25	0.20
2003	0.43	0.11	0.23	0.22
2004	0.48	0.11	0.26	0.17
2005	0.47	0.15	0.25	0.15

土地产出弹性增加，土地的边际生产力就会增加，土地收益即地租就会增加，从而土地价格就会增加。因此在我国随着土地产出弹性的增加，土地价格有提高的趋势。

(2)土地生产率是平均每单位土地的产量

土地生产率与土地价格是正相关关系。土地生产率取决于粮食产量和粮食种植面积。粮食产量的增加或粮食种植面积的减少都会提高土地生产率。

利用式(3.28)计算出我国 1983—2005 年土地生产率，并以图 3-5 表示。可见，土地生产率有上升的趋势。

(3)农产品价格与土地价格也是正相关关系

但是农产品价格会受到物价水平的影响，其波动会导致土地价格的波动。图 3-6 表示了我国 1983—2005 年的三种粮食平均收购(生产)价格。在总体上看是上升的。

(4)利率与土地价格成反比

图 3-7 表示我国历年一年期存款利率的变化情况。可见利率虽有波动，但整体上呈下降趋势。因此土地价格也有上升趋势。

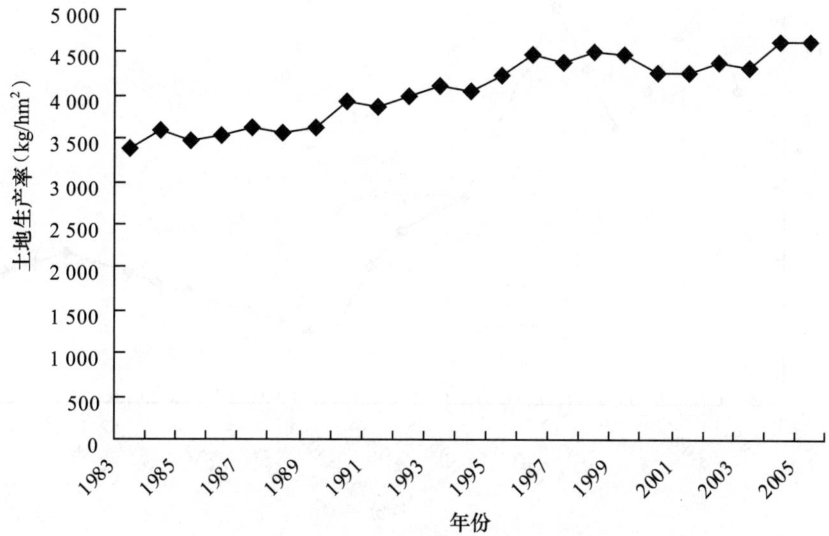

图 3-5 土地生产率

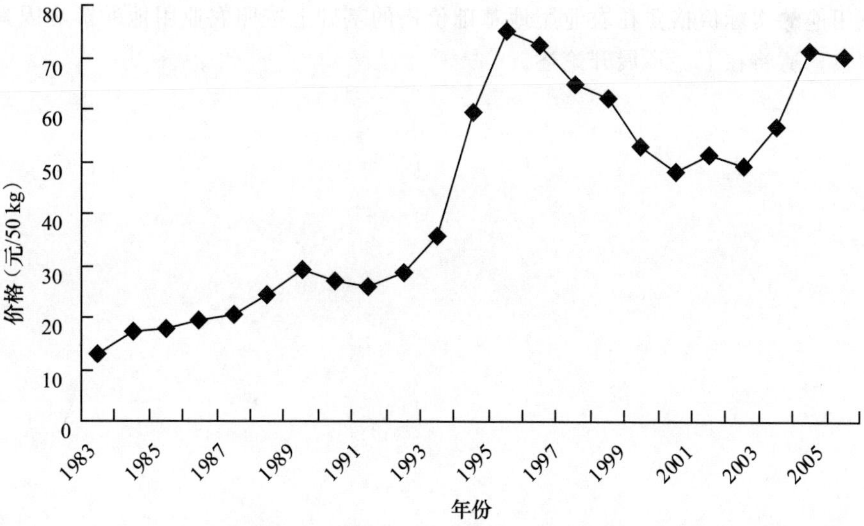

图 3-6 三种粮食平均收购(生产)价格

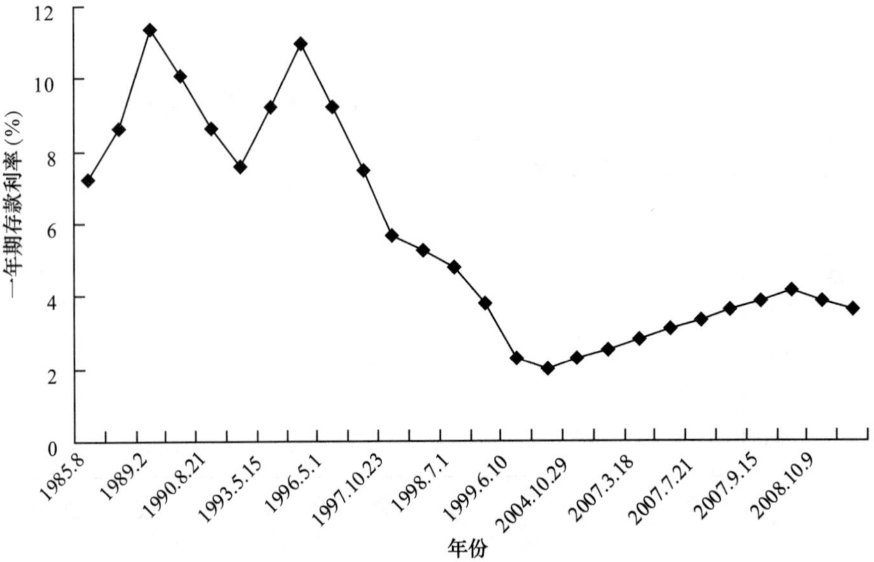

图 3-7　我国一年期存款利率变化情况①

生产函数和收益还原法计算的农业用地的价格，只是农业用地的基础价格。农业用地的实际价格要在农业用地基础价格的基础上按照农业用地的影响因素进行调整。这将在下一章展开论述。

①银行存款利率数据来自《中国统计年鉴》和中国工商银行网站 http://www.icbc.com.cn/other/rmb-deposit.jsp.

第4章　农业用地价格的影响因素及其调整

农业用地的基础价格已经确定，但这只是一个开始。现实中的农地价格要在基础价格的基础上，受到其他很多因素的影响。因此我们需要根据这些影响因素来调整农地的价格。这里就其中主要因素进行分析。

4.1　农地用途

4.1.1　劣等土地决定论

农产品的价格会影响土地价格。

在级差地租论中农产品价格如何变化呢？李嘉图和马克思的级差地租论提出了农产品价格的劣等土地决定论。

级差地租论认为，农产品的价值是耕种劣等土地的生产条件，即最大的劳动耗费量决定的。与劣等土地比较，耕种优等土地和中等土地可以收获更多的农产品，因为耕种这两种土地的劳动生产率较高，单位产品的成本较低，而产品的市场价格却又统一决定于耕种劣等土地的劳动耗费。

首先，农产品的价值是由生产农产品的劳动时间决定的。其次，随着劣等土地的投入生产，农产品价格会提高。李嘉图是这样表述的，"最肥沃和位置最适宜的土地将首先投入耕种，其产品的交换价值和其他一切商品的交换价值一样，是由从生产到送上市场这一整个过程中所必需的各种形式的劳动总量所决定的。当质量较差的土地投入耕种时，农产品的交换价值就会上涨，因为生产所需的劳动量增加了。""农产品价格之所以上升，只是因为所获产品的最后一部分在生产中使用了更多的劳动，而不是因为对地主支付了地租。谷物的价值是由在不支付地租的那一等土地上，或用不支付地租的那一份资本进行生产时所投下的劳动量所决定的。谷物价格高昂不是因为支付了地租，相反地，支付地租倒是因为谷物昂贵。"①

①李嘉图．政治经济学及赋税原理．北京：商务印书馆，1962：60，61．

农产品价格提高的原因是劣等土地投入生产后，生产最后一单位产品所需的劳动时间增加了。这是一个很有趣的问题，李嘉图在此用了两个理论，即劳动价值论和边际生产力论。马克思赞扬了他的劳动价值论，西方学者则传承了其边际理论。而实际上，这里变化的是农产品的价格，不是其价值。农产品的价值是由生产农产品的社会必要劳动时间决定的，而不是劣等土地的劳动时间。但是当供给不足时农产品价格会提高到劣等地的劳动时间决定的价格水平。

不管怎样，如果农产品价格不提高到使劣等土地得以获得平均利润，那么劣等土地就不会投入生产。如表 4-1 所示。

表 4-1　农产品价格和地租

			土地等级		
			A	B	C
投入(元)			10	10	10
产出(kg)			20	10	5
价格	0.5(元/kg)	收益	10		
		地租	0		
	1(元/kg)	收益	20	10	
		地租	10	0	
	2(元/kg)	收益	40	30	10
		地租	30	20	0

假设同等面积的 A,B,C 三块地，投入都是 10 元，产出分别为 20,10 和 5 kg。当价格是 0.5 元/kg 时，A 地收支相抵，只获得平均利润，没有地租。而 B 和 C 由于收不能抵支不投入生产。当价格为 1 元/kg 时，B 地收支相抵，获得平均利润，可投入生产，没有地租。C 地收不能抵支，不投入生产。而 A 地就会获得 10 元的地租。当价格为 2 元/kg 时，C 地收支相抵，获得平均利润，可投入生产，但是也没有地租。A 地会获得 30 元的地租，B 地会获得 10 元的地租。

为什么农产品价格会提高呢？李嘉图说因为所获产品的最后一部分在生产中使用了更多的劳动。其实也不尽然。价格的多少是由此决定的，但是价格的提高是由于农产品需求增加导致的。如果土地的质量是一样的，而且土地是无限供给的，那么农产品价格不会提高。土地有限性导致了农产品供给的有限性。从而需求增加时，就会产生使得价格提高的力量。当价格提高到正好使劣等地获得平均利润的水平，也就是劣等土地生产农产品所需劳动时间水平时，劣等地就会投入生产。正如李嘉图所说“由此看来，使用土地支付地租，只是因为土地的数量并非无限，质量也不是相同的，并且因为在人口的增长过程中，质量和位置较差的土地也投入耕种了。在社会发展过程中，当次等肥力的土地投入耕种时，头等的土地马上就开始有了地租，而地租额取决于这两份土地在质量上的差别。""一个地区的人口每发展一步，这个地区就不得不使用质量较差的土地以增加食物的供给，这时一切较肥沃的土地的地租就会增长。"①

李嘉图认为土地耕种顺序由优等到劣等，人们首先会种植优等土地，然后再耕种劣等土地。当农产品需求增加导致农产品价格上升，使劣等土地能够获得正常利润时，劣等土地就会投入生产。

马克思则认为土地耕种可以不按照从优到劣的顺序，但是不管按照什么样的顺序，农产品价格都会由最劣等土地决定。假如首先种植最差的C地，那么农产品价格就是2元/kg，因为此时的社会必要劳动时间就是这个。当优等土地投入生产时，其低于这个价格的部分就会获得地租。

这就是农产品价格的劣等土地决定论。

4.1.2　最优收益决定论

极差地租理论的假设条件如下。

李嘉图初始的假设条件：

①土地存在质量和位置的差别，导致产出的不同。从而可以将土地分为几个等级。

②不同土地上的投入是相同的。

③ 技术不变。

④最先耕种优等土地。

⑤种植的农产品是小麦。

马克思放宽的假设条件：

①放宽了最先耕种优等土地的假设条件，认为耕种顺序是任意的。

②放宽了技术不变的假设条件，认为技术是进步的。从而否定了李嘉图边际收益递减规律。

③放宽了投入不变的假设条件。认为投入是可以变化的，这就是级差地租Ⅱ，集约经营方式。

但是他们从来没有放宽假设条件⑤，即假设种植的农产品是小麦，而不是其他

①李嘉图.政治经济学及赋税原理.北京：商务印书馆，1962:57,58.

的农产品。下面我们看由于农产品品种种类变化，导致当农产品收益变化时，地租会发生什么样的变化。

在这里假设：

①在同一块土地上进行生产。

②可以选择 A、B、C 三种农产品。

③投入是相同的。

④收益超过投入的部分为超额利润，超额利润部分算作地租。正常利润通过收益可以弥补。

⑤由于收益最大化原则，会选择收益最大的农产品。

第一种情况：价格相同，产量不同。可以选择三种农产品 A、B、C，价格均为 2 元/kg。但是产量不同，A 为 20 kg，B 为 10 kg，C 为 5 kg。见表 4-2。

表 4-2 价格相同、产量不同

项目	农产品		
	A	B	C
投入(元)	10	10	10
产出(kg)	20	10	5
收益(元)	40	20	10
地租(元)	30	10	0

种植农产品 A 时，收益最多，地租也最高，因此应该种植农产品 A。

第二种情况：产量相同，价格不同。三种农产品 A、B、C 投入相同，产量也相同。可是价格不同。此时价格越高的农产品收益越高，因此产生的地租也越高。表 4-3 的计算结果表明，种植 A 时，收益最多，因此选择 A。

表 4-3 产量相同、价格不同

项目	农产品		
	A	B	C
投入(元)	10	10	10
产出(kg)	20	20	20
价格(元/kg)	2	1	0.5
收益(元)	40	20	10
地租(元)	30	10	0

第三种情况：价格不同，产量也不同。实际上前两种情况只是理论上的假设，

而实际情况恰恰是第三种。即产量和价格都不同。

价格和产量的关系可能有以下几种。见表4-4。

表4-4　价格、产量都不相同

项目		价格	
		高	低
产量	高	A	B
	低	C	D

对于A和D来说,比较好选择。而现实恰恰是B和C的状况。

此时可以用 $\max(P_iQ_i)$ 表示收益最大。其中 P_i 是第 i 个农产品的价格,Q_i 是第 i 个农产品的产量。选择使 $\max(P_iQ_i)$ 的第 i 个农产品。

因此最优收益决定论可以总结如下。在同一块农业用地上,种植不同种类的农产品时,收益会不同。在同一块农业用地上,有可供选择的几种农产品可以种植时,应该选择使收益(利润)最大的农产品,并依此确定农业用地的地租。

4.1.3　理论基础

为什么提出了最优收益决定论,最优收益决定论是否可行?

最优收益决定论其实存在深刻的理论基础。

首先,土地价格决定的收益还原法决定了土地价格与土地收益之间的密切联系。收益还原法即地租资本化法认为土地价格与土地收益即地租成正比关系。地租越高,土地价格越高。我们再回顾一下第3章的式(3.32)。

$$V_A=\frac{\alpha_A\cdot\dfrac{Q}{A}\cdot P}{r}$$

可以改写成

$$V_A=\frac{\dfrac{\alpha_A}{A}\cdot PQ}{r} \tag{4.1}$$

当技术条件不变时,α_A 保持不变;当土地面积固定时,A 保持不变。

PQ 就是农产品收益。因此 PQ 越大,表示地租的 $\frac{\alpha_A}{A}\cdot PQ$ 就会越大,从而土地价格 V_A 就会越大。

其次，利润最大化原则决定了理性的农业生产者会选择收益最大的农产品。理性经济人假定生产的目的是获得最大利润，

可以用 max($PQ-C$)表示利润最大化的问题，C 是成本。即收益减成本之差为最大。若成本是固定的，那么利润最大化的问题就是收益最大化的问题，即 max(PQ)。这个公式原本意义上，Q 是函数，即要选择一个使利润最大的产量点，最后得到边际收益和边际成本相等之时，便是获得最大利润之时。这是针对某一种产品的生产而言的。

不同产品之间的选择也是一样的。当有可供选择的几种农产品时，农业生产者会选择那种使利润最大的农产品来种植。当农业生产者的投入相对固定时，就会选择使收益最大的农产品。

对于小规模农业生产者来说，并不像企业一样，追求最大利润。当农业生产还是家庭经营时，农户的生产经营目标就不单纯是利润最大化，而是追求收入最大化。因为一方面他们不能左右农产品的价格，另一方面，家庭经营条件下的农业生产从投入到产出和销售过程还不完全是市场化，因此不能完全按照市场化理论来衡量，有人将其称为有条件的利润最大化(Ellis，1998)。“由于农民只是部分参与市场和市场的不完全性，因而他们的行为表现为有条件的利润最大化。”①

再次，最优收益决定论是劣等土地决定论的发展。劣等土地决定论，认为农产品价格决定于最劣等土地，由此导致的优等土地的收益和劣等土地收益之差，就是地租。只有此时，即农产品价格等于最劣等土地劳动时间时，其他土地才会获得最大收益。其实劣等土地决定论就是假设种植一种农产品时的最优收益决定论。最优收益决定论就是放宽了一种农产品假设的劣等土地决定论。

最后，资源的稀缺性是导致这一结果的根源。级差地租Ⅰ说明当农产品需求增加时，可以通过增加土地面积来增加产量。但是土地面积是有限的，当可利用土地被开发完毕后级差地租Ⅰ将会失去作用。级差地租Ⅱ是对极差地租Ⅰ的发展，说明在土地面积不变的情况下，可以通过增加投入来提高产量。在资源有限的情况下，投入不会无限制增加。而且在技术不变的情况下，存在边际收益递减规律，导致投入不能无限制增加。因此产量的增加是有限的。这二者都导致了收益增加的有限性。因此在土地面积和投入相对固定的情况下，选择收益最大的农产品来种植，是提高收益的有效途径。

4.1.4 计算

种植收益更大的农产品，会使地租和地价发生什么样的变化呢？

---

①彭文平．农民经济学——发展经济学的新发展．外国经济与管理，2002，24(2)：3．

假设农产品收益
$$TR = PQ \tag{4.2}$$
则式(4.1)变成
$$V_A = \frac{\frac{\alpha_A}{A} \cdot TR}{r} \tag{4.3}$$
当
$$TR_1 = \lambda TR_0 \tag{4.4}$$
即，农产品收益为原来的 λ 倍，这是由价格 P 和产量 Q 的变化引起的。

可表示为 $P_1 = \lambda_P P_0$ 和 $Q_1 = \lambda_Q Q_0$，即价格为原来的 λ_P 倍，产量为原来的 λ_Q 倍。

显然有 $\lambda = \lambda_P \cdot \lambda_Q$

式(3.24)
$$Q = bA^{\alpha_A} F^{\alpha_F} V^{\alpha_V} L^{\alpha_L} \mu$$
中，在投入要素不变的条件下，由于种植了新的农产品，产量变为原来的 λ_Q 倍，则新的农业生产函数变为：
$$Q_1 = \lambda_Q Q_0 = \lambda_Q b A^{\alpha_A} F^{\alpha_F} V^{\alpha_V} L^{\alpha_L} \mu \tag{4.5}$$
两边取对数，则
$$\ln Q_1 = \ln \lambda_Q + \ln b + \alpha_A \ln A + \alpha_F \ln F + \alpha_V \ln V + \alpha_L \ln L + \ln \mu \tag{4.6}$$
我们发现，只有常数项增加了 $\ln \lambda_Q$，系数都没有发生变化，因此土地产出弹性系数 α_A 也不变。

因此有
$$\begin{aligned} V_{A1} &= \frac{\frac{\alpha_A}{A} \cdot P_1 Q_1}{r} \\ &= \frac{\frac{\alpha_A}{A} \cdot \lambda_P P_0 \cdot \lambda_Q Q_0}{r} \\ &= \frac{\frac{\alpha_A}{A} \cdot \lambda TR_0}{r} \\ &= \frac{\lambda \cdot \frac{\alpha_A}{A} \cdot TR_0}{r} \\ &= \lambda V_{A0} \end{aligned} \tag{4.7}$$

可见,当农产品收益增加为λ倍,则土地收益(地租)也增加为λ倍,土地价格也会增加为λ倍。

4.1.5 实践案例

案例一:种蘑菇收入更多 农民追求土地效益最大化[①]

近来,在哈尔滨市一些市场、超市销售一种蘑菇新品种,外形与普通的平菇相似,颜色为粉红色,虽然价格较普通的蘑菇高出很多,但由于其“长相”特殊,仍然受到消费者的青睐。据了解,目前在哈尔滨市的各大酒店,这种蘑菇新品种也受到消费者的欢迎。

在香坊区幸福镇的振兴食用菌基地,记者看到培育大户王敏家的两栋大棚中,这种蘑菇长势良好,从成垄的培育袋两侧,钻出了很多硕大的蘑菇。据王敏介绍,这种蘑菇新品种叫“红平”,是平菇的一种,一般颜色为粉红色。性味甘、温,质地肥厚,嫩滑可口,有类似牡蛎的香味。其含有丰富的营养物质,每百克含蛋白质20~23克,而且氨基酸成分齐全,矿物质含量十分丰富,具有追风散寒、舒筋活络的功效。其中蛋白多糖体对癌细胞有很强的抑制作用,能增强机体免疫功能。

据王敏介绍,这种红平产量较普通平菇略低一些,商贩上门批发为每斤4元左右,市场价就可达到8~9元,但仍有大量市民购买。种植这种蘑菇新品种,带动了农民增收步伐,利用大棚培育“红平”,效益比利用大棚种植蔬菜翻了一番。同时,在振兴食用菌基地还扩大生产范围,利用30栋日光温室生产白玉菇、小姬菇、袖珍菇等精品菌种,年产50万公斤,产品销往哈市各大超市、酒店和哈达果菜批发市场,年销售收入300万元,成为农民增收又一“法宝”。

案例二:唐家岭的冬枣观光农业[②]

北京市海淀区西北旺镇唐家岭村是海淀区冬枣观光农业基地,位于北京市西北近郊。北邻中关村生命科学园,东邻八达岭高速公路和城铁,南邻中关村软件园,西邻永丰科技园等国家重点科技园区。这里山清水秀,空气清新,环境优美,从2001年开始,唐家岭引种4 000余亩冬枣,从而成为京郊生产冬枣的最大基地。2005年9月25日唐家岭观光园的冬枣从海淀全区1 300余户冬枣种植户中脱颖

①新华网 http://www.hlj.xinhuanet.com/lssp/2007-06/04/content_10194838.htm 稿源:哈尔滨日报.
②新浪网 http://finance.sina.com.cn/roll/20051228/1018469641.shtml 稿源:中国经济时报.

而出，通过锦绣大地农产品检测中心的严格鉴定和专家评审，荣获“海淀区第一届冬枣擂台赛”金奖。

唐家岭的冬枣观光产业开始于2000年。以前，唐家岭的经济主要以农业为主，5 910亩土地中有耕地4 400亩，主要种植水稻和小麦。由于粮食价格的持续走低和生产资料价格尤其是水费的上涨，2000年海淀区对农村结构进行了大幅度调整，将原来以水稻为主的结构调整为以林业为主的结构。2000年唐家岭开始用200亩做试点推广种植冬枣、樱桃等经济林，通过试种使绝大多数村民认识到种植结构改革的重要性。在大家一致认可的情况下，唐家岭村从2001年进行了大规模的农业结构调整，由种粮为主调整为以经济作物为主。目前冬枣园总面积4 000亩，由山东沾化引进的冬枣种植面积已达2 366亩。2005年冬枣产量达8万公斤。建有东园、西园2个农业观光采摘园，1个6亩左右的冬枣贸易市场。观光采摘园建筑占地面积175亩，提供观光、休闲、旅游、采摘于一体的服务设施，带动了唐家岭村的果品销售和农民就业。

目前，冬枣观光产业已成为唐家岭农业主导产业，技术人员及枣农们多方取经，田间实践，取得了成功的丰产栽培经验。唐家岭冬枣已通过了安全食品认证，冬枣产业是唐家岭农民家庭经济收入的一个重要来源。

冬枣产业的收入大大改观了唐家岭村的经济状况，也带动了各项事业的发展。村里投资320万元对低压电路进行了彻底改造；投资708万元给40岁以上的女村民和45岁以上的男村民上了社会养老保险；投资80万元建起了一座“村民活动中心”。投资6万元给村小学建起了电教室，每年教师节给教师补贴6 000元。国强牛场每天无偿给村里老人提供鲜牛奶。

唐家岭的冬枣观光产业是农业经济在新时期的延伸：第一产业和第三产业结合，农业生产与观赏服务结合，物质文明与精神文明结合。唐家岭的实践证明，生态观光农业是都市农业发展的新方向，在吸收农村剩余劳动力、提高农民素质、形成农民收入增长点方面大有可为，是农业走出困境的新捷径。同时，结合生态、文化等因素进行深入开发，既能使农民收入持续增加，又可推进都市郊区的城市化进程。

以上两则新闻，表明农民种植了农产品的新品种后，收入显著提高。在同样面积土地上，种植的品种不同，所产生的收益也不同。调整产业结构，种植新的农产品品种，不仅增加了农民收入，带动地方经济发展，而且也提高了农业用地的收益和价格。

4.2 农地位置

农业用地的位置，决定了农产品距离市场的远近，从而影响农地的地租和土地价格。

4.2.1 农地的位置影响地租，是由于存在运输成本

关于这一点，屠能在其《孤立国》中有很好的描述。

屠能的“孤立国”，有以下几点假设条件：

①肥沃的平原中央只有一个城市；

②不存在可用于航运的河流与运河，马车是唯一的交通工具；

③土质条件一样，任何地点都可以耕作且收成相同；

④距城市 80 km 之外是荒野，与其他地区隔绝；

⑤人工产品供应只来源于中央城市，而城市的食物供给则只来源于周围平原；

⑥矿山和食盐坑都在城市附近；

⑦企业经营型农业即合理的农业，是追求利益最大化的农业。

这种条件下，他经过计算，提出了著名的屠能圈。表示了在孤立国内，距离和地租之间的关系。

美国学者达恩(S. Dunn，1954)将地租与距离的关系用函数表示为：

$$R=Q(p-c)-QfD \tag{4.8}$$

式中：R 为单位面积土地的地租收入；Q 为单位面积农产品产量；p 为农产品的市场价格；c 为单位农产品的生产成本；D 为生产地距城市（市场）的距离；f 为单位农产品的单位距离的运费，即运费率。

由此可以得到表示地租与距离关系的地租—距离线，此时是一条直线，如图 4-1。以地租 R 为纵轴，距离 D 为横轴，得到距离与地租的关系是反方向的。截距是 $Q(p-c)$，斜率是 Qf，地租消失的距离为 $(p-c)/f$。

这是单一作物的情况。当有多种作物时，由于农业生产者会选择使利润最大的农产品来种植，从而地租—距离线就会变为一条曲线。这可以用图 4-2 表示。

图 4-2 上半部分的最外面的轮廓组成的曲线就是地租—距离曲线，距离越远，地租越低。由于每种作物的地租曲线不同，因此在距离不同时，应选择的作物也不同，从而形成了下半部分的屠能圈。

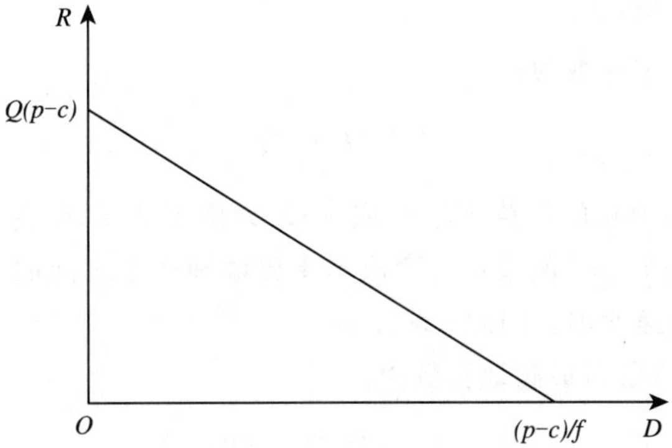

图 4-1 地租—距离线①

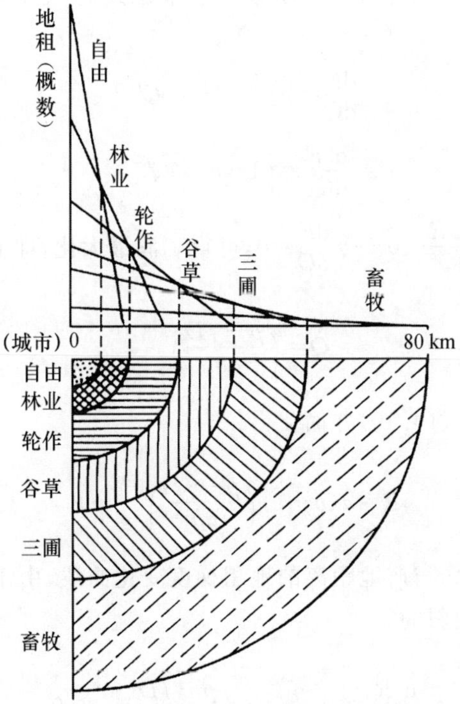

图 4-2 屠能圈形成机制与圈层结构示意图②

①魏后凯.现代区域经济学教材.北京:经济管理出版社,2006:66.

②胁田武光.立地论读本(I),东京:大明堂,1983.转引自李小健.经济地理学.2版.北京:高等教育出版社,2006.

这也可由公式推导。

假设农产品成本函数为：

$$TC=F+aQ^{b} \tag{4.9}$$

式中：TC 为不包括地租的每英亩生产成本；F 为固定成本；Q 为每英亩（1 英亩≈404 6.86 m^2）土地产量；a 值表示可变成本支出额和产量之间的关系；随着生产集约度的提高 b 值迅速增加。因此 $b>1$。

那么，每英亩可获得最高地租额为

$$R=(p-fD)Q-aQ^{b}-F \tag{4.10}$$

式中：p 为农产品的市场单价；f 为每英里单位运输成本；D 为产地到市场的距离。

一阶导数形式为 $$\frac{\mathrm{d}R}{\mathrm{d}Q}=p-fD-abQ^{b-1} \tag{4.11}$$

二阶导数形式为 $$\frac{\mathrm{d}^2R}{\mathrm{d}Q^2}=(1-b)abQ^{b-2} \tag{4.12}$$

由于 $b>1$，因此 $\frac{\mathrm{d}^2R}{\mathrm{d}Q^2}<0$。令 $\frac{\mathrm{d}R}{\mathrm{d}Q}=0$，可得利润最大化，即 R 极大化的产量。

$$Q=\left(\frac{p-fD}{ab}\right)^{\frac{1}{b-1}} \tag{4.13}$$

将式(4.13)代入式(4.10)并简化得

$$R=a(b-1)\left(\frac{p-fD}{ab}\right)^{\frac{b}{b-1}}-F \tag{4.14}$$

这就是相对于市场与产地距离的地租梯度变化曲线，由于距离 D 的斜率为负值，因此曲线是向下倾斜的。

$$\frac{\mathrm{d}^2R}{\mathrm{d}D^2}=\frac{f^2}{ab(b-1)}\left(\frac{p-fD}{ab}\right)^{\frac{2-b}{b-1}}>0 \tag{4.15}$$

因此曲线是上凹的。[①]如图 4-3 所示。

---

①埃德加·M·胡佛. 区域经济学导论. 王翼龙译. 北京：商务印书馆，1990：135-136.

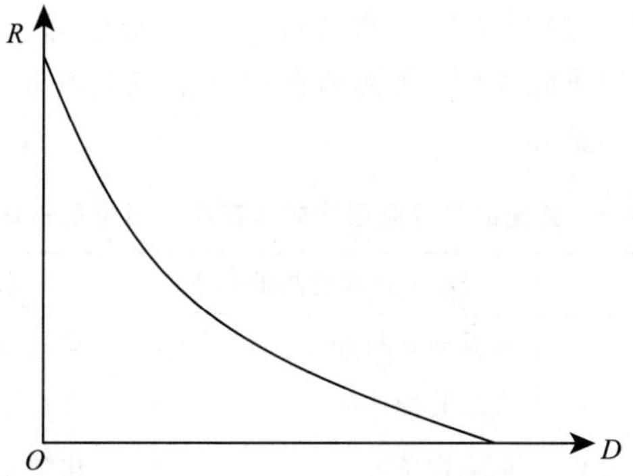

图 4-3 地租—距离曲线

4.2.2 农地位置对地租的影响特别重要，还由于农产品的特殊性

大部分农产品属于生鲜产品，易腐易烂，因此和时间有特别重要的关系。在一定的技术条件下，即运输能力和速度既定时，时间就和距离相关。

$$p=mt$$

其中：p 表示农产品价格，是时间 t 的反函数，时间越长，价格越低。因此 $m<1$。

$t=\frac{D}{v}$，这是时间与距离 D 和速度 v 的关系。在一定技术条件下，v 不变，于是有

$$p=\frac{m}{v}\cdot D \tag{4.16}$$

将式(4.16)代入式(4.14)得

$$R=a(b-1)\left(\frac{m-fv}{abv}\cdot D\right)^{\frac{b}{b-1}}-F \tag{4.17}$$

产地离市场越近，农产品保值率就越高，否则农产品价格会降低。因此生鲜农产品种植距离市场要近。

由于交通运输条件的改善和通信网络技术的迅猛发展，运输成本在经济活动中的影响已经日益减少。戴蒙德和斯彭斯(Diamond & Spence，1989)对190家英国企业的研究表明，运输成本只占生产成本的3%～6%。[①] 但是农产品运输由于

①魏后凯.现代区域经济学教材.北京：经济管理出版社，2006：21.

其特殊性，其运输成本占总成本的比重要高一些。安德森(Anderson，1983)对美国部分行业运输成本的研究表明，食物和食物产品的运输成本比重达到13%，属于运输成本较高行业。见表4-5。

表4-5　美国部分行业运输成本在净产值中所占比重　%

运输成本较低的行业		运输成本较高的行业		运输成本中等行业	
皮革及皮革产品	3	橡胶与塑料产品	7	家具与固定装置	12
电气与电子机械	4	金属装配产品	8	食物与食物产品	13
服装及其他纺织品	4	运输设备	8	化学品	14
仪器	4	纺织厂成品	8	木材和木制品	18
印刷与出版	4	杂品制造	8	石油产品	24
电气仪器以外的机器	5	初级金属工业	9	石料、粘土及玻璃制品	27
烟草生产	5	造纸及有关产品	11		

资料来源：Anderson，1983①

4.2.3　案例分析

刘军萍等(2007)，将北京郊区农业用地分为，远郊平原(通州、大兴、顺义)，半山区(昌平、房山、平谷)，远郊山区(门头沟、延庆、怀柔、密云)。② 如图4-4所示。

按照这个分类，计算2007年三类地区各种农产品产量占北京市总产量的比重，结果如表4-6所示。

从这个结果来看，北京市郊区的种植业布局也存在类似屠能圈。在远郊的几个区县中，平原地区属于第一个圈，半山区属于第二个圈，山区属于最外围的第三圈。平原地区，种植的粮食、蔬菜、瓜及棉花油料占全市一半以上比重。其中，瓜种植比重更是达到93%。半山区种植果树比较多，干鲜果品占全市一半以上。粮食种植占约1/4，山区种植棉花油料占的比重相对多一些，达到27%，粮食达到20%，干鲜果品也将近20%。这种农业空间布局的形成除了与地形地貌相关外，与市区的空间距离也是有关的。如蔬菜、瓜、草莓等生鲜农产品的种植主要集中在相对近的郊区。

①魏后凯．现代区域经济学教材．北京：经济管理出版社，2006：22．

②刘军萍，张春林．北京郊区种植业发展现状研究．中国农业资源与区划，2005，26(2)：48-55．

图 4-4　北京市远郊区分类图

表 4-6　三类地区各种农产品产量比重　　%

地区	粮食	蔬菜	瓜类及草莓	棉花＋油料	干鲜果品
远郊平原	56	67	93	63	28
远郊半山区	24	16	7	10	52
远郊山区	20	13	0	27	19

注：数据来源《北京区域统计年鉴 2008》，北京市统计局.

北京市总产量包括近郊区，因此表中各项之和不一定等于 1.

4.3 农地质量

4.3.1 农地质量的内涵

关于农地质量的理解可以划分为以下几种。第一种，农地质量即农地的自然肥力，农地的自然肥力是指土地土壤成分、地质、地貌以及温度、日照等导致土地产出的不同。第二种，农地质量是由农地的自然肥力和位置综合决定的。这二者形成了级差地租Ⅰ。而对于农业用地来说，土地自然肥力对级差地租的影响更大。第三种，农地质量是由自然、经济、社会、生态多个因素综合决定的。

现在多数人持第三种观点，并在此基础上形成了农用地评价的多种方法。如美国农业部土壤保持局于1981年提出了“土地评价和立地评价”系统，该系统包括土地潜力分类，重要农田鉴定和土壤生产力、土地评价子系统主要是对除土壤以外的其他自然和社会经济因素的评价，除了考虑土壤的物理和化学特性外，也反映了经济因素，既考虑了土地管理措施，又考虑了土地税收和法规，同时结合了地方政府的农地政策。具有很强的综合性、精确性和法律性。目前，这一方法与遥感和GIS技术相结合，在美国仍得到广泛的应用。FAO于1991年在泰国清迈举行的“发展中国家可持续土地利用管理评价国际研讨会”上，许多专家、学者从自然、环境、经济和社会等各个方面探讨了可持续土地利用管理评价的指标和方法。在此基础上，FAO于1993年颁布了《可持续土地管理纲要》。1997年在荷兰召开了“国际可持续土地利用管理及信息系统科学学术会”，各国专家认为土地利用可持续性衡量应当从自然资源、生态环境、社会经济、习俗等方面予以考虑，这标志着可持续土地管理又成为土地评价的重要内容。[①]我国目前实施的《农用地分等规程(中华人民共和国国土资源行业标准TD/T 1004—2003)》分为农用地自然质量等、农用地利用等、农用地经济等进行逐级修订，用来分析农用地潜在生产能力实际生产能力及实际收入问题，从自然和经济角度对农用地进行评价。

诚然，对某件事物进行完整的评价，需要多个角度，考虑多个因素，这样才更全面，结果才能更接近实际，更令人满意。但是首先，考虑的因素太多，范围太广，就难以做到细致和精确。再者，任何问题都有一个最基本的基础。土地质量最初的意义就是指土地的自然肥力。而在级差地租Ⅰ当中，土地肥力也

---

①朱明仓.农用地质量评价与粮食安全研究.博士学位论文，西南财经大学，2006.

是主要的因素。最后，由于本文的研究角度和篇幅问题，无力涉及许多因素。由于以上几个方面考虑，在此，土地质量仅指第一种意义上的理解，即指土地的自然肥力。

4.3.2 农地质量的计算方法

农地自然肥力涉及到诸如土地物理化学性质等一系列非本专业知识。好在学者们已做了卓有成效的研究，关于土地肥力的评价可谓硕果累累。在此，借用我国目前实施的《农用地分等规程(中华人民共和国国土资源行业标准 TD/T 1004—2003)》(以下简称《规程》)的农用地自然质量等的计算方法。

《规程》中农用地等的划分是通过农用自然质量等指数，农用地利用等指数和农用地经济等指数逐级修订最后得到的。但是这三者各有不同的作用，农用地自然质量等指数反映了农用地的自然质量和农用地的生产潜力。农用地利用等指数表示在农用地自然质量等指数一定的情况下，即土地的可能生产力一定的情况下，取决于包括肥料投入、病虫害防治、机械化水平，以及农民的田间管理水平等生产资料投入与管理水平不同造成的作物实际产量的差异。农用地经济等指数反映的是人们在一定质量的农用地上进行农业生产的经营收入即获利情况，可以指导调整或减免农业税，进行农业结构调整，以提高农民收入。这三者中农用地自然质量等指数是最基本的。

1978年，联合国粮农组织(FAO)创建了AEZ(Agro-Ecological Zones 农业生态区域)法[①]，这是一种基于气候生产潜力和土壤生产潜力，并考虑到土地投入水平的土地适宜性评价方法，实际上是根据作物生产原理，将影响作物产量的光照、温度、水分、土壤条件等因素逐级修正获取作物产量的方法。我国《农用地分等规程》中农用地自然质量等指数的计算方法就是采用了AEZ方法，具体如下。

农用地自然质量等指数由式(4.18)计算：

$$R_i = \begin{cases} \sum R_{ij} & \text{（一年一熟、两熟、三熟时）} \\ \sum R_{ij}/2 & \text{（两年三熟时）} \end{cases} \tag{4.18}$$

①FAO. Report on the Agro-Ecological Zones Project. Rome: Methodology and Results for Africa, World Soil Resources Report 48, Vol. 1, 1978.

式中：R_i为第i个分等单元的农用地自然质量等指数；R_{ij}为第i个分等单元第j种指定作物的自然质量等指数，由式(4.19)计算：

$$R_{ij}=\alpha_{tj}\cdot C_{Lij}\cdot \beta_j \tag{4.19}$$ [①]

其中：α_{tj}为第j种作物的光温（气候）生产潜力指数。作物的光温和气候生产力是假设在土壤没有任何限制，管理水平最佳，养分和水分充分满足作物生长要求情况下的作物生产潜力，实际上是计算理想状态下的某作物的最大光合产量。作物的光温生产力一般也是水田或灌溉条件充分满足的水浇地的最大理想产量。而作物的气候生产力是没有灌溉条件的旱地的最大理想产量。

C_{Lij}为第i个分等单元内第j种指定作物的农用地自然质量分。现实中，绝对没有限制的土壤是不存在的。由于土层厚度、土壤质地、剖面构型（包括障碍层次）、养分含量、pH等土壤因素存在着各种不同的限制性，而使作物的光温水生产潜力受到限制。这时，把因为受到各种土壤条件限制的作物生产潜力称为作物的土地生产潜力，或者称为作物的光温水土生产潜力。

β_j为第j种作物的产量比系数。

$$\beta_j=\frac{基准作物单产}{指定作物单产}$$

式中：基准作物和指定作物的单产是指各省二级区内最大单产。基准作物是指小麦、玉米、水稻等3种主要粮食作物中的一种，是《规程》中所称理论标准粮的折算基准。[②]

4.3.3 案例分析

自《规程》颁布实施以来，全国各地展开了农用地分等定级估价工作，至2008年12月8日，全国31个省（区、市）全面完成了省级农用地分等工作。以下是北京市怀柔区和密云区农用地自然质量分等情况案例。

---

①中华人民共和国国土资源部.农用地分等规程(TD/T 1004—2003).北京：中国标准出版社，2003.

②张凤荣，等.《农用地分等规程》的几个理论问题及应用方向.资源科学，2005，27(2)：33-38.

案例1:怀柔区的农用地分等

按照《规程》,怀柔位于Ⅵ内蒙古高原及长城沿线区Ⅵ1辽吉西蒙东南冀北山地,因此确定怀柔区的标准耕作制度为一年一熟和一年两熟,指定作物为小麦、玉米,基准作物为水稻。产量比系数是指以国家制定的基准作物为基础按当地各种作物单位面积实际产量与基准作物实际产量之比,通过对北京市各区县各乡镇主要农作物单位面积产量数据的调查,确定怀柔地区的产量比系数如表4-7所示。

表4-7 怀柔区农用地分等指定作物产量比系数(β)

分类	小麦	玉米
平原	1.00	0.73
山区	1.00	0.77

根据北京市各区县提供的主要粮食作物播种日期,收获日期,耕地所处趋于平均海拔高度,平均单产和最高单产等数据,经过专家论证确定,怀柔区的农用地分等指定作物光温(气候)生产潜力指数如表4-8所示。

表4-8 怀柔区农用地分等作物光温(气候)生产潜力指数(α)①

气象站					光温潜力指数			气候潜力指数		
区站号	纬度	经度	海拔高度	站点名称	冬小麦	春玉米	夏玉米	冬小麦	春玉米	夏玉米
54419	40.3	116.6	60.6	怀柔	1 697		1 982	717		1 785
54412	40.7	116.6	333.7	怀柔汤河口		2 713			1 967	

怀柔区包括北京平原区和北部山地区两个指标控制区。因素的选择和权重的确定主要采用定性的特尔菲法,各指标区的分等因素及权重如表4-9至表4-13所示。②

表4-9 北京市平原区农用地分等因素及权重

因素	表土质地	剖面构型	盐碱化	土壤有机质含量	排水条件	灌溉保证率
小麦	0.20	0.15	0.12	0.13	0.15	0.25
玉米	0.22	0.16	0.13	0.14	0.15	0.20

①表4-7和表4-8数据来源于《北京市农用地分等定级估价技术方案》,北京市国土资源局.

②表4-9和表4-12数据来源于张倩等,北京市怀柔区农用地分等研究,农村经济与科技,2007(1);表4-10,表4-11,表4-13数据来源于《北京市农用地分等定级估价技术方案》.

表 4-10　北京市平原区“小麦-分等因素-自然质量分”记分规则表

分值	表土质地	剖面构型	盐碱化	土壤有机质含量(%)	排水条件	灌溉保证率
100	重壤土	1 级	无	≥4.0	1 级	充分满足
90	黏土	2 级	轻度	4.0～3.0	2 级	基本满足
80	中壤土	3 级		3.0～2.0		
70	轻壤土	4 级	中度	2.0～1.0	3 级	一般满足
60	沙壤土	5 级		1.0～0.6		
50	沙土	6 级		<0.6		无灌溉条件
40		7 级	重度		4 级	
30	砾质土					
20						
10						

表 4-11　北京市平原区“玉米-分等因素-自然质量分”记分规则表

分值	表土质地	剖面构型	盐碱化	土壤有机质含量(%)	排水条件	灌溉保证率
100	中壤土	1 级	无	≥4.0	1 级	充分满足
90	重壤土	2 级	轻度	4.0～3.0	2 级	基本满足
80	黏土	3 级		3.0～2.0		
70	轻壤土	4 级	中度	2.0～1.0	3 级	一般满足
60	沙壤土	5 级		1.0～0.6		
50	沙土	6 级		<0.6		无灌溉条件
40	砾质土	7 级	重度		4 级	
30						
20						
10						

表 4-12　北部山地区农用地分等因素及权重

因素	有效土层厚度	表土质地	剖面构型	土壤有机质含量	地形坡度	灌溉保证率	地表岩石露头度
小麦	0.20	0.15	0.12	0.11	0.11	0.21	0.10
玉米	0.20	0.15	0.12	0.11	0.12	0.20	0.10

表 4-13 北京市北部山地区“玉米-分等因素-自然质量分”记分规则表

分值	有效土层厚度	表土质地	剖面构型	土壤有机质含量(%)	地形坡度	灌溉保证率	地表岩石露头度
100	无限制	中壤土	1级	≥4.0	<2°	充分满足	1级
90	厚层	重壤土	2级	4.0～3.0	2°～5°	基本满足	2级
80		黏土	3级	3.0～2.0	5°～8°	一般满足	
70		轻壤土	4级	2.0～1.0			3级
60	中层	沙壤土	5级	1.0～0.6	8°～15°		
50		沙土	6级	<0.6			
40		砾质土	7级			无灌溉条件	4级
30	薄层				15°～25°		
20							
10	<30				≥25°		

根据式(4.19)得出怀柔区农用地自然质量等指数分布范围为856.494～2919.984。①

案例2:密云区的农用地分等

北京市密云区自然质量等指数的计算主要依据《规程》和《北京市农用地分等定级估价技术方案》,并采用特尔菲法,选择了分等因素,确定了权重。密云区也分为平原区和北部山区。表4-14至表4-17是各种因素采用的数值。②

表 4-14 密云区农用地分等作物光温(气候)生产潜力指数(α)

气象站					光温潜力指数			气候潜力指数		
区站号	纬度	经度	海拔高度	站点名称	冬小麦	春玉米	夏玉米	冬小麦	春玉米	夏玉米
54416	40.4	116.9	73.1	密云	1595		1977	687		1773
54421	40.7	117.1	286.5	密云上甸子	1586		1907	679		1745

表 4-15 密云区平原区分等因素

因素	表土质地	剖面构型	盐碱化	有机质含量	排水条件	灌溉保证率
权重	0.22	0.09	0.13	0.14	0.15	0.20

①张倩,等.北京市怀柔区农用地分等研究.农村经济与科技,2007(1):67-68.

②表4-14数据来源于《北京市农用地分等定级估价技术方案》;表4-15至表4-18数据来源于杜丽娟等,密云区农用地分等初步研究(北京市农用地分等定级与估价项目).中国水土保持科学,2007(6):59-63.

表 4-16　密云区山地区分等因素

因素	有效土层厚度	表土质地	剖面构型	有机质含量	地形坡度	灌溉保证率	岩石露头度
权重	0.20	0.15	0.12	0.11	0.12	0.20	0.10

表 4-17　密云区平原区“夏玉米-分等因素-自然质量分”记分规则

分值	表土质地	剖面构型	盐碱化	有机质含量(%)	排水条件	灌溉保证率
100	重壤土	1 级	无	≥4.0	1 级	充分满足
90	黏土	2 级	轻度	3.9～3.0	2 级	基本满足
80	中壤质	3 级		2.9～2.0		
70	轻壤质	4 级		1.9～1.0	3 级	一般满足
60	沙壤质	5 级		0.9～0.6		
50	沙质	6 级		≤0.5		无灌溉条件
40		7 级	重度		4 级	
30	砾质土	8 级				
20						
10	卵石滩					

按照《规程》中的方法计算后得到密云区农用地等别表 4-18。

表 4-18　密云区农用地等别面积统计

等别	3	4	5	6	7	8	9
面积(hm^2)	2 132.90	6 908.63	5 160.78	3 581.68	2 327.35	877.49	157.95
比例(%)	9.60	31.10	23.23	16.12	10.48	3.95	0.71
等别	10	11	12	13	14	15	16
面积(hm^2)	246.12	126.81	65.93	235.85	182.40	190.03	18.74
比例(%)	1.11	0.57	0.30	1.06	0.82	0.86	0.08

4.4　农地的资产功能

农地一方面作为一种资源，参与生产过程，此时，农地是生产要素。另一方面，农地还有一个重要特性，即资产。这就是土地的资源资产二重性。土地成为资产，是相对于人类需求土地出现稀缺而占有土地，并把土地视为财产——地产时发生的。所谓土地资产是指国家、社会、企事业单位或个人占有的土地资源作为其财产的权利。[①] 在市场经济条件下,一切能带来经济收益或未来可能带来经济收益的物质或技术、信息,同其所有者相结合,就形成资产。在市场经济条件下,土地资源也能够在现在或未来给人们带来经济收益,即使在当前不能被利用或可以被利用但不能获得经济收益的土地,在未来技术提高后,可以利用它并取得经济收益,因此人们仍然愿意占有它。人们对土地的这种潜力的期望或人们对土地未来收益的期盼,使得土地具有了资产功能。作为资产的土地当其本身成为交易对象时,土地作为资产,它就等于被带上了价格,即,那种持有土地可能得到的利益,不仅仅只有土地利用的收益,而且还应把卖掉土地所产生的利益考虑进去。[②]

可见,土地成为资产,要满足两个条件,一是土地能够带来预期收益,二是土地属于一定的所有者所有。人们为了获得土地的未来收益,而保有土地时,土地便成为资产。

土地具有资产功能的主要原因是土地价格在长期中具有上升趋势。因此土地资产具有保值增值功能。

4.4.1 再看收益资本化法

收益资本化法又称为收益还原法。前式(3.19)给出了收益还原法的基本公式,即

$$V=\frac{R}{r} \tag{3.19}$$

式中:V 为土地价格;R 为土地纯收益(或地租);r 为利率。这是土地收益为无限年期的公式。土地收益为有限年期时,土地价格如式(4.20)

$$V=\frac{R}{r}\left[1-\frac{1}{(1+r)^n}\right] \tag{4.20}$$

式中:n 为未来土地使用年期。

这两个公式假设①土地纯收益 R 不变;②还原利率 r 不变。

假设,土地纯收益和还原利率每年都是变化的,则土地价格如式(4.21),这也可称为收益还原法的一般公式。

①刘书楷.刘书楷论文集(第二集).北京:学苑出版社,1999:19.

②野口悠纪雄.土地经济学.汪斌,译.北京:商务印书馆,1997:50.

$$V=\frac{R_1}{1+r_1}+\frac{R_2}{(1+r_1)(1+r_2)}+\cdots+\frac{R_n}{(1+r_1)(1+r_2)\cdots(1+r_n)} \tag{4.21}$$

$$V=\sum_{i=1}^{n}\frac{R_i}{\prod_{i=1}^{n}(1+r_i)} \tag{4.22}$$

但是为了简单起见，一般都采用式(3.19)。

现在假设土地还原利率 r 是不变的，而土地收益即地租每年会以一定比率 b 上升。即

$$\begin{aligned}R_1&=R(1+b)\\R_2&=R(1+b)^2\\&\cdots\\R_n&=R(1+b)^n\end{aligned} \tag{4.23}$$

将(4.23)式代入(4.21)式则，

$$\begin{aligned}V_A&=\frac{R_1}{1+r}+\frac{R_2}{(1+r)^2}+\cdots+\frac{R_n}{(1+r)^n}\\&=R\left(\frac{1+b}{1+r}\right)+R\left(\frac{1+b}{1+r}\right)^2+\cdots+R\left(\frac{1+b}{1+r}\right)^n\\&=R\left(\frac{1+b}{1+r}\right)\times\frac{1-\left(\frac{1+b}{1+r}\right)^n}{1-\left(\frac{1+b}{1+r}\right)}\end{aligned} \tag{4.24}$$

当 $n\to\infty$ 时，

如果 $r>b$，则 $\left(\frac{1+b}{1+r}\right)^n\to 0$

那么 $V_A=R\left(\frac{1+b}{1+r}\right)\times\frac{1}{1-\left(\frac{1+b}{1+r}\right)}=R\left(\frac{1+b}{r-b}\right)$

但是如果 $r<b$，则 $\left(\frac{1+b}{1+r}\right)^n\to\infty$，那么 $V_A\to\infty$。

这是收益还原法无法解决的。

因此我们还需要通过农地价格实际增值情况来预测其今后的增值。

4.4.2 农地的资产增值情况

由于我国不买卖农地，也没有农地价格数据。故在此分析日本的农地价格数据。表4-19和图4-5是日本近50年耕地价格变化情况。

表4-19 日本1955—2004年耕地价格及其增长率

年份	耕地价格（日元/10年）	增长指数（1955=100）	增长指数（上年=100）	年份	耕地价格（日元/10年）	增长指数（1955=100）	增长指数（上年=100）
1955	94 460.23	100	—	1980	764 328.49	809	108
1956	110 650.61	117	117	1981	820 866.47	869	107
1957	125 139.00	132	113	1982	872 307.50	923	106
1958	135 282.00	143	108	1983	895 936.19	948	103
1959	144 725.40	153	107	1984	921 240.93	975	103
1960	153 557.36	163	106	1985	942 015.62	997	102
1961	159 051.19	168	104	1986	948 305.18	1 004	101
1962	159 729.96	169	100	1987	948 727.73	1 004	100
1963	160 366.97	170	100	1988	944 521.99	1 000	100
1964	164 109.33	174	102	1989	935 978.01	991	99
1965	168 772.97	179	103	1990	944 176.57	1 000	101
1966	178 644.48	189	106	1991	956 565.50	1 013	101
1967	198 687.89	210	111	1992	957 914.34	1 014	100
1968	230 222.89	244	116	1993	943 270.47	999	98
1969	248 735.04	263	108	1994	936 021.83	991	99
1970	268 844.85	285	108	1995	925 096.97	979	99
1971	283 224.29	300	105	1996	904 463.76	958	98
1972	313 246.60	332	111	1997	891 283.90	944	99
1973	396 811.01	420	127	1998	883 074.55	935	99
1974	477 632.82	506	120	1999	868 903.61	920	98
1975	523 465.81	554	110	2000	859 155.38	910	99
1976	570 054.71	603	109	2001	849 123.60	899	99
1977	611 167.31	647	107	2002	826 607.72	875	97
1978	651 179.52	689	107	2003	816 008.07	864	99
1979	706 690.73	748	109	2004	809 306.52	857	99

注：数据来源于《田畑価格及び小作料調》日本不動産研究所 JREI.
耕地价格计算公式：
耕地价格=（水田面积×水田价格+旱田面积×旱田价格）/（水田面积+旱田面积）.

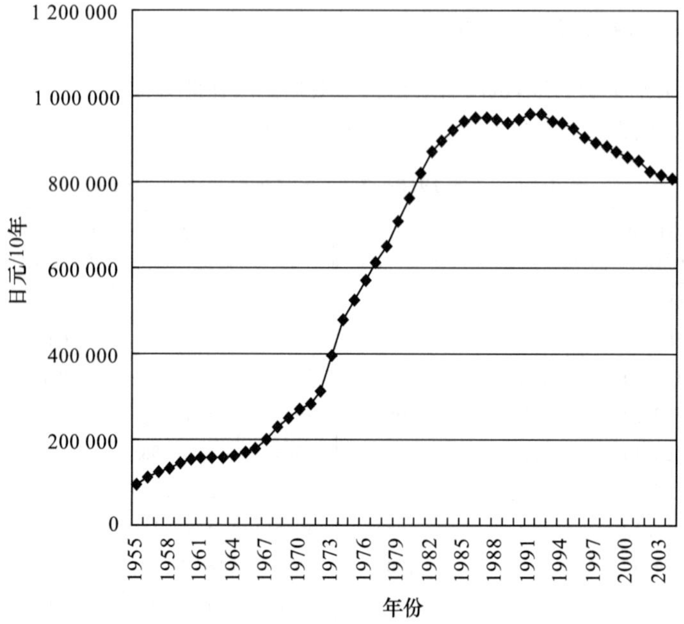

图 4-5 1955—2004 年日本耕地价格变化

可知日本农地价格大致经历了这样三个阶段。1955—1965 年为缓慢上升阶段;1966—1986 年为迅速上升阶段;1987—2004 年为停滞和下降阶段。其原因与日本经济的发展及日本战后农地改革有着重大关系。

日本耕地价格在 50 年间增长了 857%,最高时达到 1 014%,平均年增长率为 115%,最高年增长率达到 127%。在 1966—1986 年的 20 年间,增长了 531%。

土地资产的增值主要来自两个方面:一是随着经济社会的发展,导致的土地的自然增值;二是由于投机以及对未来收益过高的预期导致的地价虚高或泡沫。

4.4.2.1 农地资产的自然增值

农地资产的自然增值是在正常的社会经济发展水平下,农地价格的上升。

(1)人口的增长和耕地面积的减少会导致对农地的供求矛盾加剧,农地价格的上升

表 4-20 和图 4-6 表明我国 1950—2006 年人口、耕地面积以及人均耕地面积变化情况。可见随着人口增加和耕地面积的减少,土地供求矛盾日益严峻。由于我国在 1996 年重新统计了耕地面积,因此 1996 年之前和之后的统计口径不一致。

表 4-20 我国历年人口、耕地面积以及人均耕地面积

年份	人口（万人）	耕地面积（khm^2）	人均耕地面积（hm^2/人）	年份	人口（万人）	耕地面积（khm^2）	人均耕地面积（hm^2/人）
1950	55 196	100 356.3	0.181 818	1996	122 389	130 039.2	0.106 251
1955	61 465	110 156.7	0.179 219	1997	123 626	129 903.1	0.105 078
1960	66 207	104 861.3	0.158 384	1998	124 761	129 642.1	0.103 912
1965	72 538	103 594.0	0.142 813	1999	125 786	129 205.5	0.102 719
1970	82 992	101 134.7	0.121 861	2000	126 743	128 243.1	0.101 184
1975	92 420	99 708.0	0.107 886	2001	127 627	127 615.8	0.099 991
1980	98 705	99 305.2	0.100 608	2002	128 453	125 929.6	0.098 036
1985	105 851	96 846.3	0.091 493	2003	129 227	123 392.2	0.095 485
1990	114 333	95 672.9	0.083 679	2004	129 988	122 444.3	0.094 197
1995	121 121	94 973.9	0.078 412	2005	130 756	122 066.7	0.093 355
				2006	131 448	121 800.0	0.092 660

资料来源：历年《中国统计年鉴》。

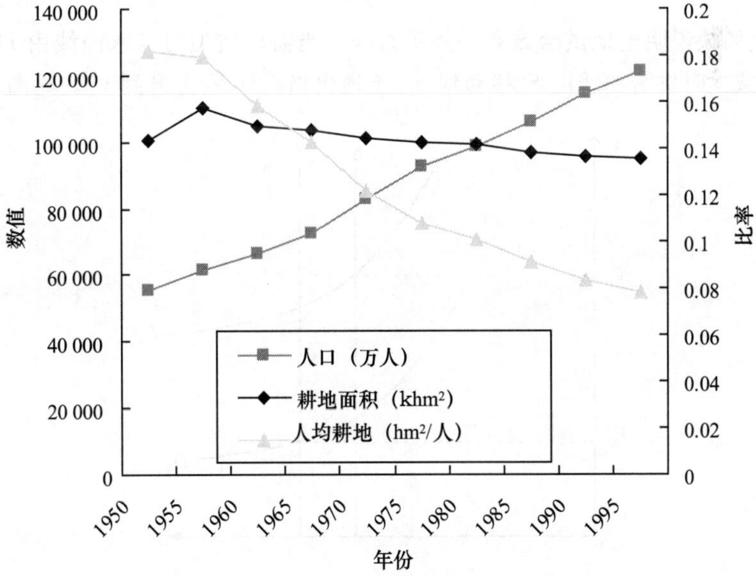

(a)

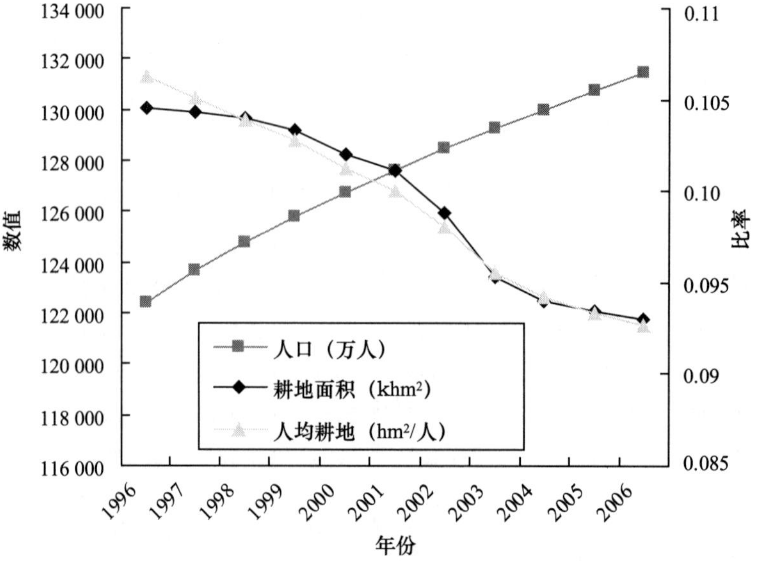

(b)

图 4-6 我国人口与耕地关系

(a)1950—1995 主要年份我国人口与耕地关系图；(b)1996—2006 我国人口与耕地关系图

农地稀缺说明土地供给 S 是一条垂直线。当需求增加时需求曲线由 D_0 移动到 D_1，供给减少时供给曲线由 S_0 移动到 S_1，土地价格就从 V_0 上升到 V_1。见图 4-7。

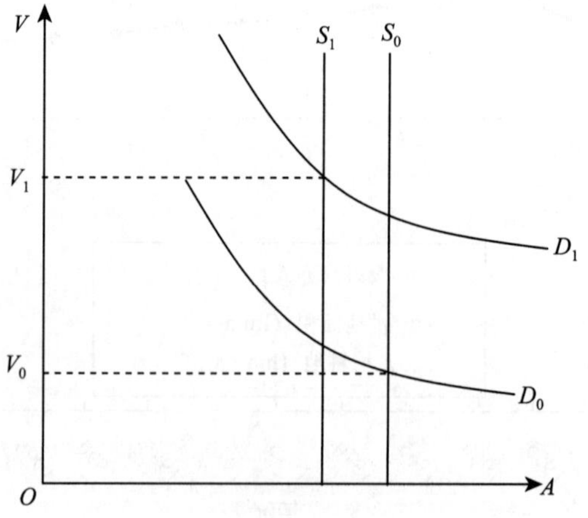

图 4-7 农地的供给与需求

下面由日本1962—1986年25年间数据，分析耕地价格与人口和耕地面积的关系。见表4-21。选取这个时间段，是由于日本在此时间段，经济发展比较迅速，工业化城市化进程比较快，类似我国当前经济高速发展阶段。也是为了分析农地价格迅速上升导致的因素。

表4-21　日本历年耕地价格及人口和耕地面积

年份	耕地价格（日元/10年）	人口（1 000人）	耕地面积（khm^2）	年份	土地价格（日元/10年）	人口（1 000人）	耕地面积（khm^2）
1962	159 730	95 181	6 081	1975	523 465.8	111 940	5 572
1963	160 367	96 156	6 060	1976	570 054.7	113 094	5 536
1964	164 109.3	97 182	6 042	1977	611 167.3	114 165	5 515
1965	168 773	99 209	6 004	1978	651 179.5	115 190	5 494
1966	178 644.5	99 036	5 996	1979	706 690.7	116 155	5 474
1967	198 687.9	100 196	5 938	1980	764 328.5	117 060	5 461
1968	230 222.9	101 331	5 897	1981	820 866.5	117 902	5 442
1969	248 735	102 536	5 852	1982	872 307.5	118 728	5 426
1970	268 844.9	104 665	5 796	1983	895 936.2	119 536	5 411
1971	283 224.3	105 145	5 741	1984	921 240.9	120 305	5 396
1972	313 246.6	107 595	5 683	1985	942 015.6	121 049	5 379
1973	396 811	109 104	5 647	1986	948 305.2	121 660	5 358
1974	477 632.8	110 573	5 615				

资料来源：人口数据来自《日本统计年鉴2005》总务省统计局。

首先，耕地价格与人口的关系。

做耕地价格与人口关系散点图4-8，认为可以用线性回归模型。

建立一元线性回归模型：

$$V=a+bP+\mu \tag{4.25}$$

式中：V为耕地价格；P为人口；a、b为待定参数；μ为随机误差项。

用SPSS软件最小二乘回归后结果如表4-22。

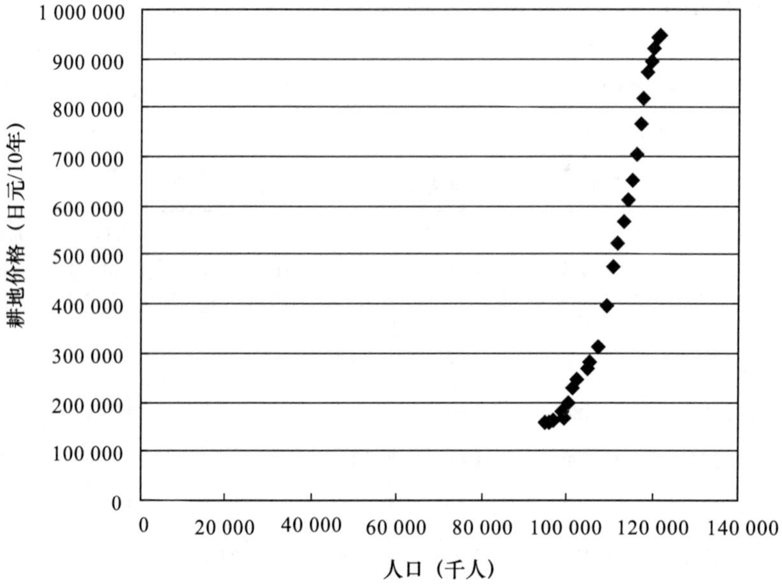

图 4-8　耕地价格与人口关系散点图

表 4-22　输出结果

Model Summary

R	R Square	Adjusted R Square	Std. Error of the Estimate	Durbin-Watson
.975	.951	.949	66 147.495 43	.170

ANOVA

Model	Sum of Squares	df	Mean Square	F	Sig.
Regression	1 954 826 816 113.486	1	1 954 826 816 113.486	446.767	.000(a)
Residual	100 636 296 497.867	23	4 375 491 152.082		
Total	2 055 463 112 611.352	24			

Coefficients

	Unstandardized Coefficients		Standardized Coefficients	t	Sig
	B	Std. Error	Beta		
Constant	−3 078 160	169 757.2		−18.133	.000
P	32.702	1.547	.975	21.137	.000

经过检验发现，$DW=0.17$，查 DW 表，$n=25$，$k=2$，显著性水平 $a=1\%$，得 $dL=1.05$，$dU=1.21$。$DW=0.17<dL=1.05$，因此模型存在序列相关。

对模型进行自回归处理，选择科克伦-奥科特(Cochranc-Orcutt)法，迭代3次后。结果如表4-23所示。

表4-23 自回归结果

Model Fit Summary

R	*R* Square	Adjusted *R* Square	Std. Error of the Estimate	Durbin-Watson
.936	.876	.864	24 766.956	1.219

The Cochrane-Orcutt estimation method is used.

Regression Coefficients

	Unstandardized Coefficients		Standardized Coefficients	*t*	Sig
	B	Std. Error	Beta		
P	37.941	3.121	.936	12.158	.000
(Constant)	−3 695 100.891	357 693.857		−10.330	.000

The Cochrane-Orcutt estimation method is used.

修正后的模型参数各项指标均通过检验。可以采纳。因此拟合的回归方程如下：

$$V=-3\ 695\ 100.891+37.941P \tag{4.26}$$

这个方程说明，当人口每增加1 000人，耕地价格就会提高37.941日元/10年。

其次，耕地价格与耕地面积的关系。

日本，在此期间的耕地面积减少的一个主要原因是农地转用面积的增加。

图4-9表示1962—1984年日本的农地转用面积的变化，1974年前，农地转用面积呈现增加的趋势，之后则呈现减少的趋势。

耕地面积和耕地价格的关系可以通过XY散点图4-10，看出二者之间是曲线关系。应该进行曲线回归。

在SPSS的曲线回归模型复合函数(Compound)(4.27式)和S函数(式4.28)中进行选择后，S函数的拟合效果比复合函数好，见表4-24和图4-11。因此认为应该选定S函数。

$$V=b_0 b_1^A \tag{4.27}$$

$$V=\exp(b_0+b_1/A) \tag{4.28}$$

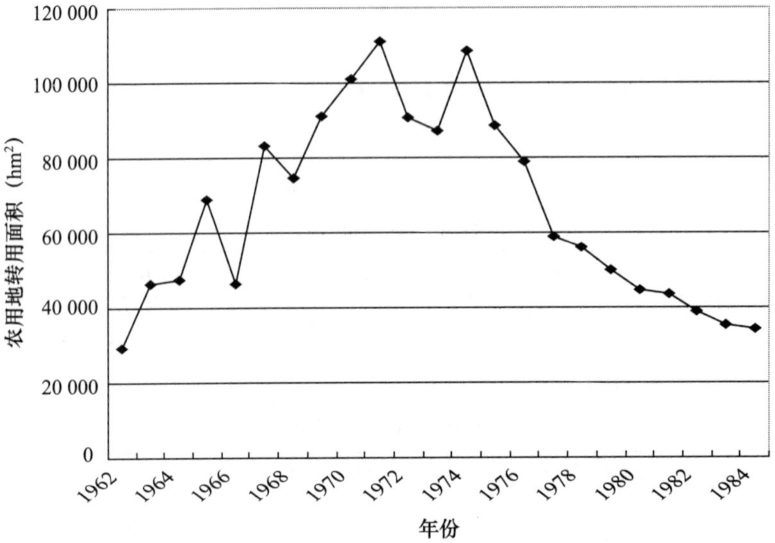

图 4-9　1962—1984 年日本的农地转用

注：此图根据郑诗华著.《日本及び台湾における农业构造の变貌と农地利用に関する研究》，国立中兴大学农业経済研究所出版，1988 年，33 页，表 2-9 数据绘出。

数据来源：农林水产省统计情报部.《昭和 59 年产作物统计》。

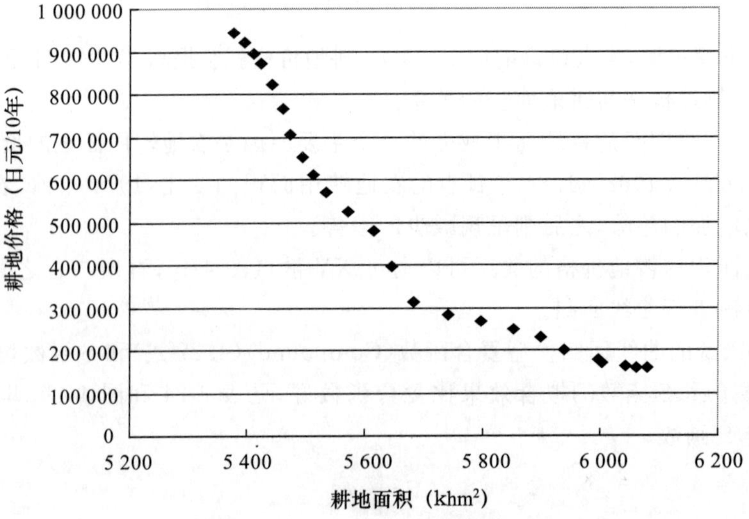

图 4-10　耕地价格和耕地面积的散点图

表 4-24 Model Summary and Parameter Estimates

Equation	R Square	Model Summary			Sig.	Parameter Estimates	
		F	df1	df2		Constant	b_1
Compound	.982	1 281.059	1	23	.000	1 511 021 681 062.338	.997
S	.988	1 848.560	1	23	.000	−2.452	87 077.935

Dependent Variable: V

The independent variable is A.

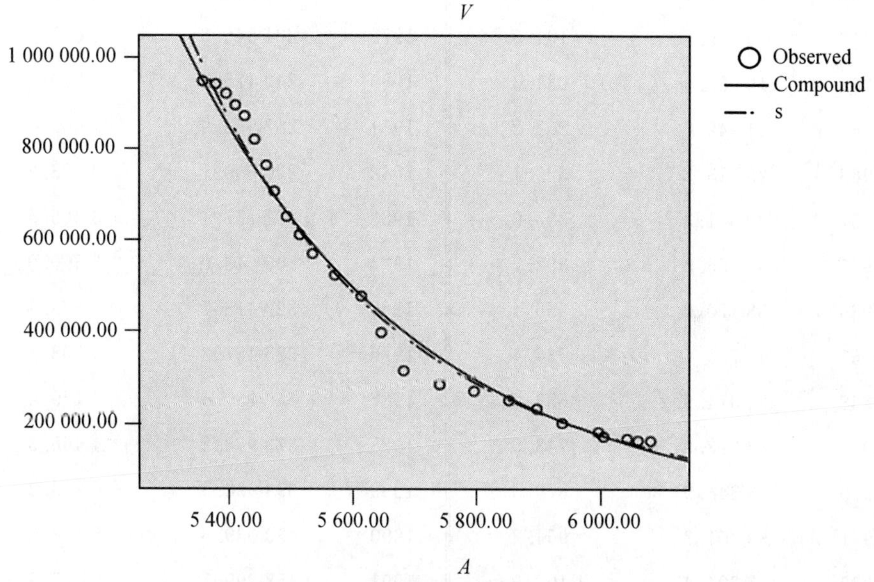

图 4-11 曲线拟合图(V,A)

拟合曲线为：

$$V=\exp(-2.452+87\,077.935/A) \tag{4.29}$$

因此耕地面积和耕地价格之间是反方向的关系。随着耕地面积的减少，耕地价格越来越高。

(2)耕地价格与经济发展的关系

用 GDP 代表经济发展再合适不过了。见表 4-25。

表 4-25 日本历年 GDP

年份	GDP (10 亿日元)	GDP 增长率% (1955=100)	年份	GDP (10 亿日元)	GDP 增长率% (1955=100)
1955	8 369.5	100.0	1974	134 243.8	1 604.0
1956	9 422.2	112.6	1975	148 327.1	1 772.2
1957	10 858.3	129.7	1976	166 573.3	1 990.2
1958	11 538.3	137.9	1977	185 622.0	2 217.8
1959	13 190.3	157.6	1978	204 404.1	2 442.2
1960	16 009.7	191.3	1979	221 546.6	2 647.1
1961	19 336.5	231.0	1980	240 175.9	2 869.7
1962	21 942.7	262.2	1981	257 962.9	3 082.2
1963	25 113.2	300.1	1982	270 600.7	3 233.2
1964	29 541.3	353.0	1983	281 767.1	3 366.6
1965	32 866.0	392.7	1984	300 543.0	3 590.9
1966	38 170.0	456.1	1985	320 418.7	3 828.4
1967	44 730.5	534.4	1986	335 457.2	4 008.1
1968	52 974.9	633.0	1987	349 759.6	4 179.0
1969	62 228.9	743.5	1988	373 973.2	4 468.3
1970	73 344.9	876.3	1989	399 998.3	4 779.2
1971	80 701.3	964.2	1990	430 039.8	5 138.2
1972	92 394.4	1 103.9	1991	458 299.1	5 475.8
1973	112 498.1	1 344.1			

资料来源：总务省统计局 www.stat.co.jp

用 SPSS 对耕地价格和 GDP 做线性回归和曲线回归。线性回归模型结果比较显著，但是 DW 值检验不合格，只有 0.1，存在序列相关。进行自回归后仍然不合格，因此考虑做曲线回归。在 SPSS 提供的众多模型中三次曲线函数（Cubic）（式 4.30）拟合效果最好，因此选择该函数进行拟合。结果见表 4-26 和图 4-12。

$$V=b_0+b_1G+b_2G^2+b_3G^3 \tag{4.30}$$

表 4-26 Model Summary and Parameter Estimates

Equation	Model Summary				Sig.	Parameter Estimates			
	R Square	F	df1	df2		Constant	b_1	b_2	b_3
Linear	.952	688.324	1	35	.000	134.894	.204		
Cubic	.997	3 532.780	3	33	.000	105.177	.186	5.03E-005	−1.0E-008

Dependent Variable：V

The independent variable is G.

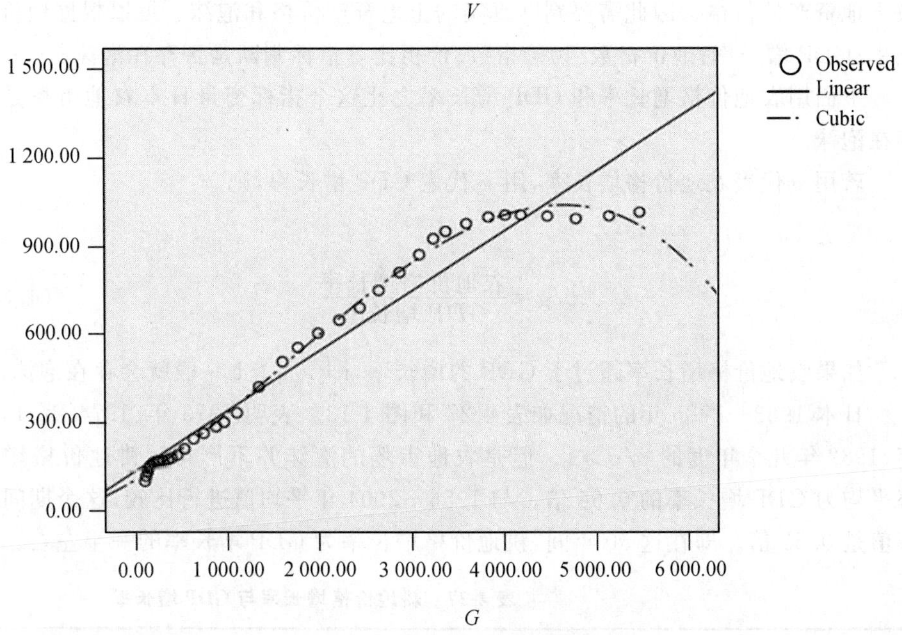

图 4-12 曲线拟合图(V,GDP)

拟合曲线为：

$$V=105.177+0.186G+5.03\times10^{-5}G^2-1.0\times10^{-8}G^3 \tag{4.31}$$

拟合直线为：

$$V=134.894+0.204G \tag{4.32}$$

4.4.2.2 农地资产的泡沫

泡沫是指资产的价格脱离了实际基础价值，连续上涨的现象。与一般价格波动相比,泡沫具有在短期内大起大落的特点。泡沫一般是市场投机行为盛行的结果,土地资产尤其容易成为投机对象,从而成为泡沫载体。泡沫是由于人们对未来不合理的预期和投机行为造成的。在价格上涨时,人们预期今后价格还会上升,因此需求量会上升,又由于持有方的惜售和囤积,使供给减少,从而导致价格进一步上升。泡沫破裂时,人们预期价格还会下跌,因此采取观望态度,而持有人又会抛售,因此需求减少,供给增加,会使价格进一步下跌。

泡沫是一种不正常的经济现象,不能够真实反映经济发展情况,也不能真实反映土地资产的价格。因此需要判断真实的土地资产价格和泡沫。可以根据地价增长率/GDP 增长率;地价指数/物价指数;价租比等指标判断是否存在泡沫。

下面用农地价格增长率和 GDP 增长率之比这个指标衡量日本农地市场是否存在泡沫。

若用 v 代表农地价格增长率,用 g 代表 GDP 增长率,则

$$v/g=\frac{\text{农地价格增长率}}{GDP\ \text{增长率}} \tag{4.33}$$

如果农地价格增长率超过了 GDP 的增长率,即 $v/g>1$ 一般就会存在泡沫。

日本 1963—1986 年的情况如表 4-27 和图 4-13。表明 1973 年、1974 年、1979 年、1982 年几个年度的 $v/g>1$。但是农地市场的泡沫并不严重。耕地价格增长率平均为 GDP 增长率的 0.64 倍。与 1956—2004 年平均值进行比较,这个期间的该值是 0.52 倍。即在这 50 年间,耕地价格增长率为 GDP 增长率的一半左右。

表 4-27　耕地价格增长率与 GDP 增长率

	耕地价格增长率 v(%)	GDP 增长率 g(%)	v/g
1963	0.40	14.45	0.03
1964	2.33	17.63	0.13
1965	2.84	11.26	0.25
1966	5.85	16.14	0.36
1967	11.22	17.19	0.65
1968	15.87	18.43	0.86
1969	8.04	17.47	0.46
1970	8.08	17.86	0.45
1971	5.35	10.03	0.53
1972	10.60	14.49	0.73

续表 4-27

	耕地价格增长率 v(%)	GDP 增长率 g(%)	v/g
1973	26.68	21.76	1.23
1974	20.37	19.33	1.05
1975	9.60	10.49	0.91
1976	8.90	12.30	0.72
1977	7.21	11.44	0.63
1978	6.55	10.12	0.65
1979	8.52	8.39	1.02
1980	8.16	8.77	0.93
1981	7.40	7.50	0.99
1982	6.27	4.96	1.26
1983	2.71	4.01	0.67
1984	2.82	6.41	0.44
1985	2.26	7.51	0.30
1986	0.67	4.68	0.14
1956—1986 年平均	7.86	12.19	0.64
1956—2004 年平均	4.66	8.91	0.52

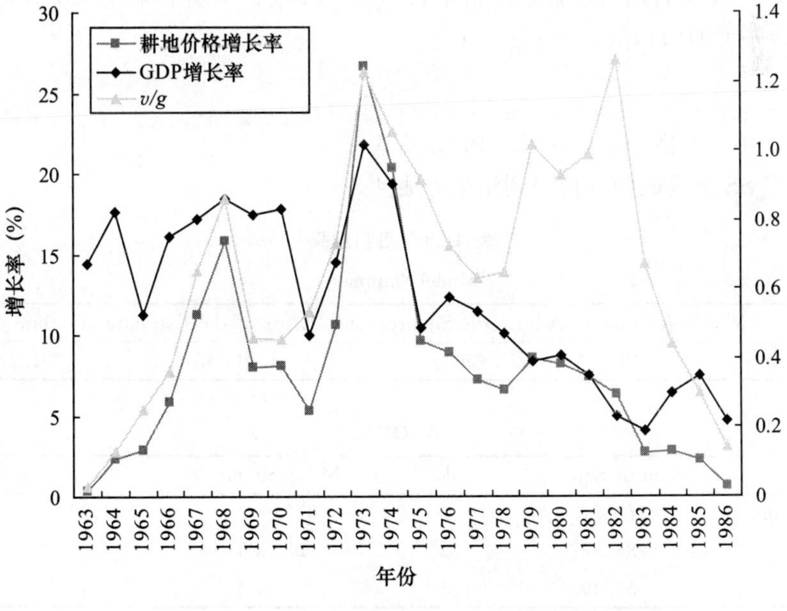

图 4-13　日本耕地价格增长率与 GDP 增长率的比较

另外，农地价格的上升受通货膨胀的影响也比较大。

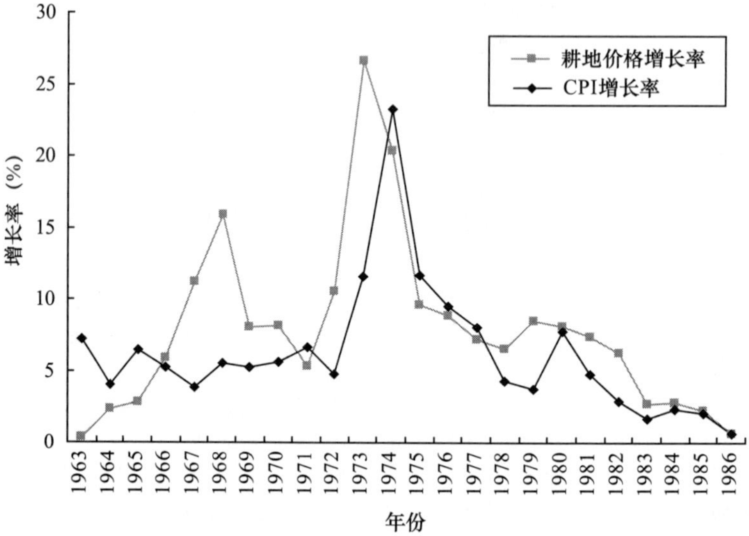

图 4-14 日本耕地价格增长率与 CPI 增长率的比较

在图 4-14 中看出日本耕地价格增长率与 CPI 增长率基本保持一致的变化。拟合一元回归函数，

$$v=a_0+a_1c+\mu \tag{4.34}$$

式中：v 为耕地价格增长率；c 为 CPI 增长率。

用 SPSS 直线回归分析得到结果见表 4-28。

表 4-28 回归结果

Model Summary

Model	*R*	*R* Square	AdjustedR Square	Std. Error of the Estimate	Durbin-Watson
1	.657(a)	.431	.406	4.714 45	1.283

ANOVA

	Sum of Squares	d*f*	Mean Square	*F*	Sig.
Regression	370.918	1	370.918	16.688	.000(a)
Residual	488.972	22	22.226		
Total	859.890	23			

Coefficients

	Unstandardized Coefficients		Standardized Coefficients	t	Sig
	B	Std. Error	Beta		
Constant	2.455	1.636		1.501	.148
c	.872	.214	.657	4.085	.000

各项检验通过。拟合回归函数

$$v=2.455+0.872c$$

CPI增长率每增加1%,耕地价格就会增加0.872%。

美国的农地价格在1940—1975年间上升得非常迅速。有这样几个数据可以证明。全国消费品价格指数由1940年的42.0上升到1975年的161.2(1967年为100),而同时期农场不动产价格指数由21上升到213。从中可以看到,农用地价格上升要比总价格上升快2倍以上。1955—1975年间农地价格上涨了3倍;1960—1975年间平均价格每年上升23%。导致的因素有:①旨在期望获得较高价格的土地投机和购置;②非农业用途的土地购置;③农场扩大规模时的土地购置;④农业规划效益资本化为更高的土地价值;⑤农场用地购置可用信贷条件等。[①]

可见日本、美国等发达国家在战后的20～30年间农地价格上升非常迅速。这包括,经济发展、农地转用、耕地减少、人口增加及通货膨胀等因素。在经济迅速发展时期,由于工业化和城市化导致的农地的非农转用和耕地的减少是农地价格上升的主要原因。

①雷利·巴洛维.土地资源经济学——不动产经济学.谷树忠,等译.北京:北京农业大学出版社,1989:220-221.

第5章　农地非农化的价格变化

在工业化过程中，生产资料不断由农业转向非农产业。除了资金、劳动力的转移，农地也是这种生产资料转移的主要对象。农地向非农用地的转移就是农地的非农化。农地在非农化过程中价格会发生巨大变化。本章就将对农地非农化的价格变化问题进行分析。

5.1　非农用地的基础价格

非农用地，包括工矿用地、商业用地、住宅用地、交通用地、公共用地等非农业用途的土地。非农用地也有基础价格。不过根据其用途和种类的不同，基础价格也不同。但是基本都可按照其未来收益的资本化法来得到基础价格。

5.1.1　土地纯收益及还原利率的确定

按照《城镇土地估价规程》(GB/T 18508—2001)土地纯收益及还原利率的确定方法如下。

1. 土地纯收益的确定方法

土地纯收益是在总纯收益中扣除非土地因素所产生的纯收益后的剩余额。

几种主要土地利用方式下的土地纯收益应按下列公式计算：

①土地租赁：
$$R=R_0-C \tag{5.1}$$

式中：R 为土地纯收益；R_0 为年租金收入；C 为年总费用。

②房地出租：
$$R=R_{in}-I_{hn} \tag{5.2}$$

式中：R 为土地纯收益；R_{in} 为房地纯收益；I_{hn} 为房屋纯收益。

$$R_{in}=R_{lg}-C_{lg} \tag{5.3}$$

式中：R_{in} 为房地纯收益；R_{lg} 为房地出租年总收益；C_{lg} 为房地出租年总费用。

$$I_{hn}=P_{hc}\times r_2 \tag{5.4}$$

式中：I_{hn} 为房屋纯收益；P_{hc} 为房屋现值；r_2 为建筑物还原利率。

房屋现值应根据估价期日的同类房屋建筑的建造成本费用，结合房屋的物理、经济和功能的退化状况选用适当方法来确定。其公式如下：

$$P_{hc}=P_{hk}\times D_n=P_{hk}-E \tag{5.5}$$

式中：P_{hc} 为房屋现值；P_{hk} 为房屋重置价；D_n 为房屋成新度；E 为房屋折旧总额。

③经营性企业：

$$R=I_{jp}-I_{jf} \tag{5.6}$$

式中：R 为土地纯收益；I_{jp} 为企业经营纯收益；I_{jf} 为非土地资产纯收益。

$$I_{jp}=Y_{jp}-C_{jp} \tag{5.7}$$

式中：I_{jp} 为企业经营纯收益；Y_{jp} 为年经营总收入；C_{jp} 为年经营总费用。

④生产性企业：

$$R=I_{sp}-I_{jf} \tag{5.8}$$

式中：R 为土地纯收益；I_{sp} 为企业生产纯收益；I_{sp} 为非土地资产纯收益。

$$I_{sp}=Y_{sp}-C_{sp} \tag{5.9}$$

式中：I_{sp} 为企业生产纯收益；Y_{sp} 为年生产总收入；C_{sp} 为年生产总费用。

⑤自用土地或待开发土地：可采用比较法求取，即比照类似地区或相邻地区有收益的相似土地的纯收益，经过区域因素、个别因素的比较修正，求得其土地纯收益。

2. 土地还原利率的确定方法

①土地纯收益与价格比率法：应选择三宗以上近期发生交易的，且在交易类型上与待估土地相似的交易实例，以交易实例的纯收益与其价格的比率的均值作为还原利率。

②安全利率加风险调整值法：即还原利率＝安全利率＋风险调整值。安全利率可选用同一时期的一年期国债年利率或银行一年期定期存款年利率；风险调整值应根据估价对象所处地区的社会经济发展和土地市场等状况对其影响程度而确定。

③投资风险与投资收益率综合排序插入法：将社会上各种相关类型投资，按它们的收益率与风险大小排序，然后分析判断估价对象所对应的范围，确定其还原利率。

在确定土地还原利率时，还应注意不同土地权利、不同土地使用年期、不同类型及不同级别土地之间还原利率的差别。

收益还原法在实践中遇到的最大困境就是土地收益应该是未来收益，而未来收益，不管是无限年期还是有限年期，都是往往难以预测的。在实际中我们总是采用现在的收益或者过去的收益来代替未来的收益。

5.1.2 土地基准地价

基准地价是我国地价体系中的一种重要的价格形式。基准地价有城镇土地基准地价和农地基准地价。

城镇土地基准地价是指在城镇规划区范围内，对现状利用条件下不同级别的土地或者土地条件相当的地域，按照商业、居住、工业等用途分别评估法定的某一时点的最高年期物权性质的土地使用权区域平均价格。①

我国现行的《城镇土地估价规程》(GB/T 18508—2001)给出了基准地价估价的两种方法。即用土地收益资料评估基准地价和用市场交易资料评估基准地价。基准地价按照同一市场供需圈内，土地使用价值相同、等级一致的土地，具有同样的市场价格的原理进行确定。基准地价遵循“以土地分等定级和均质地域划分为基础，以土地收益和价格为依据”的原则，将城市土地按照影响土地使用价值优劣的土地条件和区位优劣，划分为土地条件均一或土地使用价值相等的区域或级别，在同一土地级别或类型区域中，从土地使用者利用土地的收益、土地交易中的地租和市场交易价入手，测算出不同行业用地在不同土地级别或土地条件均质区域上形成的土地收益或地价，评估出基准地价，并建立相应的因素修正体系。

基准地价由政府组织或委托评估，评估结果须经政府认可。基准地价是某一时点的土地价格。因此应该根据经济发展情况，在土地市场发生变化或影响土地价格的种种因素发生变化后，对基准地价进行更新。基准地价的更新是在土地定级或划分均质区域的基础上，用土地收益、市场交易的样本地价及地价指数等来重新确定某类用途土地在现状利用条件下于某一估价期日的土地使用权平均价格。

可见土地基准地价是按照区域划分的原则，在某一个规划区内的不同用途土地的分级平均价格。因此它比较接近于非农用地的基础价格。但是城镇土地基准地价是土地使用权价格，而非土地所有权价格。土地使用权价格是一定年限内使

①毕宝德.土地经济学.5版.北京：中国人民大学出版社，2006：375-376.

用土地的权利的价格,是若干年限内土地收益的折现价格。这个年限就是土地有偿出让最高期限。土地所有权价格是买卖土地所有权的价格,它是无限年期土地收益的折现值。而我们所期望得到的非农化土地价格是土地的完全价格,即土地所有权价格,也就是土地收益无限年期的价格。

所以应该将土地有限年期的使用权价格换算为无限年期的土地所有权价格。

在式(4.20)中设

$$k_n = 1 - \frac{1}{(1+r)^n} \tag{5.10}$$

式中:n 为土地使用年限,$n=\infty$ 为无限年期。

显然 $k_\infty = 1$。

设 V_∞ 为无限年期的土地价格,V_n 为使用年限为 n 年的土地价格。

则有

$$V_n = V_\infty \times k_n \tag{5.11}$$

即

$$V_\infty = \frac{V_n}{k_n} \tag{5.12}$$

5.1.3 案例

现在以北京市的工业用地为例,计算其基础价格。

根据《北京市人民政府关于调整本市出让国有土地使用权基准地价的通知(京政发〔2002〕32 号)》,2002 年 12 月 10 日起实施了新的基准地价。

图 5-1 表明了北京市工业用地基准地价级别。工业用地共分为九级。其级别范围如下:

一级:

三环路以内地区。

二级:

1.上地高科技园区。

2.北京经济技术开发区。

3.丰台高科技园区。

4.酒仙桥电子城地区。

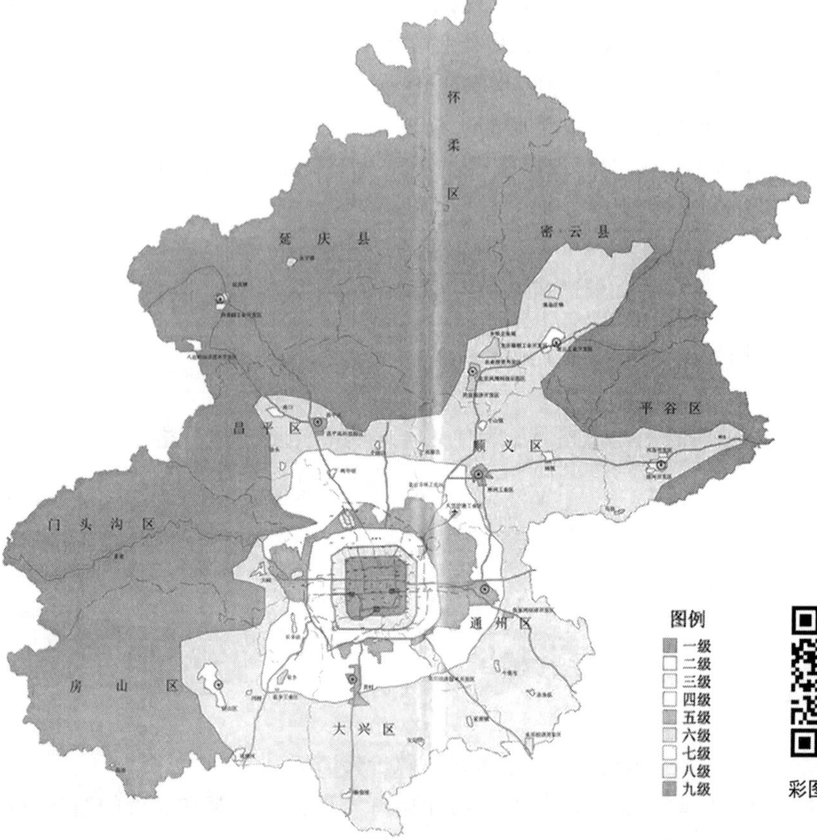

彩图请扫描二维码

图 5-1　北京市基准地价级别示意图(工业)

三级:

1.四环路内除一、二级地价区以外的地区。

2.上地高科技园区周边地区。

3.石景山八大处高科技园区。

四级:

1.五环路内除一至三级地价区以外的地区。

2.天竺空港工业区、吉祥工业区。

五级:

规划市区内除一至四级地价区以外的地区及其外侧紧邻的地区;规划市区内与周围接壤区县之间的市级交通主干道沿线的地区;大兴区人民政府所在地建成

区以及西红门镇、亦庄镇、旧宫镇等城乡结合部；通州区人民政府所在地建成区、张家湾开发区；顺义区人民政府所在地建成区；昌平区人民政府所在地建成区、昌平高科技园区。

六级：

大兴区除五级地价区以外的开发区；通州区除五级地价区以外的其他开发区；顺义区除四、五级地价区以外的其他开发区，后沙峪镇的城镇规划区；昌平区除五级地价区以外的其他开发区；房山区人民政府所在地建成区；怀柔区人民政府所在地建成区及乡镇企业城、农业投资开发区、民营经济开发区。

七级：

六环路内除一至六级地价区以外的地区；大兴区除五、六级地价区以外的主要建制镇；通州区除五、六级地价区以外的主要建制镇；顺义区除四至六级地价区以外的主要建制镇；昌平区除五、六级地价区以外的主要建制镇；房山区除六级地价区以外的开发区以及主要建制镇；门头沟区门城镇、石龙工业开发区及永定镇等平原区；延庆区城中心区域、八达岭开发区、南菜园开发区、沈家营镇、大榆树镇、八达岭镇、康庄镇等主要建制镇；怀柔区除六级地价区以外的开发区和主要建制镇；密云区密云镇、密云工业开发区；平谷区人民政府所在地建成区、兴谷开发区和滨河开发区。

八级：

大兴区除五至七级地价区以外的其他平原地区；通州区除五至七级地价区以外的其他平原地区；顺义区除四至七级地价区以外的其他平原地区；昌平区除五至七级地价区以外的其他平原地区；房山区除六、七级地价区以外的其他平原地区；门头沟区除七级地价区以外的其他开发区和建制镇；延庆区张山营镇、旧县镇、井庄镇、永宁镇等建制镇；怀柔区除六、七级地价区以外的其他平原地区；密云县河南寨、十里堡、檀营乡、西田各庄、溪翁庄镇等建制镇；平谷区除七级地价区以外的其他平原地区。

九级：

市域范围内，除一至八级地价区外的其他地区。

工业用地各个级别的基准地价见表 5-1 的第一、二栏。工业用地基准地价的基准日为 2002 年 1 月 1 日，使用最高年限为 50 年。

表 5-1 的第三栏 V_{50} 表示每个级别基准地价的平均值。

用式(5.12)将 50 年使用期的使用权价格换算为无限年期的土地所有权

价格。

其中还原利率取2002年2月21日一年期定期存款年利率1.98%。

$$k_{50}=1-\frac{1}{(1+1.98\%)^{50}}=0.6248$$

第四栏的V_{∞}就是无限年期的土地价格。

$$V_{\infty}=\frac{V_{50}}{k_{50}}$$

表5-1 北京市工业用地基准地价 元/m²

土地级别	基准地价		V_{50}		V_{∞}	
	熟地价	毛地价	熟地价	毛地价	熟地价	毛地价
一级	1 200～1 800	420～850	1 500	635	2 401	1 016
二级	1 000～1 220	430～530	1 110	480	1 777	768
三级	850～1 050	340～440	950	390	1 520	624
四级	600～900	270～360	750	315	1 200	504
五级	420～680	195～300	550	247.5	880	396
六级	310～510	135～225	410	180	656	288
七级	220～330	100～160	275	130	440	208
八级	150～240	60～100	195	80	312	128
九级	100～170	20～60	135	40	216	64

注：熟地价是指各土地级别内，完成通平的土地在平均容积率条件下，每建筑面积分摊的完整土地使用权的平均价格。毛地价是指各土地级别内，在平均容积率条件下，政府收取的某种用途法定最高出让年期内的土地出让金、市政基础设施配套建设费的平均楼面价格。

5.2 非农用地价格的调整

非农用地的价格在其基础价格的基础上，由于用途、位置和质量等因素会有千差万别。

5.2.1 非农用地的用途

农地非农化后，土地用于非农业用途。这种用途主要有工业、商业、居住及公共用地和其他用地。由于用途的不同带来的收益也不同，因此其土地价格也会不同。

商业用途土地包括商业服务业用地（含商场、购物中心、专卖店、加油站、超级市场、各种商业网点、批发市场等用地），旅游业用地（含饭店、酒店、度假村、游乐园、旅馆、旅游附属设施等用地），金融保险业用地（含银行、信托、证券、保险机构等用地），餐饮娱乐业用地（含酒楼、饭庄、快餐店、俱乐部、康乐中心、歌舞厅、高尔夫球场、赛车场、赛马场等用地）等。

居住用途土地包括居住小区、居住街坊、居住组团和单位生活区等各种居住类型用地等。

工业用途土地包括工业用地（含工业生产及其相应附属设施用地、高新技术产业研发与展示中心），仓储用地（含用于物资储备、中转的场所及相应附属设施用地），交通运输用地（含用于运输通行的地面线路、场站等用地，包括民用机场、地面运输管道和居民点道路及其相应附属设施用地）等。

公共用途土地包括办公科研用地（含写字楼、会展中心、普通办公楼、科工贸一体化办公楼、科研和勘测设计机构、停车场、停车楼等用地），文体教育用地（含各种学校、体育场馆、文化馆、博物馆、图书馆、影剧院等用地），医疗卫生用地（含医疗、保健、卫生、防疫、康复和急救设施等用地）等。

一般来讲，商业用途土地的价格最高，居住次之，工业用途最低。（由于公共用途土地的价格核算还没有全国统一的方法，因此尚无公布的价格资料。）由表5-2可以看出2006年，全国平均的商业用途土地价格是2 481元/m^2，居住用途土地价格是1 643元/m^2，工业用途土地价格是485元/m^2。商业用途土地价格是综合地价的1.57倍，居住用途土地价格是综合地价的1.04倍。工业用途土地价格是综合地价的0.31倍。从全国各个区域来看，东南区的商业用途和住宅用途的土地价格最高，西北区的最低，工业用途土地价格地区差别不算很大。整体上，商业用途土地价格高于综合地价，居住用途土地价格与综合地价基本持平，工业用途土地价格为综合地价的一半以下。

图5-2表示了北京市2000—2006年份用途土地的平均价格。图中可以看到商业用途土地价格最高，为4 805元/m^2，居住用途次之，为2 599元/m^2，工业用途最低，为530元/m^2。商业用途土地的价格是综合地价的1.83倍，居住用途土地价格是综合地价的0.99倍，工业用途土地价格仅为综合地价的0.20。

表 5-2　2006 年全国及各个区域的非农用地价格　　元/m²

	综合	商业用途	居住用途	工业用途
全国平均	1 576	2 481	1 643	485
按用途分类指数	1	1.57	1.04	0.31
东南区	2 584	3 820	2 651	527
按用途分类指数	1	1.48	1.03	0.20
中南区	1 092	1 905	1 155	429
按用途分类指数	1	1.74	1.06	0.39
西南区	1 445	2 595	1 346	452
按用途分类指数	1	1.80	0.93	0.31
西北区	803	1 174	822	442
按用途分类指数	1	1.46	1.02	0.55
华北区	1 905	2 995	2 097	622
按用途分类指数	1	1.57	1.10	0.33
东北区	1 250	1 886	1 489	387
按用途分类指数	1	1.51	1.19	0.31

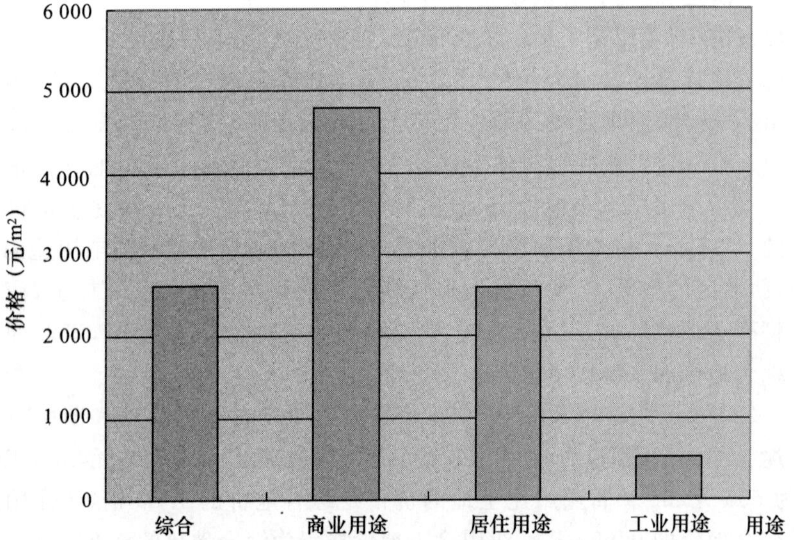

图 5-2　2000—2006 年北京市分用途土地平均价格

注：表 5-2 和图 5-2 的数据来源于中国城市地价动态监测系统网，http://www.landvalue.com.cn.

5.2.2 非农用地的位置和级别

影响非农用地价格的重要因素还在于其所处位置。土地的不可移动性，决定了土地的特殊性。非农用地的位置不只是距离市场和原料远近的问题，它会受到人流、物流、信息流、资金流的聚集程度、基础设施水平、经济发展、人文环境、社会服务等多个因素的影响。

这样，非农用地的位置就是区位问题了。土地区位涉及到自然、经济、社会诸因素的综合影响。

5.2.2.1 非农用地的区位因素

非农用地的价格或地租不只是受距离的影响，而要受到其他很多因素影响。土地价格也不是单一的价格，针对不同用途的土地有不同的价格，成为一个地价体系。

假设有三种土地价格，四种影响因素，它们之间的关系可以用图 5-3 表示。

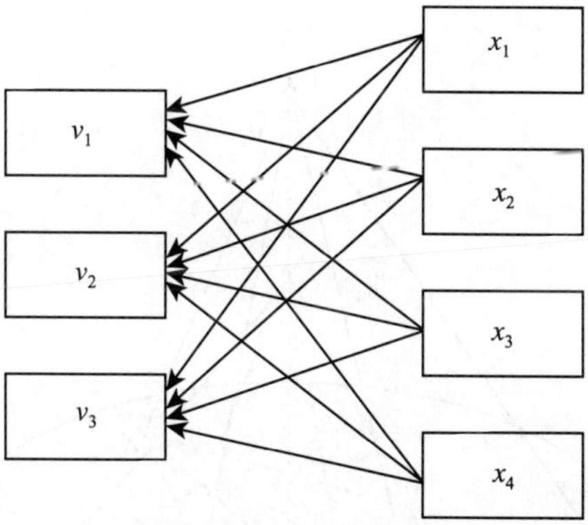

图 5-3 土地价格和影响因素之间的关系

式中：v_1、v_2、v_3为土地价格，x_1、x_2、x_3、x_4为四种影响因素。

假设 $a_{ij}(i=1,2,3;j=1,2,3,4)$是影响程度，则它们之间的关系可以表示如式(5.13)。

$$V=\begin{bmatrix}v_1\\v_2\\v_3\end{bmatrix}=\begin{bmatrix}a_{11}&a_{12}&a_{13}&a_{14}\\a_{21}&a_{22}&a_{23}&a_{24}\\a_{31}&a_{32}&a_{33}&a_{34}\end{bmatrix}\times\begin{bmatrix}x_1\\x_2\\x_3\\x_4\end{bmatrix} \tag{5.13}$$

式中:V 为地价体系。

可以根据不同的土地价格的取值分类土地级别。

假设,每种用途的土地可以分为三个级别。如式(5.14)。

$$G_i=\begin{cases}1 & v_i\in(k_i,n_i)\\2 & v_i\in(j_i,k_i)\\3 & v_i\in(0,j_i)\end{cases}\quad(i=1,2,3) \tag{5.14}$$

式中:i 为土地用途;j_i、k_i、n_i 为不同地价取值。有 $0<j_i<k_i<n_i$。

阿兰索提出了城市土地的竞标地租理论,将不同用途的地租和距离之间的关系表示出来(图 2-2)。当地租不只受距离的影响时,竞标图就变复杂了。如图 5-4。

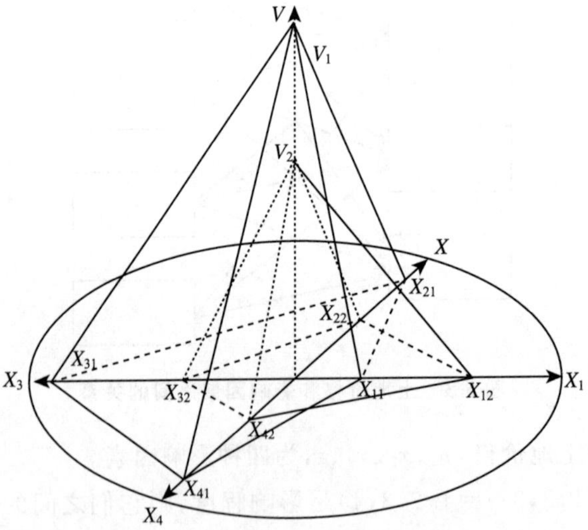

图 5-4　多因素的土地用途竞标图

假设有 4 种影响因素,分别用 X_1、X_2、X_3、X_4 轴表示。V 轴表示土地价格。当影响因素分别为 X_{11}、X_{21}、X_{31}、X_{41} 时,对应的土地价格为 V_1。那么,土地价格 V_1

所对应的影响因素集就是四边形 $X_{11}X_{21}X_{31}X_{41}$。再假设，影响因素 X_1 对土地价格的影响是反方向的，如距离越远土地价格越低。其他影响因素对土地价格的影响是正方向的。那么另一种用途的土地价格，低于 V_1 的土地价格 V_2 所对应的影响因素集是四边形 $X_{12}X_{22}X_{32}X_{42}$。

5.2.2.2 非农用地的区位与级别

由于土地区位的不同，所产生的收益也不同。“从这座城市的中心，沿着一条大街走出去，首先就要经过一些十层到十二层的办公大楼。其当街地基的售价是每英尺 15 000 元和 20 000 元。在同一条街上，离市中心几个街段，就是一些五层建筑的地区，其当街地基的售价每英尺为两千元。再往前走就可以发现一些店铺与住家的混住建筑物，其面街的地基每英尺售价为 500 元。再往前进，就可以看到一些住宅，它们是建筑在每英尺价值为 200 元的临街地基上。”①这是对此现象形象的描述。在实际操作中，相似区位中的土地，一般用土地的等级表示。具有相同等级的土地其收益也相近。

我国现行的《城镇土地分等定级规程》(GB/T 18507—2001)中规定，城镇土地定级是根据城镇土地的经济、自然两方面属性及其在社会经济活动中的地位、作用，对城镇土地使用价值进行综合分析，揭示城镇内部土地质量的地域差异，评定城镇土地级。城镇土地定级有综合定级和分类定级两种类型。综合定级指对影响城镇土地质量的各种经济、社会、自然因素进行综合分析，按综合评价值的差异划分土地级。分类定级指分别对影响城镇某类型用地质量的各种经济、社会、自然因素进行分析，按分类评价值的差异划分土地级；分类定级包含商业用地定级、住宅用地定级、工业用地定级等。一般非农业人口在 50 万以上的大城市，要进行综合定级和分类定级，其他城镇只进行综合定级，或根据情况进行分类定级。

图 5-5 表示了《规程》中规定的各种不同用途土地定级因素，及每个影响因素所需要收集的材料。交通条件和基本设施是所有用途土地的共同因子，说明其在非农用地的区位中占有主要地位。而产业集聚效益对工业用地有特殊影响。

5.2.2.3 土地级别与土地价格

土地区位在实际中可以用土地等级表示。具有相同等级的土地具有相对一致的土地收益和土地价格。由此可以认为，某地块土地年纯收益的多少决定于其所

①伊利. 土地经济学原理. 藤维藻，译. 北京：商务印书馆，1982：9.

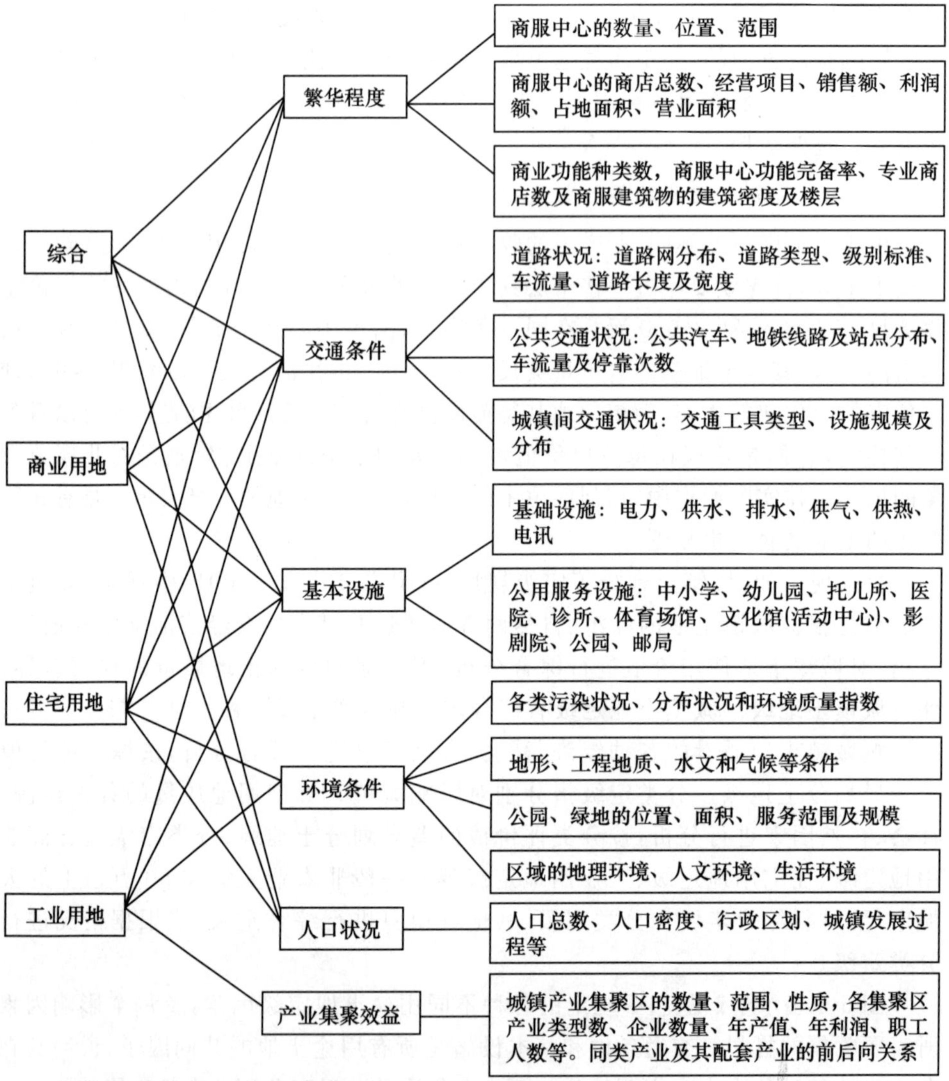

图 5-5 不同用途土地的定级因素

处的土地级别，而土地收益则是土地级别的数量反映之一。

下面以 2006 年，北京市工业用地价格为例，看土地级别与土地价格的关系。

表 5-3 2006 年北京市 34 个监测点工业用地级别和价格

编号	位置	级别 G	价格 V(元/m^2)
1	朝阳区酒仙桥东路 1 号北京电子城二期	2	3 678
2	海淀区紫竹院路 6 号	1	1 642
3	石景山区水屯	5	1 382
4	海淀区上地四街一号	2	1 376.5
5	丰台区科学城 4-C、4-D 地块	2	1 110
6	丰台区大红门北天津庄 95 号	3	1 090
7	石景山高科技园区中园路 7 号	3	941
8	海淀区西三旗建材城西路 6 号	5	881.3
9	朝阳区十八里店乡	4	841
10	朝阳区双桥村东路东	5	787.7
11	门头沟区石龙工业区 4-C 地块(泰安路 5 号)	7	720
12	房山区良乡月华大街 28 号	6	567
13	昌平区沙河镇巩华镇沙阳路 9 号	7	561
14	通州区马驹桥镇姚村南侧	6	517
15	顺义区顺义镇	5	497
16	大兴工业开发区 B 区民和路 8 号	6	471
17	房山燕山东流水工业开发区内	7	435
18	大兴区黄村镇西磁各庄村磁魏路西侧	7	410
19	通州区张家湾光华路西	7	393
20	怀柔区雁栖工业开发区内	6	392
21	大兴区庞各庄镇隆盛大街西侧	7	379
22	通州区次渠镇神树村	7	377
23	通州区漷县工业开发区	6	350
24	大兴区青云店镇南大红门村	8	340
25	门头沟区军庄镇	8	336
26	大兴区采育镇人元大道西侧	8	331
27	密云区工业开发区	7	325
28	房山区长沟镇太和庄村	8	306
29	通州区永乐店小甸屯村	8	303
30	顺义区南彩镇河北村	7	292
31	怀柔区凤翔科技开发区内	7	273
32	密云区北庄乡政府西侧	9	195
33	延庆区永宁镇东门外	9	177
34	延庆区刘斌堡村	9	166

数据来源:中国城市地价动态监测系统网,http://www.landvalue.com.cn。

表 5-3 中选取了北京市 34 个工业用地价格监测点 2006 年的价格和级别。将它们的位置标注在地图上,见图 5-6。

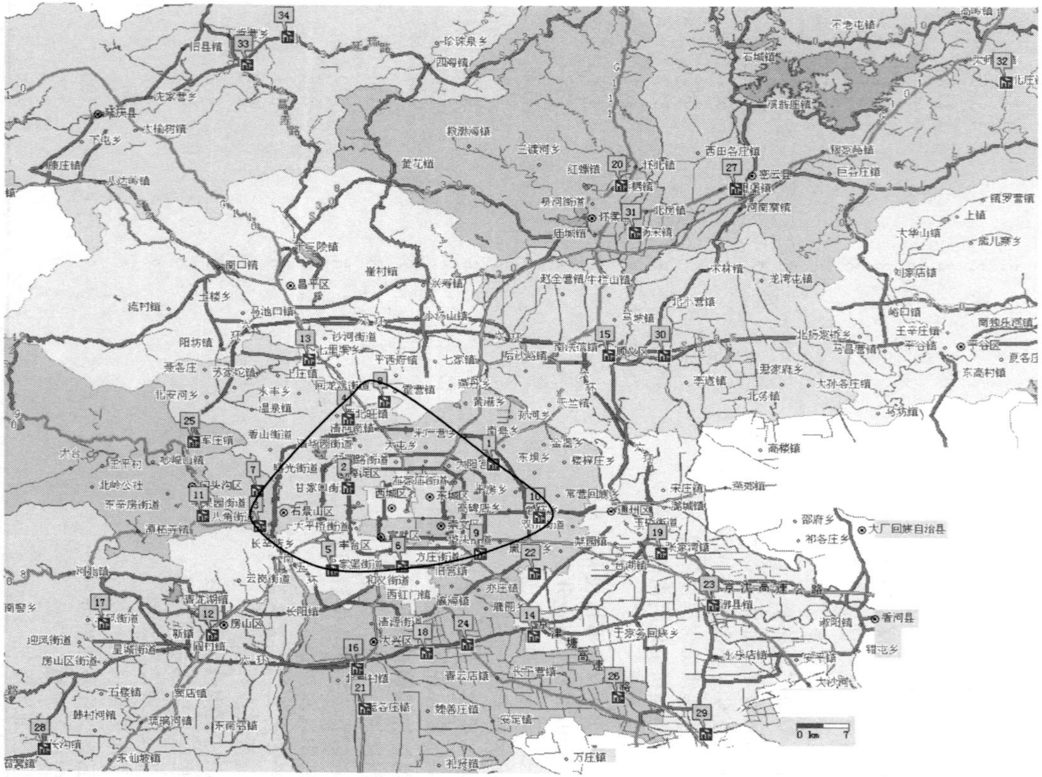

图5-6　2006年北京市工业用地34个监测点位置

图中编号是按照价格由高到低的顺序排序的。价格排在前十位地点处于中心市区的几个区（如图中所圈），土地级别在1～5级之间。土地价格总体上，离市区越远，就越低，但在某些工业园区和区县所在地的镇上土地价格也相对较高。

下面看土地级别与土地价格的关系。将土地级别 G 作为自变量，土地价格 V 作为因变量。在 SPSS 软件中进行曲线回归（剔除了一个异常值），最终拟合复合函数曲线为最优拟合结果。其 R^2 最大，F 值也最大。因此选择复合函数模型为：

$$V=b_0 b_1^G \tag{5.15}$$

回归结果见表 5-4 和图 5-7。

表 5-4　回归结果

Model Summary and Parameter Estimates

Equation	*R* Square	Model Summary			Sig.	Parameter Estimates	
		F	d*f*1	d*f*2		Constant	b_1
Compound	.818	139.184	1	31	.000	2 374.009	.771

Dependent Variable：*V*

The independent variable is G.

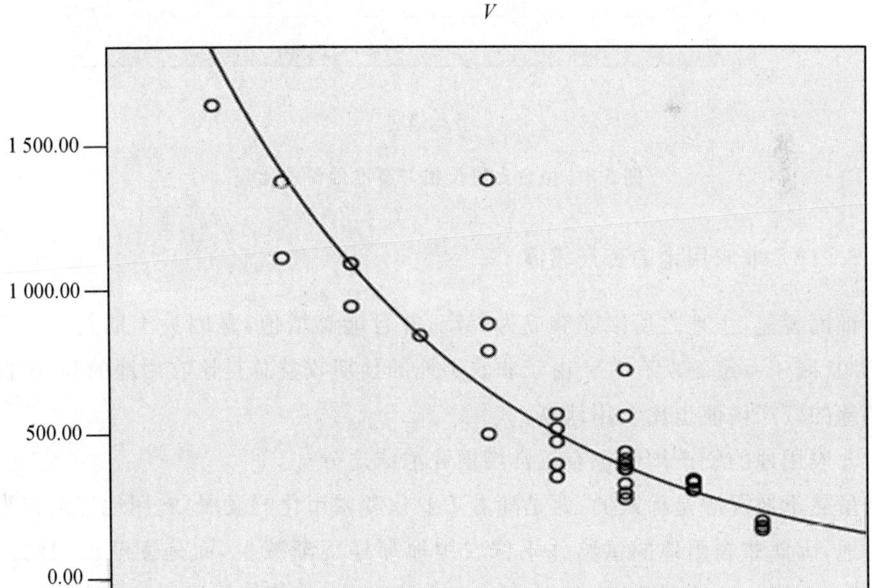

图 5-7　曲线拟合图

拟合曲线为：　　$V=2\ 374.009\times 0.771^{G}$　　(5.16)

图 5-8 中，将拟合的土地价格与基准地价做一比较，发现变化趋势基本相同。

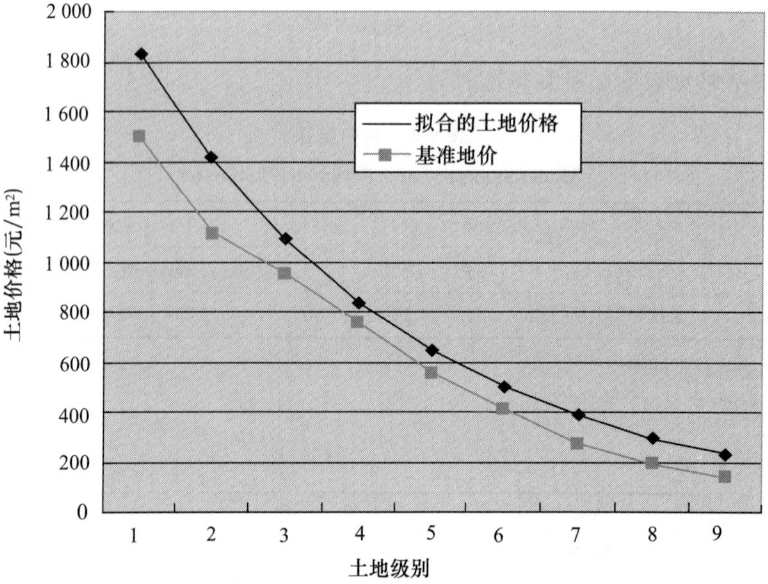

图 5-8　拟合土地价格与基准地价的比较

5.2.3　非农用地的资产增值

前面说过，土地之所以能够成为资产，并且能够增值，是因为土地具有预期收益，并且属于一定的所有者。由于非农用地的预期收益总是比农用地的高，因此非农用地的资产增值也比农用地高。

非农用地的资产增值也有正常增值和泡沫之分。

虽然土地资源是稀缺的，但是随着工业化和城市化的发展，农用地逐渐转为非农用地，因此非农用地的供给并不像农用地那样逐渐减少，而是逐渐增加的。而且，随着价格的波动，其供给也会增加或减少，所以，价格作用机制与非农用地有所不同。如图 5-9 所示。

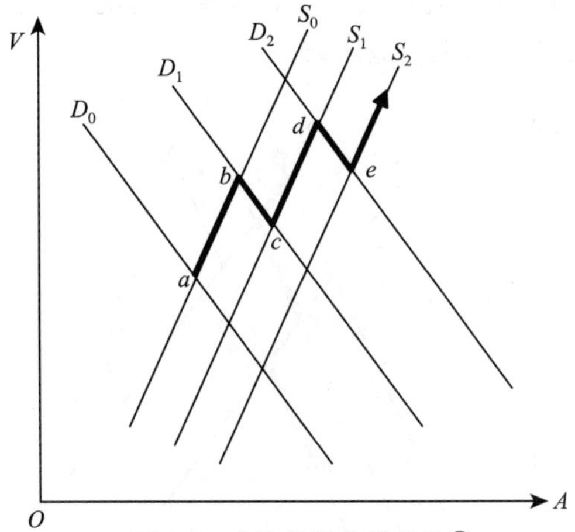

图 5-9 非农用地价格变动①

图 5-9 中，供给曲线为一条供给缺乏弹性的曲线。当价格上升时，供给会有小幅度增加，如从 S_0 增加到 S_1，再增加到 S_2。随着工业化城市化的推进，对非农用地的需求是很大的。因此需求会有较大幅度增加，如从 D_0 增加到 D_1，再增加到 D_2。最初的供求水平 S_0 和 D_0 决定了土地价格 a，当需求增加到 D_1 时，土地价格就会上升到 b，由于价格上升，供给会有所增加，从 S_0 增加到 S_1，那么价格会有所下降，到 c。到下一轮需求增加到 D_2，价格又会上升到 d，然后供给增加到 S_2，价格则下降到 e。非农用地价格就是这样在波动中上升的。

当产生非农用地资产泡沫时，价格机制就非正常了。泡沫是由于人们对资产未来收益不合理的预期和投机行为造成的。

对未来的预期乐观时，认为今后价格还会上升，需求量反而增加，地产持有人惜售，供给量反而减少。这样就进一步刺激了地价上升。在泡沫破灭时，地价下跌，对未来的预期悲观，认为地价还要下跌，土地持有人纷纷抛售，反而增加了土地供应量，同时由于无人肯接手买入而使需求量减少。这样就加剧了地价的下跌。因此导致地价的暴涨和暴跌的泡沫形成和破灭的过程。这一过程可以用图 5-10 和图 5-11 表示。

图 5-10 中，地价暴涨时，由于对未来的乐观预期，需求量会大幅增加，从 D_0 增加到 D_1，再增加到 D_2。而地产持有人惜售囤积行为导致供给由 S_0 减少到 S_1，再

①注：该图参考了许文昌编著，土地经济学新论（四版），台北：文笙书局 1991：90.

减少 S_2。这样非农用地价格就在数量没有改变的情况下按照 $a \to b \to c \to d \to e$ 的顺序一路攀升。导致地价暴涨和泡沫破裂。

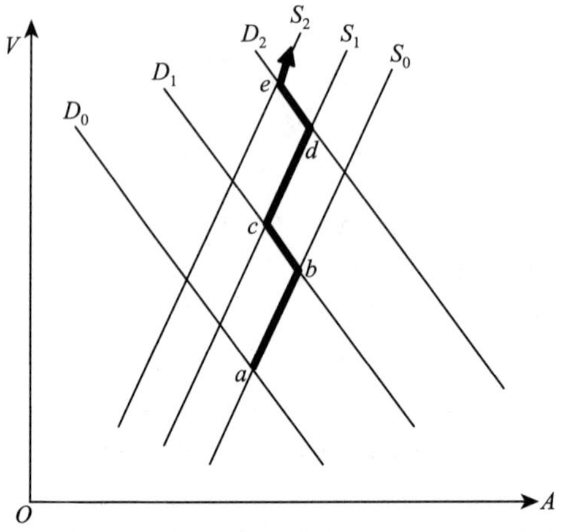

图 5-10　地价暴涨

图 5-11 中，地价暴跌时，由于对未来的悲观预期，需求量会大幅减少，从 D_0 减少到 D_1，再减少到 D_2。而地产持有人抛售地产的行为导致供给由 S_0 增加到 S_1，再增加到 S_2。这样非农用地价格就在数量没有改变的情况下按照 $a \to b \to c \to d \to e$ 的顺序一路下跌。导致地价暴跌和泡沫破裂。

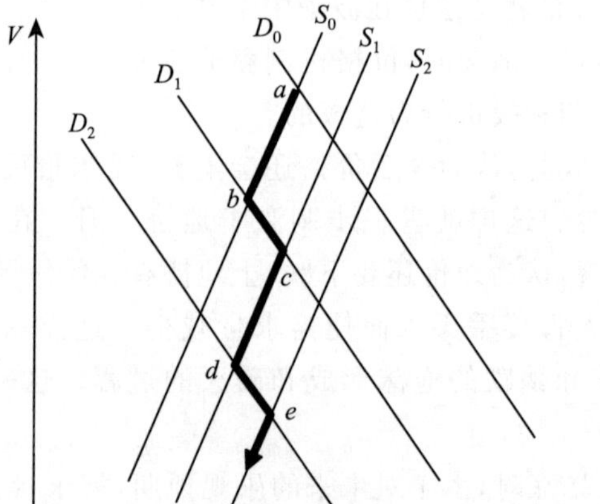

图 5-11　地价暴跌

5.2.3.1 农用地与非农用地资产增值的比较

为了与第四章的农用地的资产增值有一个对比性，我们仍然采用日本的数据来看非农用地的资产增值。图 5-12 比较了 1955—2004 年的 50 年间，日本农地价格的变化程度和非农用地价格的变化程度。农地价格指数数据为表 4-19 中第二栏数据（1955 年＝100），非农用地价格指数将日本不动产研究所《市街地价格指数》中全国平均市街地价格指数（2000 年＝100）转换为以 1955 年为 100 的价格指数。这样将二者进行比较后发现，非农用地的价格增长程度远大于农用地。一般在4～6 倍。非农用地价格从 60 年代开始飞速增长，一直到 1991 年泡沫经济崩溃前夕达到 6 749％的最高点，比 1955 年上涨了近 70 倍。创造了所谓的“日本土地神话”。图中还标出了 GDP 指数（1955＝100），可看出，一直到泡沫破裂前夕，非农用地价格的增长与 GDP 增长基本保持一致。

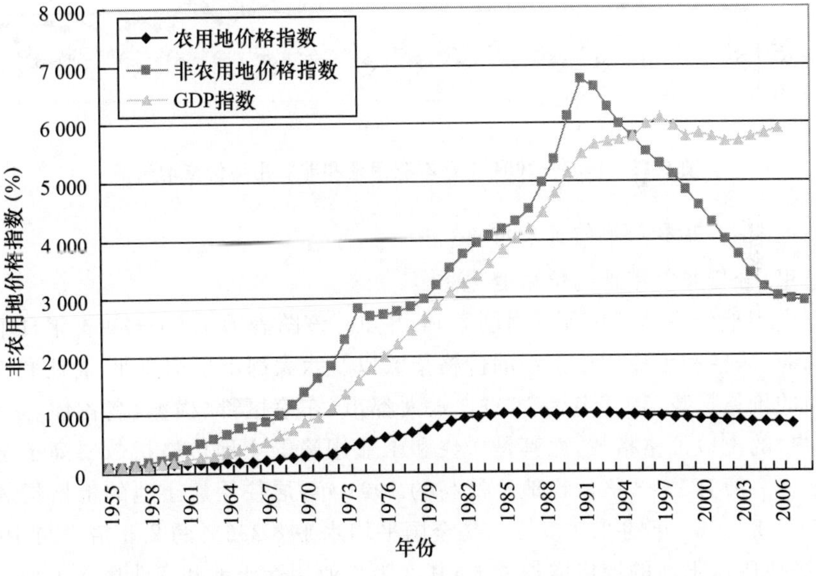

图 5-12 1955—2008 年日本农用地与非农用地价格指数比较

图 5-13 比较了 1955—2004 年日本农业用地和非农用地价格增长率。数据来源同上。可知，非农用地价格增长率波动幅度大于农用地价格增长的波动幅度。农用地最高增长率在 1973 年达到 27％，而非农用地的最高增长率是 1961 年的 43％。农用地的最低增长率是 2002 年的－3％，而非农用地的最低增长率是 2004 年的－8％。非农用地的价格变化总是有大起大落的特征，而农用地就平缓一些。其次，农用地的

价格变化总是先于非农用地的价格变化。这在60～70年代尤为明显。

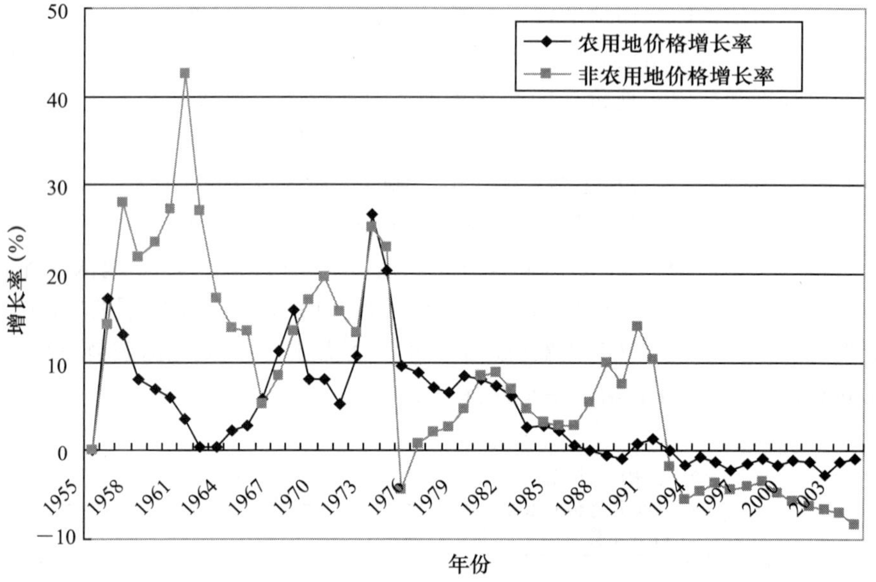

图 5-13 1955—2004 年日本农用地和非农用地价格增长率

5.2.3.2 非农用地的资产增值

这里,分析非农用地的价格变化。

非农用地价格的变化程度由图 5-14 可知。该图表示 1955—2004 年日本全国平均商业、居住和工业用途土地的价格指数以及六大都市平均商业、居住和工业用途土地的价格指数(1955 年＝100)。六大都市(东京区部、横滨、名古屋、京都、大阪、神户)的土地价格指数,尤其是居住和工业用途的土地价格指数要高于全国平均水平。一般为 2～3 倍。在地价最高的 1991 年,居住用途土地的价格指数高达 21 075%,是 1955 年的 210 多倍。是全国平均水平 8 296%的 2.5 倍。与 1955 年相比,居住用途土地的价格增长最大,其次为工业用途土地和商业用途土地。需要注意的是由于价格指数只是表示价格变化的相对数,在此,是相对于 1955 年而言的,并非价格的绝对数,因此,并不是一般认为的商业用途土地价格最高。

图 5-15 表示了 1955—2004 年全国和六大都市的平均土地价格增长率。发现,六大都市土地价格变化规律与全国土地价格变化规律基本相同。但是变化幅度要大于全国土地价格的变化幅度。可以认为,全国土地价格的变化中六大都市的土地价格变化起着很重要的作用。

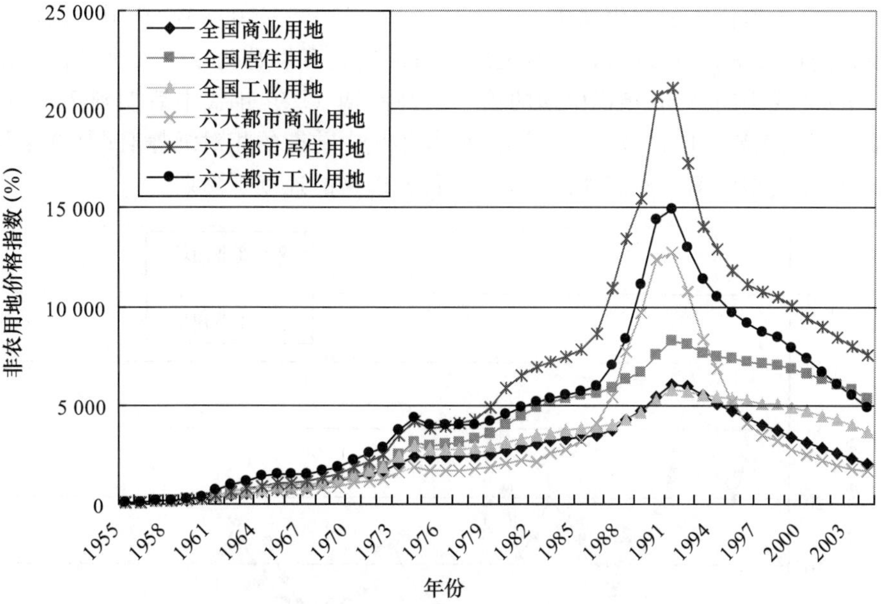

图 5-14　1955—2004 年日本全国和六大都市不同用途土地价格指数

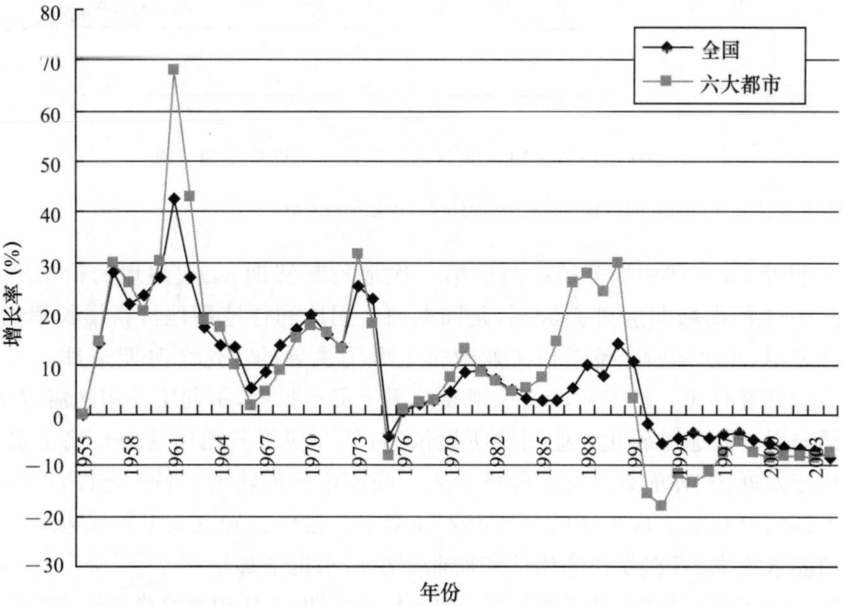

图 5-15　1955—2004 年日本全国和六大都市土地价格增长率

再看，土地价格的变化规律。图 5-16 表示了 1955—2004 年，全国不同用途土地价格的增长率。由图可知，日本土地价格的变化可以分为以下几个阶段。①20 世纪 50 年代中期到 60 年代中期的第一次高涨期；②60 年代中后期到 70 年代中前期的第二次高涨期；③70 年代中期到 80 年代中前期的相对沉静期；④80 年代中期到 90 年代初的第三次高涨期；⑤90 年代初以来的连续下降期。

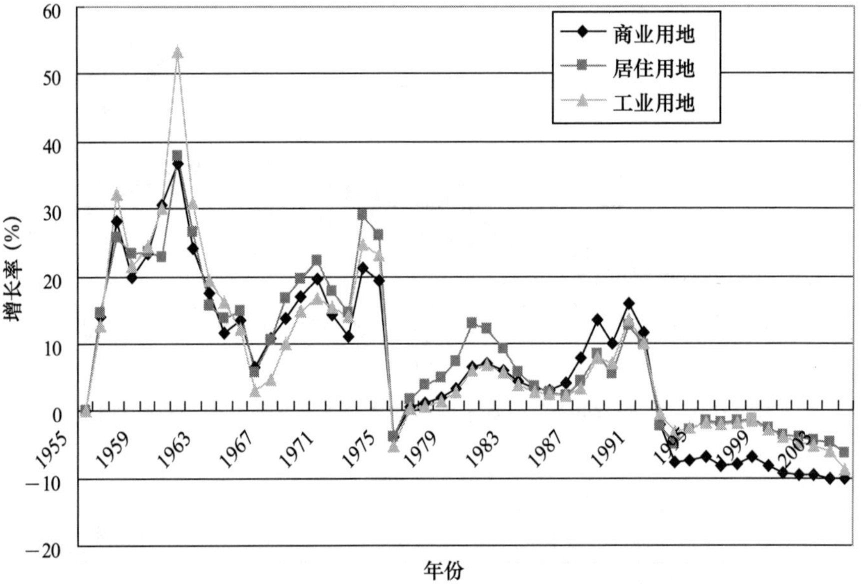

图 5-16　1955—2004 年日本不同用途土地价格增长率

资料来源：图 5-14 至图 5-16，日本不动产研究所《市街地价格指数》

20 世纪 50 年代中期开始的战后第一次地价高涨期，工业用地的价格增长率最大。1961 的高峰期达到了 53%，是同期商业用地和住宅用地价格增长率的 1.4 倍。这表明，此次地价上涨是以工业地价上升为主导的。这个时期是日本工业开发和高度发展时代。对工业设施大规模的固定资产投资，引起工业用地需求增加，而大部分用地是通过转化农业用地所提供的，从而使得其他用地的价格上涨。工业化快速发展，一方面带动日本经济步入了高度增长的轨道。另一方面，促进了就业和人口向原有的大城市圈的急速流入和集中。这样首先大城市和周边地区工业用地的需求增大，其次是住宅用地和商业用地需求也增加。

20 世纪 60 年代中后期开始的第二次地价高涨期，居住用地价格增长率取代了工业用地的地位而成为升幅最大的项目。这表明这一时期，居住用地价格主导了地价变化。人口和就业开始集中于很少的几个大都市及其近郊,并以相当高的速率继续增长。快速城市化以及经济增长使得中等收入的家庭增多,这些家庭都想自己拥有高质量的住房而这样的住房在郊区易于得到。其结果是,住宅用地的扩张及郊区的延伸。

20 世纪 70 年代中期开始的地价相对沉静期间,由于石油危机的爆发以及长时间的高增长率的后劲不足,使经济增长率开始放慢。同时,家庭数量人口数量的增加减慢,人口流动也大规模减少,都导致对土地的需求减少和土地价格的相对稳定。但此时,居住用途地价仍以相对大的升幅主导着平均地价的变动。

20 世纪 80 年代中后期开始的第三次地价高涨,商业用地的价格增长超过了居住用地和工业用地,成为主导地价高涨的因素。此次地价上涨是东京市区中心商业用地价格的上涨引发的。图 5-17 可看出,这一时期东京的地价高涨是由商业用地引发的,商业用地价格 1986 年增长率达到 122.3%,由 1985 年的 18 940(100 日元/m²)飞跃到 42 110(100 日元/m²)。1987 年居住用地和工业用地价格也跟涨,分别达到 106.5%和 90.1%的高增长率。图 5-18 表明,此次地价上涨是由东京区引发的。该图是这个时期日本三大都市圈平均土地价格和商业土地价格的变化率。可见东京的土地价格与另外两个都市圈相比,不论是在时间还是涨幅上都是超前超强的。

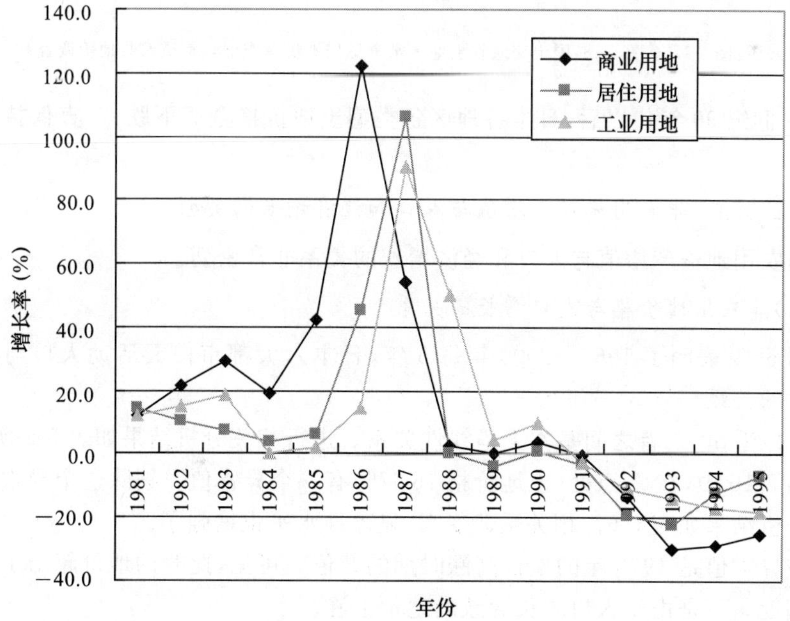

图 5-17 1981—1995 年东京市不同用途土地价格增长率

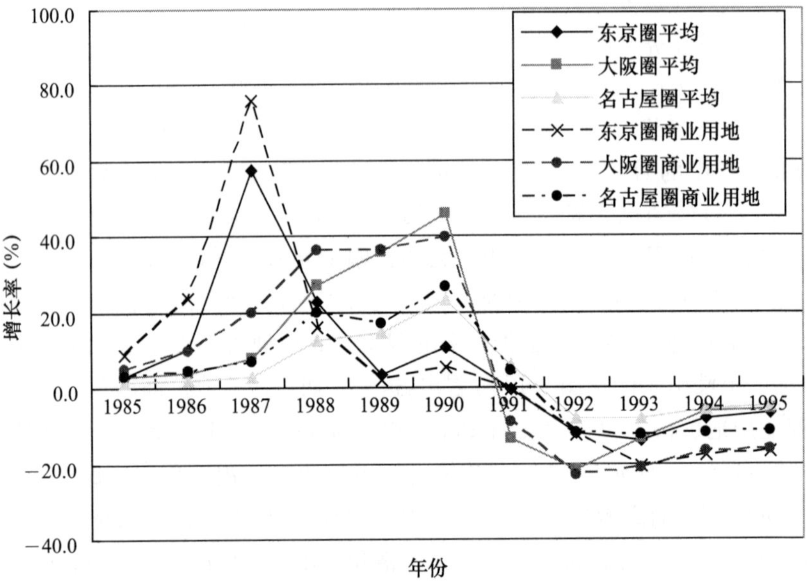

图 5-18　1985—1995 年日本三大都市圈土地价格变化

资料来源：图 5-17 至图 5-18，国土交通省土地·水资源局地价调查课，《都道府县地价调查》。

20 世纪 90 年代以后，日本各地区各类型土地价格全面下跌，一直保持负增长至今。

5.2.3.3　非农用地资产增值与人口和经济增长的关系

非农用地资产增值与人口和经济增长的关系非常密切。

(1)非农用地价格与人口增长的关系

图 5-19 表明了 1965—2000 年每 5 年，日本六大都市白天活动人口与土地价格指数的关系。

可以看出，二者之间基本上呈线性关系。进行相关分析结果如表 5-5 所示。

图 5-19 中，在 A 点处(土地价格 16 675)有一个异常值。剔除这个异常值后的相关分析结果如表 5-6。相关系数变大，显著性水平也增强了。

该异常值是 1990 年的地价高涨时期的数值。可见，此时的地价超出了人口增长的幅度。不是由于人口增长导致的地价上涨。

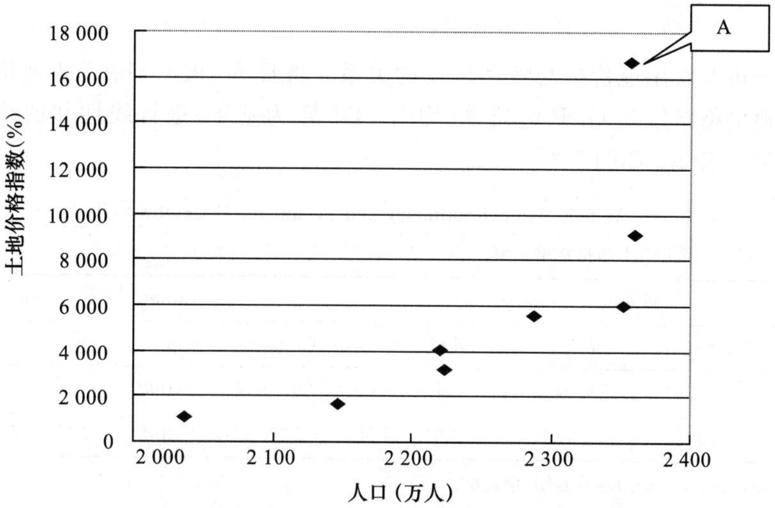

图 5-19　主要年份六大都市人口和土地价格关系散点图

资料来源:六大都市人口数据来源于総務省統計局統計調査部国勢統計課,《国勢調査報告》。

表 5-5　Correlations 1

		人口	土地价格指数
人口	Pearson Correlation	1	.761(*)
	Sig. (2-tailed)		.028
	N	8	8
土地价格指数	Pearson Correlation	.761(*)	1
	Sig. (2-tailed)	.028	
	N	8	8

* Correlation is significant at the 0.05 level(2-tailed).

表 5-6　Correlations 2

		人口	土地价格指数
人口	Pearson Correlation	1	.916(**)
	Sig. (2-tailed)		.004
	N	7	7
土地价格指数	Pearson Correlation	.916(**)	1
	Sig. (2-tailed)	.004	
	N	7	7

** Correlation is significant at the 0.01 level(2-tailed).

(2)非农用地价格与经济增长的关系

再分析非农用地价格与经济增长的关系。将日本1956—1991年地价上涨时期的土地价格指数与GDP增长率(均以1955年为基年)进行线性和曲线回归分析。结果如表5-7和图5-20。

表5-7 Model Summary and Parameter Estimates

Dependent Variable:土地价格增长率

Equation	Model Summary				Sig.	Parameter Estimates			
	R Square	F	df1	df2		Constant	b_1	b_2	b_3
Linear	.979	1 583.019	1	34	.000	291.914	1.090		
Cubic	.995	2 338.785	3	32	.000	−127.827	2.338	−.001	7.39E-008

The independent variable is GDP增长率.

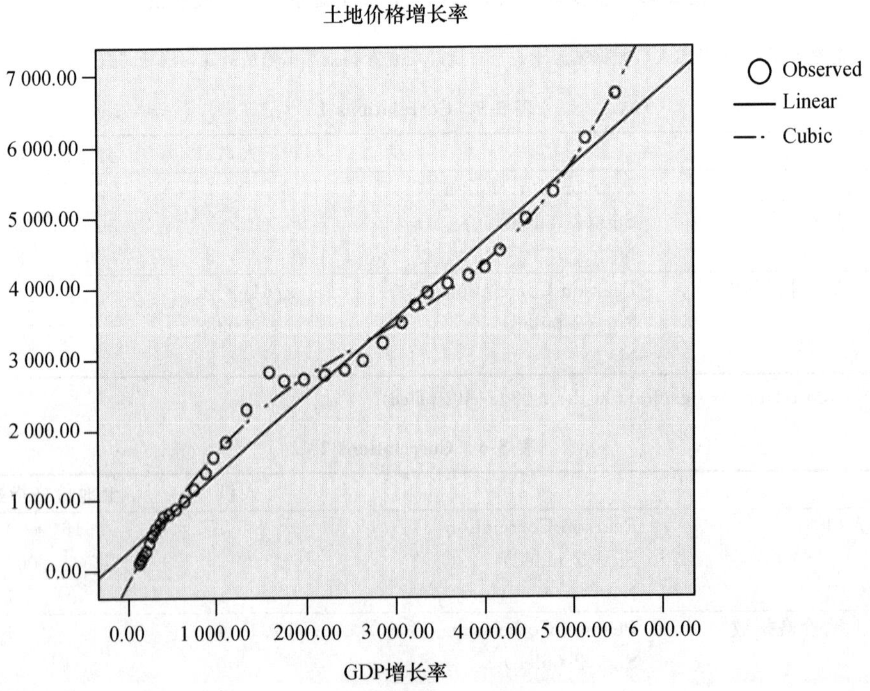

图5-20 曲线拟合图

可见三次曲线回归拟合效果比线性回归更好，而且线性回归存在自相关问题。因此用式(5.17)进行拟合，

$$v=b_0+b_1g+b_2g^2+b_3g^3 \tag{5.17}$$

结果如下，

$$v=-127.827+2.338g-0.001g^2+7.39\times10^{-8}g^3$$

拟合直线为 $v=291.914+1.090g$。二者相关系数基本等于1。

土地价格增长率与GDP增长率高度相关。

5.2.3.4 非农用地资产的泡沫

通常，非农用地资产的泡沫比农用地严重，往往对国民经济造成重大影响。地价指数/GDP增长率和地价指数/物价指数增长率这两个指标是衡量地产泡沫的重要指标。图5-21中将1956—1998年日本土地价格指数与GDP增长率和CPI增长率做了比较，分析日本地产泡沫情况。

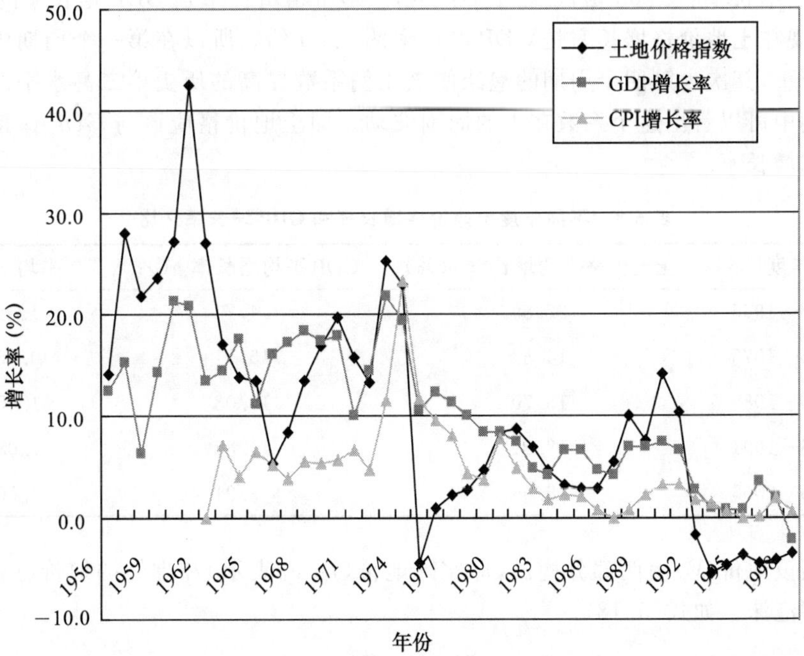

图5-21 1956—1998年日本地价与GDP和CPI的比较

在图 5-21 中可以看出，在地价高涨期，都存在地价泡沫。由于 CPI 数据缺失，无法判断 1956—1962 年的 CPI 增长率，但就土地价格指数与 GDP 增长率的比较来看，在第一个地价上涨期 1956—1963 年存在地价泡沫。第二个地价上涨期的 1970—1973 年，地价相对沉静期的 1981—1982 年和第三个地价上涨期的 1987—1991 年，土地价格指数均超过 CPI 增长率和 GDP 增长率，存在地价泡沫。从图 5-21 中看，实际上第一个阶段的泡沫最大，但是通常所说的日本泡沫经济一般是指 80 年代中后期的第三个地价上涨期。这是因为，此次地价上涨和暴跌后，地价持续下降，至今近 20 年没有恢复。其次，从二战后到 80 年代中后期，地价持续上涨，创造了地价不跌的“土地神话”，基数已经非常之高，因此即使 10％的增长率也是相当高的。

土地价格与 GDP 的关系及其泡沫程度也可通过表 5-8 分析。该表表明了不同跨度的年份平均土地价格增长率，平均 GDP 增长率即二者之比的平均数。可以看出在第一个周期内，土地价格增长率是 GDP 增长率的 1.55 倍，第一和第二周期的土地价格增长率是 GDP 增长率的 0.95 倍，第一、二、三周期的土地价格增长率是 GDP 增长率的 1.05 倍，前四个周期内，土地价格增长率是 GDP 增长率的 1.08 倍，到现在土地价格增长率是 GDP 增长率的 0.90 倍。所以在第一个周期中的泡沫最严重，其次为第四个周期的泡沫使该比例系数提高的历史第二高水平。但是在长期中可以看出这个系数在 1 的周围波动。即土地价格应该与 GDP 保持基本一致的增长率。

表 5-8　不同年度土地价格增长率和 GDP 增长率之比

年度	土地价格平均增长率 v(％)	GDP 平均增长率 g(％)	平均 v/g
1956—1965	22.89	14.74	1.55
1956—1975	14.88	15.71	0.95
1956—1985	13.70	13.03	1.05
1956—1991	12.81	11.88	1.08
1956—2005	8.05	8.91	0.90

假设地价(V)由两部分构成，即实际地价(用 V_0 表示)和虚假的地价(用 V_e 表示)，即泡沫。如式(5.18)。

$$V=V_0+V_e \tag{5.18}$$

$$V_e = V - V_0 = V - \frac{R}{r} \tag{5.19}$$

而实际地价是由实际收益 R 和贴现率 r 决定的。为了简单起见，可以假设 R 和 r 是不变的。就是土地纯收益(一般为地租)按照一定的还原利率计算后得到土地的理论价值，与实际价格对比后就可知道是否存在地产泡沫。表 5-9 为中尾宏(1996)的计算结果。

计算结果表明 1987—1991 年的房价上涨期，实际地价与理论地价的巨大差距。在 1991 年实际地价达到理论地价的 609%。

表 5-9 东京都商业用地的实际价格和理论价格的比较

1 000 日元/m^2

年份	理论价格	实际价格	比率(%)
1982	566	562	99
1983	486	611	126
1984	432	743	172
1985	546	968	177
1986	895	1 485	166
1987	1 069	2 217	207
1988	774	2 489	322
1989	569	2 490	438
1990	601	2 532	421
1991	415	2 528	609
1992	594	2 331	392
1993	616	1 753	285
1994	810	1 198	148
1995	730	866	119
1996	987	630	64

资料来源：曹振良，傅十和. 房地产泡沫及其防范，中国房地产，2002(2)：10.

但是这种计算方法存在的主要问题是，假设土地的未来收益不变，认为未来无限年期的土地收益都等于目前的土地收益。而实际上，土地收益是会变化的，困难就在于我们无法完全正确地预测未来的收益，或者过高，或者过低，这样就导致地价的过高或过低。过高的地价即泡沫就是由于预期过高导致的。

因此土地价格或者土地收益可以分为三个部分。

$$R=R_f+R_c+R_r \tag{5.20}$$

R_f 表示固定的土地收益，即当前的地租；R_c 表示合理预期的土地收益；R_r 表示投机预期的土地收益，是不合理的预期。可以用图 5-22 表示这种土地收益。当前收益就是目前的地租水平。如果考虑未来收益上涨的因素，而且这个预期是合理的，那么这就是合理的预期收益。理论收益就应该等于当前收益与合理的预期收益之和。当人们，为了投机而进行土地买卖时，预期就具有了投机性质，当投机活动盛行时，就会导致投机预期收益的增长，以及土地收益的虚高。此部分就是泡沫所在。我们在对土地价格或土地收益进行预测时，要尽量剔除投机的因素，使土地价格回归理论值。

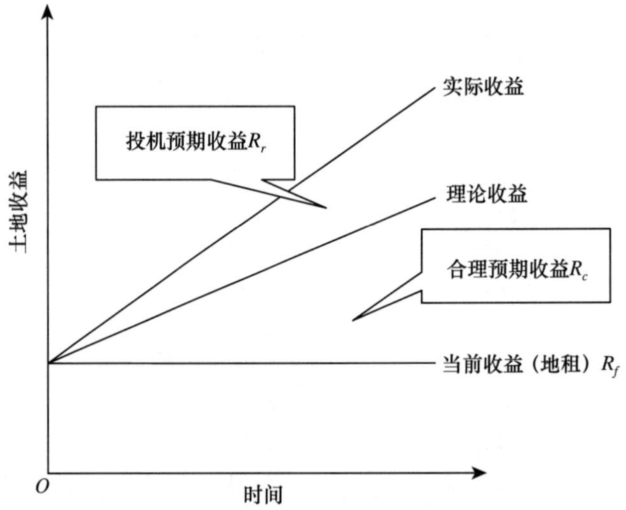

图 5-22　土地收益的构成

可见，关键问题是合理的预期收益是多少的问题。在此，认为合理预期收益应该考虑到实际的经济增长和物价上涨给土地收益带来的增值。而这二者的结合可以用名义 GDP 来表示，既考虑了产出的增长，又考虑了物价因素。图 5-12 中可以看出，GDP 曲线与非农用地价格曲线基本是同步增长。只有在 70 年代中期和 80 年代后期有 2 次土地价格指数明显高于 GDP 指数的情况，恰好与地价高涨相吻合，说明此时存在地产泡沫。而在前面的计算结果中，得到 GDP 增长率与土地价格增长率的相关系数为 1.09。说明非农用地价格增长应与 GDP 增值同步，超出 GDP 增长部分，可以认为存在泡沫。

5.3 农地非农化的价格增值

由前面的分析可知，农业用地和非农用地的价格存在巨大差异。农业用地转为非农用地后，其价格就会发生增值。这就是农地非农化的价格飞跃。

表5-10表示历年日本的农地价格和农地转用价格的比较。农地平均价格为日本不动产研究所调查数据，农地转用价格为根据《都市计划法》规定的市街化区域内平均价格。从数据可以看出，农地转用价格的增值在80年代房价高涨以后，一直保持在水田60倍以上，旱田100倍以上的水平。因此有人惊呼，这样的高额利润会使农地进一步流失和限制农村的活跃等种种忧虑。

表5-10 历年日本的农地非农化的价格增值情况 日元/m^2

年份	农地平均价格		农地转用价格							
			居住用地				商业、工业用地			
	水田	旱田	水田	倍数	旱田	倍数	水田	倍数	旱田	倍数
1975	627	387	23 636	37.7	24 545	63.4	22 424	35.8	23 939	61.9
1980	928	556	36 667	39.5	39 697	71.4	34 242	36.9	35 455	63.8
1985	1162	674	52 727	45.4	56 667	84.1	49 697	42.8	52 727	78.2
1990	1173	673	88 182	75.2	100 909	149.9	88 788	75.7	87 576	130.1
1995	1158	647	91 818	79.3	98 788	152.7	88 485	76.4	88 788	137.2
2000	1069	606	76 061	71.2	81 818	135.0	69 697	65.2	72 121	119.0
2001	1055	600	73 939	70.1	76 667	127.8	67 273	63.8	69 697	116.2
2002	1026	586	70 000	68.2	72 121	123.1	65 455	63.8	67 273	114.8
2003	1015	576	66 667	65.7	69 697	121.0	62 727	61.8	64 848	112.6
2004	1007	571	63 636	63.2	66 364	116.2	58 788	58.4	60 606	106.1
2005	996	566	60 000	60.2	62 727	110.8	54 848	55.1	57 576	101.7
2006	985	559	59 697	60.6	62 121	111.1	55 152	56.0	56 970	101.9
2007	968	550	61 818	63.9	63 939	116.3	55 758	57.6	58 182	105.8

资料来源：根据日本总务省统计局历年《日本统计年鉴》计算。

计算农地非农化价格增值时，应该剔除土地开发成本，计算最原始的非农用地价格，即未开发的非农用地价格。根据北京市基准地价①的各种用途土地毛地价

①数据来源为《北京市人民政府关于调整本市出让国有土地使用权基准地价的通知(京政发(2002)32号》文件中各个基准地价。

和熟地价的比例计算，其平均值约为 0.4，即可认为，未开发土地价格（毛地价）为已开发土地价格（熟地价）的 40%，表 5-11 计算了农地非农化后的价格增值。发现，2000—2006 年我国农地非农化的价格增值基本超过 40 倍。

表 5-11　我国农地非农化的价格增值情况

年份	农地价格		非农地价格（元/m^2）		倍数
	元/hm^2	元/m^2	已开发	未开发	
2000	62 278.70	6.23	998	399	64.08
2001	74 225.72	7.42	1 033	413	55.69
2002	87 525.88	8.75	1 077	431	49.23
2003	106 321.26	10.63	1 129	452	42.48
2004	140 364.27	14.04	1 197	479	34.10
2005	135 800.14	13.58	1 468	587	43.24

数据来源：第 3 章的计算结果和我国 2000—2005 年非农土地价格数据（中国城市地价动态监测系统网，http://www.landvalue.com.cn）

那么，农地非农化的土地价格应该增值多少呢？

按照式(4.22)收益还原法的基本公式，假设农业用地的价格为

$$V_A = \sum_{i=1}^{n} \frac{R_{Ai}}{\prod_{i=1}^{n}(1+r_{Ai})} \tag{5.21}$$

式中：V_A 为农业用地价格；R_A 为农业用地收益；r_A 为还原利率；i 为土地使用的年期。假设 r_A 是固定值，那么农地价格

$$V_A = \sum_{i=1}^{n} \frac{R_{Ai}}{(1+r)^i} \tag{5.22}$$

农业用地的收益受到土地的收益、位置、质量和资产增值等因素的影响。而土地收益、位置、质量等因素一般是固定的，只有资产增值的因素是随着时间变化而变化的，所以可以认为

$$R_{Ai} = R_{AO} + R_{AIi}, i=1,2,\cdots,n \tag{5.23}$$

式中：R_{AO} 为固定的农地收益；R_{AI} 为由资产增值导致的可变的农地收益。

将式(5.23)代入式(5.22)：

$$V_A = \sum_{i=1}^{n} \frac{R_{AO} + R_{AIi}}{(1+r)^i}$$

$$V_A = \frac{R_{AO}}{r} + \sum_{i=1}^{n} \frac{R_{AIi}}{(1+r)^i} \tag{5.24}$$

相似地，我们也可以得到，非农用地的土地价格：

$$V_N = \frac{R_{NO}}{r} + \sum_{i=1}^{n} \frac{R_{NI\,i}}{(1+r)^i} \tag{5.25}$$

式中：V_N 为非农用地价格；R_{NO} 为非农用地的固定收益；R_{NI} 为资产增值导致的可变的非农用地收益。

那么，农地非农化的价格增值为

$$\Delta V = V_N - V_A = \frac{R_{NO} - R_{AO}}{r} + \sum_{i=1}^{n} \frac{R_{NIi} - R_{AI\,i}}{(1+r)^i} \tag{5.26}$$

式中：$\frac{R_{NO}-R_{AO}}{r}$为农地非农化后土地收益的增值；$\sum_{i=1}^{n} \frac{R_{NIi} - R_{AIi}}{(1+r)^i}$ 为农地非农化后资产收益的增值。

将农地非农化的价格增值用图 5-23 表示。价格增值由两个部分构成，一部分是农地非农化转变后的收益的增加，另一部分是资产增值的增加。

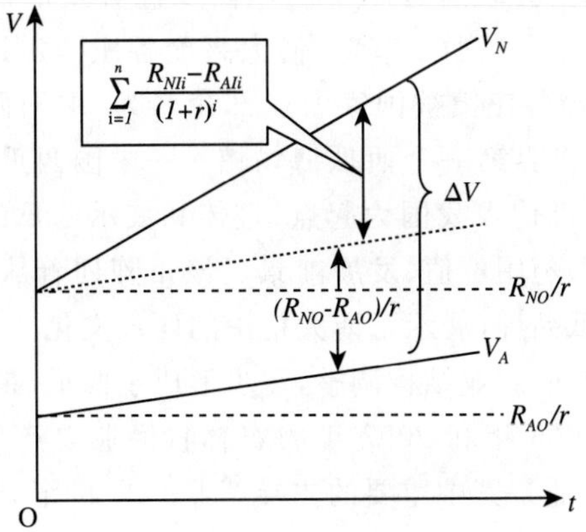

图 5-23 农地非农化的价格增值

第6章 案例分析

6.1 北京市大兴区庞各庄镇的农地非农化价格分析

6.1.1 庞各庄镇的西瓜产业

庞各庄镇位于北京市大兴区，总面积109.3 km^2，地处永定河冲积平原。地势平坦，水利灌溉条件十分方便和优越。气候类型属于温带半湿润大陆性季风气候，四季分明，雨热同季，光照充足，年平均气温12.0℃，全年无霜期215 d，年平均降水量566.7 mm。土质多为沙壤土，在形成西瓜优质高产上具有优势。早在辽太平年间，即已开始栽培西瓜。明朝《宛署杂记》记载，万历年间，大兴所产西瓜被列为皇宫太庙的荐新贡品，尤以庞各庄西瓜最为著名。大兴西瓜作为宫廷贡瓜的历史一直延续到清代。

进入20世纪80年代，随着国家有利于农业发展政策的推行，庞各庄西瓜种植业发展较快。大兴县委、县政府着眼于利用西瓜优势发展西瓜产业化战略，1988年起每年举办首届“北京大兴西瓜节”。使大兴庞各庄西瓜远近闻名，带动了西瓜产业的发展。1995年庞各庄镇被国家农业部命名为“中国西瓜之乡”。庞各庄镇于2004年投资兴建了世界第一个西瓜博物馆——中国西瓜博物馆。该馆占地面积2.3万余 m^2。以西瓜传入我国为起点，宣传和展示西瓜的传播与发展、西瓜新品种、高科技种植技术、药用价值、发展前景。该馆陈列着从原始的野生西瓜到太空西瓜等200余个西瓜品种，展示了博大精深的西瓜文化。

庞各庄镇经过几轮的农业结构调整，逐步形成了西瓜、果品、甘薯、肉羊和旅游五大农业主导产业。2006年和2007年的农林牧渔业总产值达到54 700万元和66 281万元①。西瓜产业是其中重要的主导产业。20世纪90年代末以来，涌现出宋宝森、冯乐平等种瓜能手，起到了模范带头作用。使西瓜种植业由粗放经营走向集约经营，进行科学管理，产业化经营，西瓜产业迈向了崭新的发展阶段。

---

①大兴统计信息网 http://tjzb-dx.bjes.gov.cn/sjzx/gzjj/6751.htm.

截至2006年底全镇西瓜生产面积16 66.7 hm^2，其中设施栽培面积1 200 hm^2，西瓜、甜瓜总产量7.5万t。西瓜年产值近亿元，是全镇80%以上农户收入的主要来源。大型西瓜有京欣一号、航星一号、航星三号、丽嘉等。小型西瓜种植品种包括黄小凤、新秀、京秀、红小玉、黑美人等10余个品种。大型西瓜1 266.7 hm^2，占总种植面积的76%，小型瓜333.3 hm^2，占西瓜总种植面积的24%。一般来讲，大西瓜（如京欣1号）每亩产量4 000 kg左右，每亩收入5 000元左右（图6-1）①。小西瓜（如京秀）每亩产量2 500～3 000 kg，每亩收入可达6 000元左右（图6-2）②。

图6 1 大西瓜

图6-2 小西瓜

6.1.2 庞各庄镇的工业

1996年，庞各庄镇被国家建设部、北京市人民政府列为小城镇建设试点镇。近年来，庞各庄镇努力建设"精品小城镇"，通过举办兴西瓜节、赏花节、百果节等方法改善了投资环境，引进了多家企业。西瓜之乡由传统农业向现代农业和工业并举方向发展。

2004年制定的《北京市大兴区庞各庄农村现代化示范镇项目构想》③中提出，到2010年，将一、二、三产增加值比由2003年的38.2∶18.4∶43.4转变到10∶50∶40。可见必须大力发展工业，提高工业的增加值才能实现这一目标。为了达到这一目标，2010年前，庞各庄镇要建成10～15 km^2 工业区，加快建设新型工业

①中国农业商务网 http://sw.ag365.com/info/202609/.

②庞各庄镇网站，http://www.dxpgz.gov.cn/web/pgznew/xwdt/xwdtej/128169.htm.

③北京市大兴区发展和改革委员会，http://dxfg.bjdx.gov.cn/web/fgw/xmk/xmkej/48675.htm.

体系。该镇在原有的 142 hm^2 的工业规划区基础上，又规划了 270.61 hm^2 的工业园区。①到目前，全镇注册企业 1 000 余家，工业园区入区企业达到 40 余家。入区企业中不乏像美全食品公司、美丹食品公司、华夏长城润滑油公司这样一批具有相当知名度的企业。

2006 年和 2007 年该镇实现工业总产值 159 519 万元和 201 915 万元②，与规划之初 2002 年的 31 000 万元相比，增长了 5 倍以上。

图 6-3 至图 6-6 为新的工业园区内的平面图以及厂区。

图 6-3　庞各庄镇部分工业园区平面图

图 6-4　庞各庄镇工业园区内的厂房

图 6-5　庞各庄镇工业园区内在建厂房

图 6-6　庞各庄镇工业园区内待建厂区

①北京市大兴区庞各庄农村现代化示范镇新型工业体系招商项目，北京市大兴区发展和改革委员会，http://dxfg.bjdx.gov.cn/web/fgw/xmk/xmkej/48690.htm.

②大兴统计信息网 http://tjzb-dx.bjes.gov.cn/sjzx/gzjj/6751.htm.

6.1.3 庞各庄镇的农地非农化

如前所述,在庞各庄镇的小城镇建设过程中,不断增加的工业用地规划,必然会占用原来的农业用地。在今后的工业化发展过程中,还会不断地占用农业用地。而该镇最典型的农业产业就是西瓜产业。因此可以说是工业厂房与西瓜之间争夺土地。

6.1.3.1 农地收益

在第四章中提出,不同用途的农业用地会使收益不同。不同收益的农业用地会使农地价格不同。并且经过式(4.7)的计算得出结论,当农产品收益增加为λ倍,土地收益(地租)也增加为λ倍,土地价格也会增加为λ倍。

当种植大宗粮食作物的土地,改为种植西瓜时收益会增加,当种植良种的西瓜时收益也会比种植普通西瓜时增加。

第四章计算得出结论,在各种投入要素不变的情况下,收益增加,不会使土地产出弹性改变。因此,在此假设,种植西瓜时,只是改变了农产品种类和品种,并没有改变原来的投入要素。因此土地产出弹性不会改变。这里根据第三章的计算结果,假设土地产出弹性

$$\alpha_A = 0.47$$

根据 6.1.1 的材料,小西瓜收入达到 6 000 元/亩,约 90 000 元/hm^2。

因此 $AR = 90\ 000$,

将式(3.29)代入式(3.30),可以得到:

$$\begin{aligned} MRP_A &= MRQ_A \cdot P \\ &= \alpha_A \cdot \frac{Q}{A} \cdot P \\ &= \alpha_A \cdot \frac{P \cdot Q}{A} \\ &= \alpha_A \cdot \frac{TR}{A} \\ &= \alpha_A \cdot AR \end{aligned} \tag{6.1}$$

将已知的 α_A和 AR 代入式(6.1),得到

$$MRP_A = 42\ 300\ 元/hm^2$$

即每公顷的土地收益为 42 300 元。

再假设利率 $r=2.25\%$

则根据式(3.31),土地价格

$$V_A=\frac{MRP_A}{r}=42\,300\div 2.25\%=1\,880\,000\text{ 元/hm}^2$$

这与同期的全国平均土地价格 135 800.14 相比,是其 14 倍。

在此,需要说明的是,6 000 元/亩的种瓜收入只是平均水平的收入,有种瓜能手通过科学化管理,可以使收入达到 20 000 元/亩以上。另外,在该地区已经兴起了民俗旅游项目,采摘节中,消费者可以直接到瓜地采摘,有的现代化大棚还要收取门票。例如,宋绍堂是大兴庞各庄镇有名的西瓜种植户,他的园子里种的都是些瓜果,不过卖法却是一般人没见过的,每年都吸引很多城里人来这里观光。宋邵堂说:"五一期间到这来游玩的特别特别多,我们还卖了门票,7 天门票收入了 5 千多元。他们就是想看你这西红柿到底是怎么长出来的,看这南瓜到底是怎么长出来的,这种乐趣和爬长城那感觉不一样。"在宋绍堂的瓜园里,有 10 几个大棚,原来趴在地上的西瓜,现在都悬在半空。因为种法不同,西红柿、西瓜等成了观赏品,在宋绍堂的眼里这些瓜果还是旅游品。不仅如此,这些瓜果还给宋绍棠带来了非常不错的经济效益。想吃新鲜西红柿,游客可以自己动手摘,60 元 1 kg;西瓜连盆带秧一起卖,一盆可以卖到 200 元。① 这样高的经济效益,也必然会使土地价值增值。

6.1.3.2 农地区位

庞各庄镇距北京市永定门仅 25.5 km,距黄村卫星城仅 10 km,与北京市区、河北省联系便捷。规划区地处京开(北京—开封)高速公路与北京市公路七环的交汇处,毗邻京九铁路四等客站,交通优势十分明显。依靠北京的巨大消费市场和技术力量,具有很强的区位优势。北京市人口众多,经济发达,购买力高,对西、甜瓜需求量大,因此对西瓜销售非常有利。

庞各庄镇距离新发地农副产品贸易市场 22 km,与北京市其他西瓜产地(如顺义、房山、平谷等地)相比距离较近,与外省产地相比更是占有绝对优势。如山东产西瓜运到北京,运费为 270～280 元/t,而京郊产西瓜运费为 0.1～0.16 元/kg,合 100～160 元/t。

①丁爽.农家乐.我的致富经,中国农村科技.2007(5)55-56.

假设运费为 $T=0.1$ 元/kg，

西瓜平均产量为 Q/A=3 000 kg/亩=45 000 kg/hm^2，

那么由式(4.8)得

$$R=pQ-cQ-QfD \tag{6.2}$$

移项得

$$R+cQ=pQ-QfD \tag{6.3}$$

这是排除运费后的收益，设为 TR_1，并假设运费为 T，则

$$TR_1=pQ-QT=TR_0-Q\cdot T \tag{6.4}$$

其中 TR_0 为原来的收益。

将式(6.4)两边除面积 A，则

$$\frac{TR_1}{A}=\frac{TR_0}{A}-\frac{Q}{A}\cdot T \tag{6.5}$$

即

$$AR_1=AR_0-\frac{Q}{A}\cdot T \tag{6.6}$$

将已知数据代入式(6.6)，得

$$AR_1=90\,000-45\,000\times 0.1=85\,500 \text{ 元/hm}^2$$

土地价格为

$$V_{A1}=\frac{MRP_{A1}}{r}=\frac{\alpha_A\cdot AR_1}{r}=0.47\times 85\,500\div 2.25\%=1\,786\,000 \text{ 元/hm}^2$$

由于运费的关系，土地价格减少了近 10 万元/hm^2。

需要注意的一点是这种算法，只是一种概数，并不是精确数。另外，在该地区，近年利用区位优势，兴起以市民采摘为主的瓜果生产。据统计单位面积采摘收入比常规的产品销售高出 1～2 倍，且这种采摘方式已逐渐被市民所接受，有较强的发展势头。

6.1.3.3　农地质量

如前所述，庞各庄镇的土壤和气候条件非常利于西瓜的种植，具有悠久的西瓜

种植历史，近代生产朝廷贡瓜。现在又被评为“西瓜之乡”。

2008年1月8日，由北京市勘察技术研究院承担的《大兴区生态农业地质及土壤养分详查与评价》项目通过了评审。该项目查明大兴区土壤与灌溉水环境质量以优良为主，适宜开展无公害农作物的种植。对土壤元素含量进行了地球化学研究和元素地球化学分区，得出了土壤元素组合分区与肥力之间具有良好的空间对应关系，根据土壤地球化学分区，提出了种植合理布局与作物施肥建议。尤其是在该区西南部发现了大面积碘元素高含量分布区，其范围与该区西瓜主产区相吻合。为了揭示高碘土壤区与西瓜中碘元素的关系，又实施了《大兴区土壤与西瓜中碘元素含量特征对比研究》项目，结果显示，土壤中碘含量高和最高地区的西瓜中碘元素的含量分别是一般地区的3.5～6.5倍。①

由于有着这样好的土地质量条件，该地区的西瓜美味可口，质量上乘，产量也高。同样的京秀瓜，在顺义区北务镇的亩产量为1 500～2 000 kg，产值3 000～4 000元。取最大值，则(以下计算中，下标为P的指标代表庞各庄镇，下标为B的指标代表北务镇。)

$$(Q/A)_B = 2\,000\ \text{kg/亩} = 30\,000\ \text{kg/亩}$$
$$AR_B = 4\,000\ \text{元/亩} = 60\,000\ \text{元/hm}^2$$

两地产量比为：$(Q/A)_P \div (Q/A)_B = 45\,000 \div 30\,000 = 1.5$

产量差为：$(Q/A)_P - (Q/A)_B = 45\,000 - 30\,000 = 15\,000\ \text{kg/hm}^2$

收入差为：$AR_P - AR_B = 90\,000 - 60\,000 = 30\,000$ 元/hm^2

北务镇的地租为：$MRP_{AB} = 0.47 \times 60\,000 = 28\,200$ 元/hm^2

北务镇的土地价格为：$V_{AB} = MRP_{AB}/r = 28\,200 \div 2.25\% = 1\,253\,333$ 元/hm^2

与北务镇相比，庞各庄镇的极差地租为：

$$MRP_{AP} - MRP_{AB} = 42\,300 - 28\,200 = 14\,100\ \text{元/hm}^2$$

土地价格相差：$V_{AP} - V_{AB} = 1\,880\,000 - 1\,253\,333 = 626\,667$ 元/hm^2

地租比：$MRP_{AP}/MRP_{AB} = 42\,300 \div 28\,200 = 1.5 = (Q/A)_P \div (Q/A)_B$

土地价格比：$V_{AP}/V_{AB} = 1\,880\,000 \div 1\,253\,333 = 1.5 = (Q/A)_P \div (Q/A)_B$

两地的土地价格比与产量比相等。因此可以认为

①周飞飞、段金平，新农村建设中的地质之光，中国地质环境信息网，http://www.cigem.gov.cn/ReadNews.asp? NewsID=16591.

$$V_A = V_{A0} \times \beta \tag{6.7}$$

$$\beta = Q/Q_0 \tag{6.8}$$

式中：V_A 为待估土地的价格；V_{A0} 为基准土地价格；β 为产量比系数；Q 为待估土地产量；Q_0 为基准土地的产量。

6.1.3.4 农地资产增值

土地资产的增值，实难预测。但是在此以第四章对日本数据的计算结果作为依据，做一个尝试。

由于农地价格的增值与 GDP 的增长有着密切的关系，在第四章中进行了计算，并得到拟合函数。但是计算的数据是根据 1955 年为 100 的相对数进行计算，因此其系数情况并不符合我国的情况。不过由于农地价格增长率与 GDP 增长率的关系，在表 4-27 中计算了 1956—2004 年的一个很长时期的农地价格增长率与 GDP 增长率之比为 0.52，因此可以认为 GDP 每增长 1%，农地价格会增长约 0.5%。

即令 $v_A/g=0.5$，其中 v_A 是农地价格增长率，g 是 GDP 增长率。

再计算出我国 1952—2004 年的 GDP① 平均增长率 $g=11.1\%$

则农地价格增长率 $v_A=g\cdot v_A/g=11.1\%\times 0.5=5.55\%$

按照这个增长率预测后来的农地价格如表 6-1 所示。

表 6-1 庞各庄镇农业用地价格预测表 元/m²

年份	2006	2007	2008	2009	2010	2011	2012	2013	2014	2015
农地价格	178.6	188.5	199.0	210.0	221.7	234.0	247.0	260.7	275.1	290.4

6.1.3.5 工业用地的价格

按照《北京市人民政府关于调整本市出让国有土地使用权基准地价的通知(京政发〔2002〕32 号)》的规定执行的现行基准地价(见 5.1.3 的案例)，庞各庄镇属于“大兴区除五、六级地价区以外的主要建制镇”，工业土地级别被定为 7 级。由表 5-1 可知，基准地价为表 6-2 所示。

①数据来源：新中国 55 年统计资料汇编 1949—2004. 北京：中国统计出版社，2005.

表 6-2　七级工业用地基准地价　元/m²

土地级别	基准地价		V_{50}		V_{∞}	
	熟地价	毛地价	熟地价	毛地价	熟地价	毛地价
七级	220～330	100～160	275	130	440	208

再看表 5-3 的编号为 21 的工业用地监测点的近几年的价格变动情况，如表 6-3 第一栏所示。可见，近几年，价格波动比较严重，但是波动幅度逐渐降低，总体呈快速上涨趋势。

由于该土地使用年期为 45 年，根据式(5.12)和式(5.10)，计算其无限年期的价格。设，2002 年、2003 年的还原利率为 1.98%，2004—2006 年的还原利率为 2.25%(均为当时银行一年期定期存款利率)。那么，

$$k_{45(02、03)}=1-\frac{1}{(1+1.98\%)^{45}}=0.5862$$

$$k_{45(04、05、06)}=1-\frac{1}{(1+2.25\%)^{45}}=0.6326$$

于是计算出无限年期的土地价格。

表 6-3　庞各庄镇工业用地监测点的价格变动情况　元/m²，%

编号		21				
位置		大兴区庞各庄镇隆盛大街西侧				
级别		7				
年份		2002	2003	2004	2005	2006
45 年	土地价格 V_{45}	120	315	279	338	379
	与基准地价之差	−155	40	5	63	104
	土地价格增长率		162.5	−11.4	21.1	12.1
无限年期	土地价格 V_{∞}	205	537	441	534	599
	与基准地价之差	−235	97	1	94	159
	土地价格增长率		162.5	−17.9	21.1	12.1

数据来源：根据中国城市地价动态监测系统网，http://www.landvalue.com.cn 数据整理计算。

将工业用地价格与农业用地价格进行比较。

2006 年的农地价格为 178.6 元/m^2，工业用地价格为 599 元/m^2，工业用地价格是农业用地价格的 3.35 倍。

在第五章中得到结论，非农用地的价格增长与 GDP 增长基本保持同步，因此可以认为工业用地资产价格的增值与 GDP 增长率 11.1%一致。可以预测后来的工业用地价格。如表 6-4 所示。

表 6-4　庞各庄镇工业用地价格预测表　　元/m^2

年份	2006	2007	2008	2009	2010	2011	2012	2013	2014	2015
工业用地价格	599	665	739	821	913	1 014	1 126	1 251	1 390	1 545

表 6-5 是 2008 年的一宗土地交易情况。

表 6-5　一宗土地交易情况

宗地名称		庞各庄镇工业用地	规划用途	工业
宗地位置		大兴区庞各庄镇	交易方式	挂牌
开发程度		五通一平	起始价(万元)	1 077.562
土地面积(m^2)	合计	24 880.24	成交价(万元)	1 077.562
	建设用地面积	11 522.11	均价(元/m^2)	433.1
	代征地面积	13 358.13	成交日期	2008 年 11 月 25 日
规划建筑面积(m^2)		9 217.69	受让单位	北京山海缘有限公司

数据来源：《北京市 2008 年土地交易成交一览表》，北京市土地整理储备中心。

将土地价格按照当时的银行一年期固定存款利率换算为无限年期的土地价格

$$V_{\infty}=\frac{V_{50}}{k_{50}}=433.1\div\left[1-\frac{1}{(1+3.6\%)^{50}}\right]=522\text{ 元}/\text{m}^2$$

6.1.3.6　农地非农化过程中各种价格的比较

在农地非农化过程中，产生了很多种价格。

一种是官方价格。按照现行规定，关于征地补偿价格的规定是按照《北京市建设征地补偿安置办法(北京市人民政府令，第 148 号)2004.7.1 起执行》(简称 148 号令)执行的。该令第九条规定："征地补偿费最低保护标准由市土地行政主管部门以乡镇为单位结合被征地农村村民的生活水平、农业产值、土地区位以及本办法规定的人员安置费用等综合因素确定，报市人民政府批准后公布执行。"按照第九条规定，北京市国土资源局又分区制定了《北京市征地补偿费最低保护标准》。该标准称，“征地补偿费最低保护标准是指被征地乡镇征地补偿费的最低限。征地项目的具体征地补偿费，以征地单位与被征地农村集体经济组织协商签订的征地补偿安置协议书为准。”从该标准的大兴区部分查到庞各庄镇征地补偿费最低保护标准为 6 万元/亩。① 这等于 90 元/m^2。

关于工业用地出让的价格，国土资源部发布了《关于发布实施〈全国工业用地出让最低价标准〉的通知(国土资发[2006]307 号)2007.1.1 起执行》。通知规定，“本《标准》是市、县人民政府出让工业用地，确定土地使用权出让价格时必须执行的最低控制标准。工业用地必须采用招标拍卖挂牌方式出让，其出让底价和成交价格均不得低于所在地土地等别(详见附件 2)相对应的最低价标准。各地国土资源管理部门在办理土地出让手续时必须严格执行本《标准》，不得以土地取得来源不同、土地开发程度不同等各种理由对规定的最低价标准进行减价修正。”根据该《标准》查到北京市大兴区土地属于 6 等土地，最低出让标准为 336 元/m^2。工业用地使用年限为 50 年，取 2007.7.1 时的银行一年期利率为还原利率，折算成无限年期的土地价格为：

$$k_{50}=1-\frac{1}{(1+3.06\%)^{50}}=0.7784$$

$$V_{\infty}=\frac{V_{50}}{k_{50}}=336\div 0.7784=432\text{ 元}/\text{m}^2$$

另一种是实际操作的价格。根据调查，该地区征地补偿费为 8 万元/亩，预计调整到 13 万元/亩。

工业用地的出让价格为，如在工业区内投资办厂，土地价格为每亩 16 万元(国有出让土地)，使用年限 50 年，待征土地按土地出让价格的 70%计算，付款方式可采取分期付款，即首付 50%，余额可视情况于合同约定一年内缴清。② 以当时的银行一年期定期存款利率折算无限年期的土地价格为

$$k_{50}=1-\frac{1}{(1+2.25\%)^{50}}=0.6713$$

$$V_{\infty}=\frac{V_{50}}{k_{50}}=16\div 0.6713=23.8\text{ 万元}/\text{亩}=358\text{ 元}/\text{m}^2$$

①北京市建设征地补偿安置办法培训材料(文件汇编)，北京市国土资源局，2004.10.

②北京市大兴区庞各庄农村现代化示范镇新型工业体系招商项目，北京市大兴区发展和改革委员会，http://dxfg.bjdx.gov.cn/web/fgw/xmk/xmkej/48690.htm.

调查到工业用地的出租费一般为5 000元/亩。计算土地价格

$$V=\frac{R}{r}=\frac{5\,000}{2.25\%}=222\,222.2\text{元/亩}=333.3\text{元/m}^2$$

这些数据的计算均假定土地使用年期为无限年期,即计算了土地所有权价格,是土地的完整价格。

再根据北京市工业用地基准地价(表5-1)计算,7级工业用地的开发成本约为145元/m²(熟地价和毛地价之差)。那么未开发的土地价格约为以上计算的工业用地价格减去145元/m²。如表6-6所示。

表6-6 农地非农化过程中各种价格的比较 元/m²

		已开发	未开发
监测点工业用地价格		599	454
交易样点的工业用地价格		522	377
实际工业用地出让价格		358	213
按出租费计算的工业用地价格		333	188
工业用地出让最低标准		432	287
基准地价		440	208
计算的农用地价格		179	
实际征地补偿费	调整后	195	
	调整前	120	
征地补偿费最低保护标准		90	

从表6-6中可知,征地补偿费最低保护标准,远低于计算的农用地价格,约为其一半左右。调整后的实际征地补偿费微弱地高于农用地价格,但是如果考虑到农地的资产增值,2008年的农地价格(199元/m²)就超过了实际补偿费的价格。

实际工业用地出让价格和按出租费计算的工业用地价格基本持平,这是在《工业用地出让最低标准》执行之前的工业用地的出让情况,这2个价格要低于最低标准,且低于监测点的价格。监测点价格是由市场决定的价格。工业用地出让价格,有优惠政策和招商引资等非市场因素。《标准》执行后,工业用地用招拍挂的方式出让,价格也提高了。但交易样点价格为2008年数据,低于表6-4预测数据。

2006年的情况是实际征地价格为120元,未开发的工业用地出让价格为287

元，代表市场价格的监测点地价（未开发）为 454 元。

6.2 关于农地非农化的几个案例

我国农地非农化主要是通过征地进行的。还有一种情况是集体土地直接变为非农用地。下面通过一些实地案例，比较两种模式下的农地非农化过程中产生的问题。

6.2.1 H省S市3个村

A 村

A 村，地势比较平坦，交通比较方便，距离市中心 7 km，通信设施较好。该村以农业为主。土地中水田 895 亩，坡地 1 000 亩。水田全部承包到户，坡地中 500 亩发包给外商，以种植芒果为主。承包价格不一，从 20～40 元/亩不等。

关于土地征用的历史遗留问题：1987 年政府协助某水利厂征地 200 亩，当时承诺安排村民就业。结果既没有给钱，也没有安排任何人就业，村民多次交涉未果，现该厂已经破产。1993 年政府协助某制管厂征用 50 亩坡地（当时该地为村留出来的机动地）。协议补偿 84 万元，实际支付 32 万元。后来，该地产权几经变动，转手几家公司，村民多次要钱，至今没有结果。20 世纪 80 年代该村有驻军时曾划拨一块土地给部队，后部队撤出，改为农场。由于农场与村土地边界不清晰，农民与农场间经常发生冲突。

近年土地征用情况：1998 年，建材厂征用水田 8 亩，坡地 122 亩。根据相关文件进行补偿，获得征地款 18 万元。村委会将征地款分到被征地的三个村民小组，但是，该征地款并没有被进一步分给农户，而是被用于当地的自来水改造工程。1998 年国家储备粮库用地征用了 60 亩林地。原来由四户村民承包种树。征地补偿费为每亩 2 000 元的青苗补助费，其中镇政府，行政村和自然村各扣留了 10%，其余 70%才到个人手里，即每亩 1 400 元。这里调查到一户人家，家里一共 6 口人，四个儿子。征地时家里的地没有被划在被征地范围，但是储备粮库建设时，他意外发现自己家的 1 亩水田被储备粮库的围墙围住了。他多次与本组组长一起找储备粮库的领导，希望能够得到赔偿，但是储备库领导以“比较忙，以后再解决。”为理由推托，一直没有得到补偿。

这个案例提示的问题是：

- 20 世纪 80 年代及 90 年代初征地，对农民基本上没有什么补偿，历史遗留问题多。

• 数量不多的土地补偿费还要被层层截留。
• 征地单位有多圈多占的现象，而且并不支付相应的补偿费。

B 村

B 村地处市郊，距离市 5 km，通讯便利，地势平坦。

1998 年修路时征地 100 亩，补偿标准为水田 3 500 元/亩、园地 2 000 元/亩、林地 800 元/亩，已经落实。但是修路堵了村里的排水沟，下雨时山上流下来的水不能及时排掉，积在水田里，把村里剩余的水田几乎全部淹没，无法耕种。

2000 年以来，征用水田 100 亩、园地 22 亩、林地 12 亩，补偿金额分别为 25 000 元/亩、6 000 元/亩、2 000 元/亩。征地项目中，一个以建学校名义征地，实际搞房地产，还有三个是房地产开发。征地款中 30%留在村小组，其他分给村民。各村小组在分配时也不一样。有的村小组是将钱按照人数平均分配，同时将土地也进行平均分配。有的是将征地款分给失地农户，不再补给他们土地。

1993 年征走了很多农户的大部分粮田，是一个私人易种公司，属于农业开发，后来这块地又卖给企业，搞汽车维修。征地时政府答应说按照 1 600 元/(亩・年)给予补偿，但是只给了 1993 年和 1994 年两年，后来就不给了。村民连续集体上访，据说有人在上访过程中还被殴打。直到 2004 年春节前夕，按照 2.5 万元/亩支付了村民土地补偿费，还扣除了 1993 年和 1994 年给的 1 600 元/(亩・年)的补偿费。

这个案例提示的问题是：
• 在农村搞基本建设时，没有注意保护剩余的农田，浪费和破坏了农地。
• 征地时以公益性项目的名义征地，实则搞房地产等盈利性项目。
• 地方政府没有履行承诺，降低了威信。

C 村

C 村离市区较远。

1993 年为了开发房地产，征用了 36.8 亩坡地，按 1 980 元/亩支付。但房地产商不知何故，没有进行开发。这片地迄今撂荒，村民有时种种芒果树。

1998 年市政府和镇政府将村里的 100 亩水田租给一位湖南老板，用于养鳖。这个严格的说是租用，并不是征用，但是政府插手，具有强制性质，当时由政府出面做工作让每家每户签字。且谈好租期 5 年，租金 400 元/(亩・年)，共 20 万元，租期满后支付，支付期为 2003 年 5 月。但可能是由于经营不善，老板到期迟迟不支付应付的租金，也不归还土地。在村民的一再强求之下，于 2004 年 5 月付给了 8

万元钱，村民按照800元/亩进行分配。这次涉及村里几乎所有的水田，水田是承包到户的，所以也涉及到每户人家。村民继续要求老板支付剩余租金，但老板推脱让村民找政府，而政府又不予理睬。

2003年市政府和市公安局戒毒所用地，征用了67.06亩土地。村民提出的补偿标准为6 000元/亩，但政府没有答应，承诺的补偿标准是5 000元/亩，应付金额为335 300元。并于2003年5月26日支付第一笔补偿费，49.6亩坡地，补偿标准5 000元/亩，支付了248 000元。村庄老户有327人，每人支付了758元，共分掉了247 866元。2004年1月27日支付了第二笔补偿费，17.46亩高压线路按照4 000元/亩的补偿标准支付了69 840元，这笔尚未分配。另有17.46亩×1 000元/亩=17 460元未支付。

现在整个村里已经基本没有农田，村民靠做小生意或打零工挣钱。由于没有特殊的手艺，零工也不好找，导致大量的闲置人员。有一技之长的人就很容易找到工作。我们遇到一名厨师，他是三级厨师，在旅游区的酒店工作。他的弟弟现在也跟随他学厨师，妹妹当酒店的服务员。所以他们家生活水平在村里属于比较富裕的。

这个案例提示的问题是：

• 有一部分土地征而不用，撂荒闲置，极大地浪费了资源。

• 土地的租赁使用，在政府强制的情况下，变得对农民不利。

• 在政府强制征地情况下，农民没有权力讨价还价。

• 征地后大部分劳动力的闲置。农用地转变为建设用地，随之农业消失，工商业和旅游业产生。在这个过程中，失地农民没有找到新的工作，处于结构性失业状态。只有少数有其他技能的农民才能找到非农工作，这又加大了农业剩余劳动力转移的难度。

6.2.2 J省Y村

Y村位于苏南，以前是个小村穷村。1984年，成立钢厂，经过二十多年的建设，企业已发展成年炼钢、轧钢能力各500万t，拥有145亿元总资产的大型联合钢铁企业。随着企业不断扩大，其用地也不断扩大，先后合并了几个邻村，占地3 500亩。

企业在用地时给了农民充分的补偿。包括以下几个方面。

现金补偿：土地补偿费1 200元/(亩·年)，20元/(月·人)的菜金，老人1 200元/年的养老金，年末精神文明奖1 000元/人。搬家费200元/户，过年慰问金200元/户。

安置补偿:企业招工时,优先录用本村村民。

拆迁补偿:房屋拆迁补偿为300～350元/m^2。提供低价老年公寓每套2.2万元,两室一厅,60～70 m^2。

社会保障:社区建设,医疗卫生教育、社会综合管理等。

土地转用之前,原来种植棉花、稻子。产值为棉花600～700元/亩,稻谷500～600元/亩。产业结构调整后,种植玉米、胡萝卜,产值900～1 000元/亩。农地转用后,既有了高于原来农业收入的稳定收入,又可以从事其他劳动。有一部分人在钢厂工作,还有的出租房屋,获取收入,因为该村外来人员逐年递增。因此企业已带动了整个村子,走在现代化的路上。

这个案例提示的问题是:

- 以集体经济为基础的农村的工业化,使农民分享到工业化的更多利益。
- 这种优惠的待遇一方面要求企业具有强大的财力,另一方面某种程度上也取决于企业领导者的意愿。
- 农村集体企业的用地应该用什么样的模式是个值得思考的问题。
- 这种做法会不会给企业带来沉重的负担。

第7章　结　论

7.1　对现行农地非农化的价格确定方法的评论

7.1.1　关于现行征地补偿费的制定标准

我国现行的农地非农化主要是靠国家征收农业用地为建设用地的方式进行的。在这个过程中依法给予农民征地补偿费。现行的征地补偿费确定方法，被称为产值倍数法。根据我国《土地管理法》征收耕地的土地补偿费为被征收前3年平均年产值的6～10倍。安置补助费为被征收前3年平均年产值的4～6倍，最高不能超过15倍。土地补偿费和安置补助费的总和不得超过土地被征收前3年平均年产值的30倍。但是国务院根据社会、经济发展水平，在特殊情况下，可以提高征收耕地的土地补偿费和安置补助费的标准。这个标准是1998年制订的。

2004年10月21日国务院出台了《国务院关于深化改革严格土地管理的决定》(国发〔2004〕28号)，开始完善征地补偿办法。提出“使被征地农民生活水平不因征地而降低”。如果被征地农民不能保持原有生活水平，而且土地补偿费和安置补助费的总和已经达到了法定上限，当地人民政府可以用国有土地有偿使用收入予以补贴。这就说明打破了30倍的上限。但这只是量的变化，并没有发生质的变化，其本质仍然是以被征地年产值为补偿基数的做法。决定还提出了省、自治区、直辖市人民政府要制订并公布各市县征地的统一年产值标准或区片综合地价。由此对产值倍数法做出了一定的改革。作为配套措施，2004年11月4日国土资源部发布了《关于完善征地补偿安置制度的指导意见》(国土资发〔2004〕238号)文件，对征地补偿标准的统一年产值法和征地区片综合地价法进行了规定。提出了制订统一年产值标准可考虑被征收耕地的类型、质量、农民对土地的投入、农产品价格、农用地等级等因素。有条件的地区，区片综合地价应考虑地类、产值、土地区位、农用地等级、人均耕地数量、土地供求关系、当地经济发展水平和城镇居民最低生活保障水平等因素。这说明，不再单纯考虑年产值，而要综合考虑各种因素。2005年7月23日，国土资源部又发布了《国土资源部关于开展制订征地统一年产值标准和征地区片综合地价工作的通知》(国土资发〔2005〕144号)，通知各地开始制订新的征地补偿标准。我国的征地补偿制度正在改革当中。究竟用什么样的方法比较科学合理,也正在摸索当中。

产值倍数法是计划经济的产物,与当前市场经济脱节。纵观我国征地制度的变迁历史,一直都是以被征地产值的若干倍为补偿标准的,虽然进行了若干次修订,只是修改了倍数的大小,并没有修改方法。这种方法最早出现在1953年12月5日发布的《中央人民政府政务院关于国家建设征用土地办法》中,该方法规定征地补偿标准一般土地以其最近3～5年产量的总值为标准。后来对倍数屡次进行修订,一直到1998年修订为6～10倍和不得超过30倍。虽然,从3～30倍增长了10倍,但是这种方法本身是在新中国成立之初,百废待兴,我国综合国力十分弱小,又迫切需要进行工业化建设的背景下提出的。因此该方法只是保证了被征地农民的最低生活水平,并不能奢望其能够体现被征地的价值和价格。这是我国工业化道路上,以农哺工的一种形式,也是工农剪刀差的一个部分。在计划经济时期,实施这种方法是情有可原的,但是发展到市场经济时期,还按照计划经济时期的办法,就产生了严重的问题。

因为一方面,城市土地及其他生产要素均已采取市场机制进行配置,并按市场价格进行交换,只有农业用地还实行计划经济条件下的补偿制度。另一方面,由于我国农村仍然有部分自给自足的性质,农民的粮食自己供给,因此在比较低的收入水平下仍可维持正常生活。但是如果农民不再种地,生活费用就会上涨,这用原来的产值是无法弥补的。还有,计划经济时期,国家征地后给予农民适当补偿,并安排被征地农民农转非,招工,享受国家负担的市民、工人的福利待遇,因而那时农民被征地后的长远生计可以保证。但市场经济,对农民来说,就业靠市场,地方政府的安置多是发放一次性的安置补助费,然后被征地农民自谋职业。由于农民自身条件有限,缺乏在市场上的竞争能力,失去土地后,很容易陷入失地又失业的困境,造成生活没有出路。即使收入保持原来水平,但是由于购房,日常消费以及失业等问题导致生活水平下降。

可以通过图7-1说明这个问题。比较1978—2014年我国城乡居民家庭人均收入,城乡居民收入差距这个剪刀差愈来愈大。另外2010年的城市居民平均生活消费支出为13 471.45元/人,最低收入户的消费支出为5 471.84元/人。农村居民的平均家庭人均纯收入为5 919元/人,按照这个收入,如果将收入全部用来消费,只能充当城市居民中最低收入户。农村居民最高收入户的家庭人均收入仅为14 049.69元/人,也只够城市平均水平的消费。而农村居民的平均消费支出为4 381.82元。因此如果把在农村挣的钱拿到城市来花,就像在中国挣钱拿到美国去花一样。

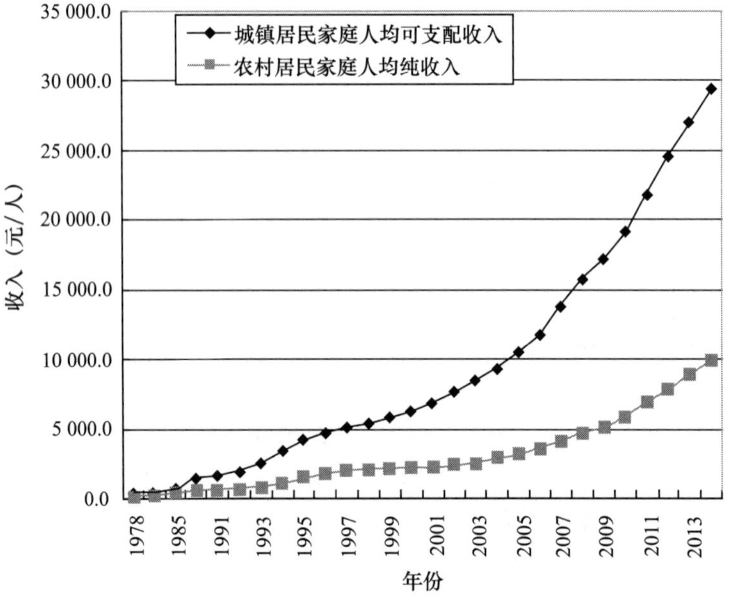

图 7-1 1978—2014 年的我国城乡居民家庭人均收入的比较

数据来源:《中国统计年鉴 2015》,国家统计局。

7.1.2 关于产值和倍数的问题

产值倍数法貌似收益还原法,但实际不是收益还原法。收益还原法是对某宗土地各未来预期收益的现值之和。

产值倍数法可用下列公式(7.1)表示。

$$V = k \cdot AR \tag{7.1}$$

式中:V 为征地补偿费;k 为倍数;AR 为年平均产值。

收益还原法可用下列公式(7.2)表示。

$$V_A = \frac{MRP_A}{r} \tag{7.2}$$

式中:V_A为土地价格;MRP_A为土地边际收益即地租;r 为还原利率。

首先,产值倍数法中的产值 AR 并不是收益还原法中的土地边际收益 MRP_A。AR 再乘以土地产出弹性 α,才是土地收益。土地的收益是产值的一部分。

其次,产值倍数法中的倍数 k 也不是收益还原法中的还原利率 r。而且倍数 k

的规定缺乏理论依据。一定几十年不变，具有主观性和强制性，具有浓厚的计划经济色彩。而 r 是根据经济情况经常变化的，是根据市场变化的。

因此，产值倍数法虽然在形式上和计算结果上（稍后将进行计算）接近于收益还原法，但是它不是严格的收益还原法，或者最多只能是对收益还原法的一种变换或者简化。

再看看两种方法的计算结果如何。对式(7.1)和(7.2)进行变换如下式(7.3)和(7.4)。

$$V=k\cdot AR=k\cdot AQ\cdot P \tag{7.3}$$

式中：AQ 为年平均产量；P 为价格。

$$V_A=\frac{MRP_A}{r}=\frac{MRQ_A\cdot P}{r}=\frac{\alpha\cdot AQ\cdot P}{r} \tag{7.4}$$

式中：MRQ_A 为土地边际物质产品；α 为土地产出弹性。

通过换算后发现，如果

$k=\frac{\alpha}{r}$，那么二者在数量上是相等的。

在本文中多数采用了 $\alpha=0.47$ 和 $r=2.25\%$，那么 $\frac{\alpha}{r}=20.8$，这还低于30倍上限。因此如果按照 $k=30$ 制定补偿标准，似乎高于实际的土地价格。

其他学者的研究也表明产值倍数法和收益还原法计算的价格非常相近。如吕萍(2007)在北京的一些样点调查中发现，产值倍数法确定的耕地补偿标准价格为7 200元/亩，园地补偿价格为14 400元/亩；收益还原法计算的耕地补偿价格为8 640元/亩，园地补偿价格为16 000元/亩。[①]丁成日(2007)的估算结果为收益还原法计算的产值倍数为10～16.7，也低于产值倍数法的30倍标准。

问题出在什么地方呢？如说 α 和 r 的取值是比较现实的，那么问题就出在 AR 了。即平均年产值。这个产值由2部分构成，一个是产量，另一个是价格。

首先我们看农产品价格。我国农产品市场发育不完善，农产品市场上政府行为比较多。工农产品价格存在“剪刀差”，因此农产品价格偏低，并不是真正的市场价格。剪刀差形成于新中国成立初期，农业对工业做出的贡献。这种剪刀差具有强制性和隐蔽性的特点，也是我国计划经济时期的一个特点。到了市场经济时期，

①吕萍，周滔．土地城市化与价格机制研究．北京：中国人民大学出版社，2008:46.

这种剪刀差并没有得到很好的解决。由图 7-2 可见，在实行市场经济的初期，由于粮价放开，导致一段时间的粮价上涨较快，甚至快于农业生产资料价格指数。但是在 1997 年以后，农产品生产价格指数都小于农业生产资料价格指数，剪刀差又出现了。因此 P 值的取值存在偏小的问题。

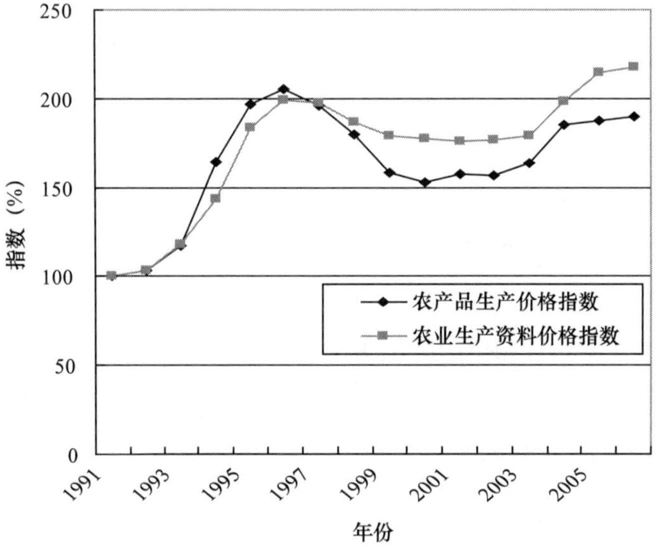

图 7-2　1991—2006 年我国农产品和农业生产资料价格指数的比较

数据来源：《2007 年中国农业发展报告》，农业部，中国农业信息网 http://www.agri.gov.cn。

其次，我们看农产品产量。《土地管理法》规定要按照被征地“原用途”给予补偿，且为“被征收前三年平均年产值”。就是说补偿费的多少要取决于原来在土地上耕种的是什么农产品。如果是收益少的农产品，土地价格就低，如果种的是收益高的农产品，土地价格就高。这样就产生了同地不同价的问题，同样相邻的地，如果种植的产品不同，价格就不同。因此有些人，如果预先得知征地的信息，就会抢种经济价值比较高的产品，这样可以获取比原来更高的补偿金。也出现了承包商临时承包荒地抢种作物，以骗取征地款的事情。在调查中有人告诉笔者，某地市郊的农民都发财了，因为他们都提前盖了房子，房子盖的质量很差成本也很低，但是征地的时候可以得到十几万的补偿款。还有某地的农民告诉笔者，这里原来是种粮食，但是最近这里的地要被征了，大家都改种果树了。针对这种现象政府纷纷出台措施，声称要“严厉打击抢种、抢建、抢养，骗取征地补偿款的事情发生”。实际上，这是现行的征地制度引发的奇怪的，也是必然的现象。这也可以说是被征地者的一种理性行为。但是这显然造成了不必要的浪费和低效率。其归根结底就在于土地按“原用途”进行补偿的政策。

土地按“原用途”补偿，没有表明土地的潜在价值，也不符合经济意义。因为在我国国情条件下，为了保证粮食安全，对于农产品的种类和种植面积是进行统一规划的。农业结构的调整也是统一进行的。在农业结构调整中，由于政府指导的盲目性和滞后性，使农民受损的事情也屡见不鲜。农民并不像完全市场假设中那样，对生产什么，生产多少没有完全的主动选择权自主权。因此也无法做出最优抉择，第四章中提到的最优收益决定论也就失效了。在这种情况下采用“原用途”就会损害农民利益。另外，由于农业生产的特殊性，农业产量一直不稳定。如果有自然灾害发生，就会导致大面积减产，但是如果风调雨顺，大获丰收，又由于“谷贱伤农”使农民受到损失。

7.1.3 关于土地资产增值的问题

土地作为资产具有保值增值的功能，这是经济学常识。但是现行的征地补偿标准，并没有考虑土地作为资产的功能。“原用途”的“过去三年平均产值的30倍”，就是假设，这个农地如果继续给农民用，产值30年不变，将这30年的收入一次性付清。既没有考虑技术进步的因素，也没有考虑通货膨胀的因素，更没有考虑经济增长的因素。这在过去的两千年是有可能的，漫长的农业社会，没有生产力的发展，技术进步缓慢，经济增长率低下。但是在现代社会经济迅猛加速发展的情况下，是不可能的。

现行补偿标准的按“原用途”计算方法并没有考虑未来收益。收益还原法或者收益资本化法是将预期的土地收益或者土地的未来收益资本化为现值。正如伊利所说，“为土地付出多少代价，是凭它将要生产的是什么、或可望生产的是什么来决定……”当土地的用途不变时，可以按照原用途计算，可是当土地用途发生变化时，原用途收益和未来收益就有很大差距了。这里有两个问题，一个是作为农地资产它在未来会保值增值。另一个是农地转变为非农用地，其收益会发生变化，而作为非农用地的土地资产也会发生增值。因此土地从“原用途”的价格到“未来用途”的增值价格有非常大的增值。这些增值在产值倍数法里根本得不到体现。

当然有人会认为，土地资产的增值具有不确定性，土地资产的买卖，如同股票的买卖一样具有风险性和投机性。实际上土地资产的增值包涵确定性增值和不确定性增值的问题。如日本那样战后土地价格一直猛涨，造就了土地价格不会下降的“土地神话”，结果由于投机行为的泛滥，和经济泡沫的过度膨胀，导致了一朝泡沫破灭，土地价格从高峰跌落，连续10多年持续下降，至今已经下降到与战后初期到顶峰时期一半左右的水平。这种不确定性增值或者是泡沫，是与土地投机行为有关，投机就具有风险，因此如果土地价格上升了，就会获得投机利益，如果土地价格下降了也应该承担相应的风险。

而由于经济社会发展导致的自然增值可以说是确定性的增值。尤其是土地用途转变后的土地收益的增值，更是确定性的增值。因此确定性增值部分可以依据经验估算出来。

7.1.4 关于土地增值收益的归属问题

土地的增值收益可以估算出来，但是其归属或者分配却难以确定。可以说现阶段在征地过程中出现的种种问题，归根到底就是分配问题。这又涉及到土地权属的归属等政治法律制度。因此经济学本身很难完全解决。

按照现行补偿方法，首先从其名称上来看，“征收”“补偿”“保证生活水平不降低”这样的用语，有着浓重的强制和赐予的色彩。国家在需要的时候强制征收土地，归为国家所有，并按照一定标准给予补偿，保证生活水平不降低。国家把地拿走了，而被征地者，最乐观的情况也只是保证生活水平不降低。农地非农化的巨额增值收益的瓜分中把农民排除在外，或者给予很小的一部分。政府进行开发后又将地卖给开发商，开发商进行开发后土地再进入市场，发挥用途。这个过程中绝大部分收益都被政府和开发商拿走了。如图7-3所示。

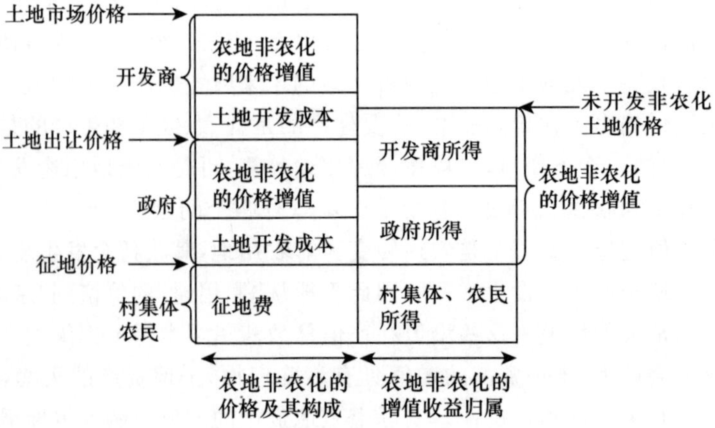

图7-3　土地增值收益归属示意图

图 7-3 的左半部分为包括了土地开发成本的土地增值收益的归属情况。右半部分为扣除了开发成本的土地增值收益归属情况。可见农地非农化的价格增值被政府和开发商瓜分了。

这样滋生了很多问题。

第一,农地非农化过程中土地增值收益外溢,农民利益受损。按照我国现行法规,农地非农化过程中农民只得到了农地的价格或者是低于农地价格的补偿价格。而农地的非农化过程中,随着农地变为非农用地,其用途发生变化,土地预期收益就已经变化了,土地价格就会增值。这是一种预期到的,或者说是确定的土地价格增值。这种增值应该归其所有人所有。否则所有人有权不出售土地。如增值的古董,其价格就不能是其原用途的基本价格,而是将增值的价格包涵其中,而且这个价格应该归其所有人所有。因此,将土地只按原用途,即按农业用途来确定征地价格,就是将农民排除在工业化之外,农民并没有因其土地由于非农化的增值而得到任何利益,这部分利益被政府和开发商强行占有了。

第二,土地市场寻租问题。根据寻租理论,可以认为组织或者个人在土地市场上获得"直接非生产性盈利"活动,称之为土地市场寻租。

首先,由于政府掌握着土地征收和出让的垄断权力,拥有制定政策和管理市场的权力,总是处于优势地位,有很大的获利空间,而这部分增加的利益是属于"非生产性"的,因此政府成为土地市场上最大的寻租者。这直接导致"土地财政"的形成。"土地财政"是指土地收入在财政收入中占绝大比重,导致政府依靠土地收入来维持开支。本来由于土地资产的增值作用,土地收入在财政收入中所占比重会越来越大,世界上很多发达国家也都依靠"土地财政"。但国外主要通过对存量土地征收物业税、房产税等方式创造财政收入,这样既体现了公平性,也保证了政府有相对稳定的财政收入。而我国主要是依靠增量土地创造财政收入,也就是依靠卖地的土地出让金来满足财政需求。据全国人大 2004 年《土地管理法》执法检查组的报告显示,"1992 年至 2003 年,全国土地出让金收入累计达 1 万多亿元,其中近三年累计达 9 100 多亿元,扣除成本后的纯收入约占 1/4。这些收入并未纳入本级财政预算,成为一些地方盲目扩大城市建设规模和建设政绩工程、形象工程的主要资金来源。"据统计,目前我国县市中土地出让金占预算外财政收入的比重已超过 60%,有些地区甚至高达 80%。这说明以土地批租为手段,通过农地征售之间巨大的价差获得的土地出让金,已成为地方政府的"第二财政"。[①]房地产商,从政

①崔艺红."土地财政"的法律终结.中国物价,2008(6):36.

府手中低价拿地，再高价开发，又瓜分了一笔。

其次是个人寻租，就是腐败问题。政府拿走农地非农化的收益，是因为政府代表着国家行使权力。因为土地变成国有了，所以收益理所当然归国家。这是“涨价归公”理论。但是代表政府行驶权力的一部分官员，在利益的驱动下，往往以权谋私，中饱私囊。从国土资源部高官到地方政府的国土局，以及政府相关部门，都有官员因腐败问题被查处和判刑。出现这种现象是因为他们手中的权力过大，在行使权力时缺乏必要的监督制约机制，土地管理过程中就容易滋生灰色交易。而且相关的制度规定又不够严密，使得一些不法分子有机可乘。在 2004 年土地市场治理整顿中，共立案查处土地违法案件 85 078 件，审结案件 83 806 件，罚没款 19.12 亿元，收回土地面积 6 352.56 hm^2。有 977 人受党纪政纪处分，65 人被追究刑事责任。①

下面是土地市场上个人寻租的典型案例。

2008 年 10 月 22 日，南京市检察院传出消息，苏州市原副市长姜人杰因犯挪用公款罪、受贿罪被南京市中级人民法院一审判处死刑。据检察院公开的材料显示，姜人杰案中多笔受贿款都是在征批土地和转变土地用途过程中收取的。有媒体指出，新中国成立以来被查处的受贿官员中，姜人杰以 8 250 万元的单笔受贿金额创下“最新纪录”。姜人杰 2001 年开始担任苏州市副市长，分管城建交通、房产开发等 13 个领域，同时兼任苏州城市建设投资发展有限公司董事长和苏州市高速公路建设指挥部总指挥。经南京市中级人民法院审理查明 2001 年至 2004 年间，姜人杰利用职务便利，先后收受四家房产公司和一家科技公司贿赂款，共计人民币 1.086 7 亿元、港币 5 万元、美元 4 000 元。其中，因帮助开发商在违规用地上获益，姜多次收受苏州市华业百福房地产公司总经理陈某所送的人民币 2 000 余万元。而另一笔高达 8 250 万元人民币受贿金额，也是在土地置换和转让的过程中获取。仅此两笔的受贿总金额即高达 1.04 亿元人民币。单笔受贿金额 8 250 万元，让这位副厅级的地方官员一下子成了全国“第一贪”。②

第三，引发了社会不安定因素。征地导致的失地农民数量非常庞大。因为不满征地补偿，引发了多次集体上访事件。据建设部统计，2002 年 1～8 月份，建设部受理来信 4 820 件次，其中涉及征地拆迁问题的占 28%。在集体上访的 123 批

①2004 年中国国土资源公报. 国土资源部.

②王维博. 姜人杰案背后的土地寻租. 中国新闻周刊，2008-11-10：46.

次中，征地拆迁问题占83.7%。据国家信访局统计，截至2003年8月底，国家信访局接到关于拆迁纠纷的投诉信件共11 641封，比去年同期上升50%，上访人数5 360次，上升47%。虽然缺乏全国范围的地方各级因征地拆迁问题上访的详细统数据，但根据中央政府层面的资料推算将会是一个不小的数字。①除了上访之外，在调查中发现，农民与开发商和政府发生武力冲突的现象也比比皆是。例如在某村发现由于村民和开发商在土地权属问题上发生了争执，村民强行拆除围墙，与开发商发生武力冲突的事件。还有，政府动用武警力量，强行让农民拆迁事件。这些都不利于创造稳定和谐的环境。在现行征地制度下，农民没有什么主动权，他们在缺失平等话语权的情况下只好通过上访，甚至用武力等方法表达自己的意愿。数以千万计的失地农民，使原本剩余的农村劳动力又增加了。这些人的就业和生活问题，是我国很大的社会问题。

第四，造成资源浪费问题。政府为了既得利益，大面积征地，圈地，开发。但是由于资金不足或者为了囤积的目的造成大量的闲置土地。始于21世纪伊始的“圈地热”，以迅猛的形势发展，到2002年的时候，就已经引发了诸多问题。据2002年对12个城市的调查，城市建成区内空闲地占建成区面积的17%以上。②针对此情况，国土资源部从2003年开始，对土地市场进行大力治理整顿，并出台了一系列政策措施，抑制土地的过度开发。这被称作“最严格的上地政策”或者“土地的宏观调控政策”。据国土资源部统计，经过近两年的清理整顿，到2004年底，6 866个各类开发区已核减了4 813个，占原有开发区总数的70.1%；规划面积压缩了2.49万km^2，占原有规划用地面积的64.5%。已退出开发区土地2 617 km^2，复耕1 324 km^2，收回闲置土地116.5 km^2。③公开查处了铁本案等土地违法大案。一些地方竞相盲目设立各类开发区、大量乱征滥占土地的势头得到遏制。但是全国存量用地调查结果表明，到2004年年底，全国城镇规划范围内共有闲置土地107.93万亩，空闲土地82.24万亩，批而未供土地203.44万亩，三类土地总量为395.61万亩，相当于现有城镇建设用地总量的7.8%。④说明仍然有很大一部分土地闲置。在调查中也发现了很多闲置土地的案例。如第六章中的C村就有一部分土地被征后闲置。图7-4是京郊某地工业开发区中的闲置土地。该地占地400亩，只有一家守护人居

①杨蓉.城郊被征地拆迁农民集体上访事件的社会学分析.南京师范大学硕士学位论文，2007：2.

②郭志仪，隆宗佐.论我国房地产价格快速上涨过程中的新一轮“圈地热”.社会科学家，2008(2)：60.

③2004年中国国土资源公报.国土资源部.

④2005年中国国土资源公报.国土资源部.

住，图右边就是他们家晾晒的被子，据说已经闲置5年(图7-4)。

图7-4 闲置土地

由于去年开始的经济萧条，更产生了很多闲置土地和半截工程。这都是由于当初盲目开发投资造成的。

这种“圈地热”造成的土地资源的浪费并不是偶然的现象。20世纪80年代以来我国已经经历了三次的“圈地热”，即80年代中后期，90年代中期和这一轮。我们发现，这在时间上，与我国的宏观经济波动周期密切相关。都是在每个经济周期的上升阶段。因此圈地开发和经济增长也是相互促进的。可以肯定地说2004年以来的房价飞涨与之前的“圈地运动”是直接相连的。目前房地产业的萧条与之前的房价飞涨和过度开发导致资源闲置也是密不可分的。

因此，不顾经济中的实际需求能力和水平，不顾目前的经济发展水平，过度盲目地开发土地资源，使农用地变为非农用地，造成了本就稀少的土地资源的极大浪费，造成了低效率。

7.1.5 关于征地补偿费的归属问题

征地补偿费是不是像图7-3所示那样，全部归属农民了呢？实际上并不是。征地补偿费到农民手里，还要经历许多波折。这种波折主要来自两个方面。一个是各级政府，一个是村集体。有关资料表明，在土地用途转变增值收益的分配中，政府大约得60%～70%，村集体经济组织大约得25%～30%，农民只得到5%～10%。①

首先，各级政府，对征地补偿款的层层截留，到农民手里就所剩无几了。国家审计署2007年的一项调查表明，在湖北、湖南、四川、云南等14省(区)的21个项目中，应支付给农民征地补偿费51.7亿元，其中16.39亿元被当地政府及征地拆迁部门截留挪用、长期拖欠或扣减。如武汉绕城高速公路东北段工程征地1.03万亩，其补偿标准应为每亩1.89万元，但实际仅按每亩4 800元补偿给农民，共少补偿了1.45亿元。四川省大竹县至邻水县邱家河和广安至南充两个高速公路项目的征地补偿款，被当地政府及其所属部门挪用1.95亿元，占补偿款的46%，主要用于市政工程、开发区建设和政府部门经费支出等。湖南省湘潭至邵阳等3条高速公路的征地拆迁部门在征地拆迁费中列支工作经费1.6亿元，比省政府规定的工作经费标准高出12.3倍，从中挤占1.48亿元，用于购买汽车、发放补贴、奖金等。云南省元江至磨黑高速公路到2005年底已通车两年，但仍有2 500多万元征地补偿费未付给失地农民。②这并不是偶然现象，而是普遍存在的。有数据表明，“广东省大多数乡(镇)政府截留比例为15%～20%；在福建省，一般乡(镇)政府截留10%～20%，经济困难的乡(镇)政府截留30%～50%，也有个别经济效益好的乡(镇)政府不截留。而一些征地中介又收3%。”③这种截留缺乏法律依据，是地方政府的违法行为。

其次，是村集体内的分配问题。《中华人民共和国土地管理法实施条例》第二十六条规定，“土地补偿费归农村集体经济组织所有；安置补助费归安置单位所有；地上附着物及青苗补偿费归其所有者所有。”据浙江省农调队的调查，1998年到2002年各类征地平均支付给村里及农户的土地补偿费分别为12 612元/亩和7 958元/亩，后者仅为前者的65.4%。④针对此类问题，2004年的《国务院关于深化改革严格土地管理的决定》规定：“按照土地补偿费主要用于被征地农户的原则，土地补偿费应在农村集体经济组织内部合理分配。具体分配办法由省级人民政府制定。土地被全部征收，同时农村集体经济组织撤销建制的，土地补偿费应全部用于被征地农民生产生活安置。”根据这个规定，农业部2005年1月24日发出《关于加强农村集体经济组织征地补偿费监督管理指导工作的意见》(农经发[2005]

①陈元. 中国农村城镇化问题研究. 北京：中国财政经济出版社，2004：131.

②中华人民共和国审计署审计结果公告2007年第2号(总第200号)：“34个高等级公路项目建设管理及投资效益情况的审计结果”.

③江帆. 农村征地补偿费分配管理中存在的问题及法律对策. 农村经济，2006(8)：27.

④洪玉，等. 高度关注“失土农民”的切身利益——对浙江省“失土农民”的调查. 农业经济导刊，2003(5).

1号），提出，“积极参与制定土地补偿费在农村集体经济组织内部的分配办法，确保土地补偿费主要用于被征地农民上。2005年以后新增土地补偿费的分配比例省级人民政府已有明确规定的按照规定执行；没有明确分配比例的，要按照国务院规定抓紧明确。土地补偿费应主要用于被征土地的农民生产生活需要，留归被征地农民部分的土地补偿费归农民个人所有，要充分尊重被征地农民的意愿，不得强迫农民参加商业保险；留归农村集体经济组织的土地补偿费属农民集体资产，应当用于发展生产、增加积累、集体福利、公益事业等方面，不得用于发放干部报酬、支付招待费用等非生产性开支。地上附着物及青苗补偿费归地上附着物及青苗的所有者所有。安置补助费必须专款专用，不得挪作他用。2004年以前的土地补偿费，有分配的，仍归农村集体经济组织管理使用。”

可见我国法律法规，在土地补偿费的村集体内部的分配问题上，也有所松动，开始倾向于分配给农民。土地补偿费由全部归村集体，变为按照一定比例在村集体和农民之间分配。但是有关立法对这一比例又未做出具体规定，各地的基层组织往往有较大的自由决定权。有些地方采取完全发放，有些地方则是采取部分留存；在留存的比例上，有的地方竟高达34.6%。有的地方则较少。另外发放时间不确定，有的是一次性发放，有些地方则是分若干年发放。①可见在现行法律框架下，仍然要留一部分归村集体。尽管2003年3月1日开始实施的《农村土地承包法》规定，“通过家庭承包取得的土地承包经营权可以依法采取转包、出租、互换、转让或者其他方式流转。”使农村土地承包经营流转得到法律的肯定和保护。还规定，“承包地被依法征用、占用的，有权依法获得相应的补偿。”2007年10月1日起实施的《物权法》第一次将土地承包经营权明确界定为物权，并且规定：“征收集体所有的土地，应当支付土地补偿费、安置补助费、地上附着物补偿费等费用，并足额安排被征地农民的社会保障费用，维护被征地农民的合法权益，保障被征地农民的生活。”但是，都没有对这个问题有更进一步的明确。

《土地管理法》第八条规定，“农村和城市郊区的土地……属于农民集体所有。”第十条规定，“农民集体所有的土地依法属于村农民集体所有的，由村集体经济组织或者村民委员会经营、管理；……”因此村民委员会留存部分征地款是合法的。法律对农村集体这个主体并没有明确规定。实际上，村委会只是代表农民集体行驶经营管理的业务。相当于代表或者发言人。而真正的权力主体应该是农民集体，也就是所有的农民。集体土地所有权就是农民集体的土地所有权。如果这样

①江帆.农村征地补偿费分配管理中存在的问题及法律对策.农村经济，2006(8)：28.

考虑的话，征地补偿费中绝大部分应该分配给农民，集体只留一小部分作为土地经营管理的成本。

7.1.6 关于土地市场问题

目前我国存在两级土地市场。土地一级市场是指国家通过指定的政府部门将城镇国有土地或将农村集体土地征为国有土地后出让给土地开发商。出让的土地，可以是未经开发的“生地”，也可以是经过开发的“熟地”。这是由国家垄断的市场。土地二级市场，即开发商对土地进行开发后，将达到规定可以转让的土地，进入流通领域进行交易的市场。如图 7-5 所示。

村集体 —征地→ 政府 —一级市场→ 土地开发商 —二级市场→ 土地使用者

图 7-5 我国土地市场级别示意图

由前面的分析说明，在现有的制度下，征地过程中产生了种种问题。主要是由于政府垄断了土地的一级市场导致的。

与这种的垄断式农地征收模式相对应，全国多个地方已经悄悄兴起了另一种农地非农化模式。即集体土地流转模式或者叫“农地入市”。“农地入市”，是土地的集体所有性质不变的情况下，以土地转让、出租、入股等方式直接将农业用地转变为非农用地。这是一种自下而上的具有自愿性质的农地非农化模式。这种模式可以通过图 7-6 表示。

农民集体 —转让、出租、入股、置换土地→ 开发商

农民集体 ←偿费、租金、股息等— 开发商

图 7-6 “农地入市”模式

此时，土地的增值收益不再归政府，企业也不再被一系列繁杂的手续所困扰。这种模式看起来更像是一个市场模式。有关资料显示：在我国沿海地区，特别是长三角、珠三角等经济相对发达的地区，集体土地的私自流转已经非常普遍。尤其是珠三角地区，通过自发方式使用的农村集体建设用地量，实际上已经超过了集体建设用地总量的 50%以上。①

①方晟，何柳. 试论非农建设用地上市对土地一级市场影响. 法制与社会，2007(6)：785.

2005年6月23日，广东省政府颁布了《广东省集体建设用地使用权流转管理办法》(第100号政府令)，规定："集体建设用地使用权作价入股，与他人合作、联营等形式合办企业，视同集体建设用地使用权转让。"这被称为"第四次土地革命"。农地流转模式由暗潮涌动初次露出水面，并引起了广泛关注。2008年10月19日，十七届三中全会通过的《中央推进农村改革发展若干重大问题决定》中提出，"在土地利用规划确定的城镇建设用地范围外，经批准占用农村集体土地建设非公益性项目，允许农民依法通过多种方式参与开发经营并保障农民合法权益。"此规定的出台，引发了诸多解释和热烈讨论。这是否预示着"农地入市"即将从非法变为合法呢。

"农地入市"就是将政府排除在农地非农化市场之外，下面用图7-7分析有政府参与和无政府参与的农地非农化市场均衡情况。

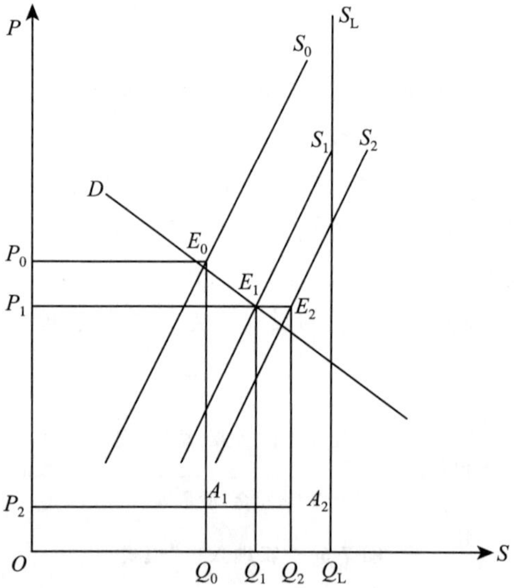

图7-7 有无政府参与的农地非农化市场

假设D为土地市场需求曲线。S_L为土地市场的长期供给曲线，取决于社会土地存量，或者叫做潜在的最大土地供给量。在农地非农化市场上，可以认为S_L是保证粮食安全的最低底线，比如是18亿亩红线。如果农地非农化是纯市场模型，此时的农地供给为S_0，由于土地的稀缺特性，土地供给曲线缺乏弹性。均衡价格为P_0，均衡数量为Q_0，均衡点为E_0。当政府参与农地非农化市场，通常政府会通过土地储备等手段增加土地供给，假设供给曲线增加到S_1，那么新的均衡价格为

P_1,均衡数量为 Q_1,均衡点为 E_1。而此时的征地价格为 P_2,则农民的土地补偿费为 $OP_2A_1Q_1$,政府收益为 $OP_1E_1Q_1$,和纯市场相比,开发商的消费者剩余增加 $P_0P_1E_1E_0$。这就是土地增值收益在农民政府和开发商三个主体之间的分配。此时社会总体效益会增加,但是增加的绝大部分属于政府和开发商所有。而且非农化的土地增加,渐渐逼近长期供给曲线。再假设,由于盲目圈地,导致土地闲置,即供给曲线移动到 S_2,但是由于限制价格,价格不能下降,Q_1Q_2 部分土地就会闲置。这样更加逼近长期供给曲线,但是还使一部分土地闲置,极大浪费了资源。

在无政府参与的农地非农化市场中,供给曲线恢复到 S_0,由 P_0 决定的均衡价格就是非农化土地的市场价格。此时土地的供给者——农民的收益是 $OP_0E_0Q_0$。收益比政府参与时增加($OP_0E_0Q_0$-$OP_2A_1Q_1$)。而政府的收益变为零。开发商的收益也会减少 $P_0P_1E_1E_0$。但此时非农化土地数量会减少到 Q_0。与土地长期供给曲线的距离拉大,会有更多的发展空间。

从这个分析中可以看到,"农地入市"的难点。因为农地入市会使政府和开发商的收益显著减少。而他们都是强势集团,具有政策制定和资本优势。因此能够增加失地农民收入和节省土地资源的"农地入市"执行起来将会困难重重。但是"评判人物、事物、政策、制度、理论等等,最基本的标准,只能是一个,就是视其是否为最大多数人的最大经济利益、物质利益服务。"①并且在我国建设社会主义市场经济,制度要向市场化转变,"农地入市"是必然的也是必需的。是现阶段我国农地非农化不二的制度选择。

但需要明确的是,"农地入市"当然不是也不能完全把政府排除在外。国家按照统一规划,控制土地利用,是坚定不移的。国家应该对农地的非农化过程予以监督和管理,但是国家绝不应该垄断土地市场,参与土地买卖,更不应该从中牟取暴利。国家还应对纯粹的以公共利益为目的的建设用地,依法进行征收,并且其补偿费用应按照市场价格支付。

7.2 政策建议

7.2.1 改革现行征地补偿标准,确定合理的农地非农化价格

所谓征地是强制执行的,所谓补偿是保证生活水平不降低。因此征地补偿脱离了市场经济。农地非农化,不应按照征地补偿标准进行,应通过确定合理的农地非农

①程淑兰.中国农村发展:理论和实践.北京:中国人民大学出版社,1999:260.

化价格来市场化运作。故不应叫做“补偿标准”,而应该叫做“农地非农化价格”。

7.2.1.1 改革土地按“原用途”补偿,实行土地按“最优收益”确定收益

土地按“原用途”补偿,不能真实表现土地的实际生产能力和潜在的价值。而按照“最优收益”确定土地的收益,能够很好地表现土地的潜在价值和预期收益。因此按照收益还原法计算土地价格时,应该以能够获得“最优收益”的农产品作为计算标准。

7.2.1.2 完善农产品市场建设,缩小和消除“工农产品价格剪刀差”

“工农产品价格剪刀差”是个历史问题,也是现实问题。要缩小工农差距,促进城乡协调发展,必须继续解决“工农产品价格剪刀差”的问题。消除了这个剪刀差,农产品价格能够按照其“真实价格”进行交易,农产品的收益也成为“真实收益”。这样在计算土地价格时,也能够计算出“真实的价格”。

7.2.1.3 计算农地非农化价格时要考虑到质量和区位因素

农业用地一般考虑到质量因素,非农用地一般考虑到区位因素。一块农地变为非农用地,多数是由于其区位适合,或者是处于城市郊区,被划为城市规划范围;或者是由于距离开发区较近;或者是由于距离原料产地或者市场距离近等等原因,基本都属于区位因素。农地变为非农用地时损失的是其作为农用地的收益,这个收益与农地质量密切相关。因此农地非农化的价格既要考虑农地质量因素,又要考虑变为非农用地后的区位因素。

7.2.1.4 计算农地非农化价格时应考虑“土地资产增值”的收益

土地除了带来产出收益外另一个重要功能就是其具有保值增值的资产功能。作为非农化的农地,其资产增值包括两方面。一是作为农地资产的保值增值功能,二是转变为非农用地后的保值增值功能。在计算农地非农化价格时,应该预测其未来资产增值收益。

7.2.2 改革现行征地补偿费的分配方法,确定合理的农地非农化增值的分配机制

政府应当退出土地增值收益的分配。无论是公共利益为目的的农地非农化,还是非公共利益的农地非农化,政府都不应当再从中分配利益。政府应该对土地进行规划和控制,监督和管理,并依法取得税收。但是不应当分配农地非农化的增值收益。

农地非农化发生的收益应该全额支付给村集体和农民。因为非农化农地的所有权是村集体的,因此其非农化收益也应当归村集体和农民所有。而村集体和农

民之间的分配,应当将绝大部分分配给失地农民,少部分作为土地经营管理成本分配给村集体。

开发商应该享有一部分农地非农化的增值收益。即开发商由于开发土地和承担风险而得到一部分收益。

7.2.3 建立和完善农地非农化市场

《土地管理法》规定,国家为了“公共利益”的需要,可以依法对集体所有的土地实行征收或者征用并给予补偿。如今在工业化和城市化进程中大量快速的农地非农化并不全是“公共利益”的需要,绝大多数都是“非公共利益”的。(由于篇幅所限,关于“公共利益”和“非公共利益”界定问题在此不再阐述。)

对于公共利益目的的农地非农化,应由政府征收和开发。其征地补偿费用应该按照如前确定的办法制定和支付。

对于非公共利益目的的农地非农化,采用“农地入市”模式。在农村土地集体所有性质不变的情况下,通过转让、出租、入股的方式直接转为非农用地。但是农地入市不是放任自由的土地市场,是由政府对土地利用和转用进行统一规划和宏观调控的严格控制的市场。

7.3 合理确定农地非农化价格的重要意义

7.3.1 有利于维护农民的土地权益

土地是农民最基本的生产资料和生活资料。土地与农民有着密切的关系。土地权益是农民最基本的权益。

现行的征地补偿制度,已经极大地损害了农民的土地权益。在补偿标准方面采用计划体制遗留下来的产值倍数法,价格低廉。在方式方法上以公共利益的名义强行征占农民的土地。在收益分配上,层层截留扣缴农民的补偿安置费用,又有许多不法分子中饱私囊。而在农民的就业安置上却采用市场经济的放任方法。

保障农民的权益,最基本的就是保障农民的土地权益。改革现行的征地补偿制度,确定合理的农地非农化价格,使失地农民得到公平的市场化的交换价格,能够体现和维护农民的土地权益。

7.3.2 有利于集约利用土地,更好地保护耕地

保护耕地,坚守18亿亩耕地红线,是我国在城市化工业化对土地的需求与保

证粮食安全之间划定的一个底线。粮食安全是我国一个重要的战略目标、战略方针:就是要立足我们自身,来解决我们的吃饭问题、粮食安全问题。因为我国是粮食的消费和生产大国。耕地资源是粮食安全的生命线,是维护国家社会经济安全稳定发展的基础资源,对我们这个世界上人口最多的国家来说,其重要性不容置疑。因此保护耕地,坚守18亿亩耕地红线,才能够实现粮食安全,否则粮食安全就会受到威胁,就会影响我国社会经济稳定发展的大局。

工业化城市化的发展是社会经济发展的必然,土地资源会不断从农业向非农业转变。农业和非农产业对土地的争夺是一对矛盾,而由于在单位土地上的产出,农业总是低于非农产业,土地的争夺中农业总是处于弱势地位。因此一方面必须严加干预,实行最严格的土地政策。另一方面,对现有的土地要集约利用,提高土地利用效率,减少土地资源的浪费。

确定合理的农地非农化价格,减少土地资源的浪费,能够节约集约利用土地,从而更好地保护耕地。

7.3.3 有利于打破二元结构,促进城乡协调发展

我国是发展中国家,存在二元经济结构。新中国成立以来,为了支持我国的工业化发展,采取了农业支持工业的发展战略,这是在一穷二白的社会主义新中国,列强虎视眈眈的国际环境下,迫切需要加强综合国力,不得不采取的必要措施。经过近60年的发展,尤其是改革开放以后,我国已经发生了翻天覆地的变化,综合国力大大加强。但是我国城乡差别和工农差别并没有显著改善。工农差别的三个剪刀差:农产品对工业的低价贡献、农业劳动力对工业的低价贡献、农业土地对工业的低价贡献并没有得到根本改变。社会主义市场经济要求公平竞争的市场环境。这种差别的存在,显然违背了公平假设,也是对占中国多数的最广大的农民而言是非常不利的。

城乡差别、工农差别主要在于农民收入低。在图7-1中,城乡居民人均收入差别逐年加大。城乡收入差别缩小了,那么问题基本就解决了。改革征地制度,合理确定农地非农化价格,将农地非农化的收入归属农民,农民的收入就会提高,农民很快就会富起来,城乡差别,工农差别就会缩小。

7.3.4 有利于实现城市化和工业化

经济发展同工业化高度相关。城市化又是工业化带来的产物。随着工业化的加快,越来越多的资金、劳动力、土地等要素向工业集中。城市作为这些要素的载

体和交换场所，也得到越来越快的发展。我国城市化战略提出由来已久，但是实现起来困难重重。其主要瓶颈就是农民太多。当前我国为了加快城市化进程，而盲目扩建城市，使城市郊区划归城市，征收郊区农民土地，以“农转居”（农村户口转城市居民户口）等形式安置失地农民的现象很普遍。但是在农地非农化过程中，如果不按合理的农地非农化的价格交易，农民只是得到很少的征地费，就会沦为种田无地、就业无岗、低保无份的“三无游民”，成为生活在城市和农村边缘的“边缘人口”，也出现了数量不菲的“城中村”。城市化不是简单的“农转居”，而应该让原来农村居民拥有融入城市的“资本”。

借鉴我国台湾土地改革的经验，1949 年后，国民党政府迁台，重新规划土地使用，大力推动三七五减租、公地放领、耕者有其田等改革措施，调整土地所有权的分配。“三七五减租”是指，将耕地租率从原来的 50%降低至 37.5%，规定租期不得少于 6 年，经过“三七五减租”后，地主从土地取得的收益大为减少，地价相对下降。“公地放领”是指，国民党政府将由日本人手上没收的土地卖给农民，分期偿付，以扶植自耕农的成长。“耕者有其田”是指，规定地主只能保留三甲地，其余由政府征收。目的在使佃农变成自耕农，藉以增加生产量，提高农户收益，同时移转地主资金，发展工业建设。收购地价是以 1947—1949 年产物平均收成量 2.5 倍计算，其中七成由政府发给土地债券，年息 4%，分十年偿还。另外三成是以水泥、造纸、农林、工矿“四大公司”的股票支付，将这四大公营事业转为民营。既减轻了政府的财政负担，又提供了地主投资企业的诱因，成为台湾民营工业发展的关键。这不但开启了台湾公营企业民营化的先河，使民营产业开始拥有技术和实力较为雄厚的最早一批骨干企业，而且使相当一部分封建地主成为工业资本家。因为不少地主土地被征收以后，把所获得的补偿投资在工业生产，成为台湾日后经济起飞的主要力量。另一方面，农民分到土地后，土地成为农民的重要财产，享受到了工业化发展时期地价上涨的增值收益。20 世纪 60 年代始，在台湾经济蓬勃发展的背景下，台湾农民离开土地，在城镇工业部门就业的规模明显扩大。对于那些出售耕地转业的农民，当局协助其以卖地资金从事创业投资。农民持续快速流向非农业部门就业，从而导致农业在就业结构中的比重大幅下降。促进了工业化和城市化的发展。

如果合理确定农地非农化价格，并把农地非农化的大部分收益归属农民，那么就会在农村创造出一部分“先富起来”的人，这也有利于农业劳动力的转移。事实上，农业劳动力的转移有两个途径：城市的吸纳和农民进城发展二、三产业。但是我国目前只有第一种途径，农民工成为城市最底层的劳动者，干着又脏又累的活，很多权利又得不到保障。如果农民有了“资本”就可以通过第二种途径进城，将土地收入投资在二、三产业上。就会促进城市化和工业化的发展。

7.3.5 有利于实现农业现代化、建设社会主义新农村

现行征地制度的最大弊端就是“我卖你的地我可以赚钱”。不解决中国的征地问题，无论是对于农业生产能力的保护还是对农民的利益保护都存在非常大的隐患。[①]

土地，作为农业的重要生产要素，在农业现代化和新农村建设中具有非常重要的地位。在现有的农地非农化制度下，农地快速大量向非农产业转移，并不是工业化城市化的正常现象。是在扭曲的市场条件下发生的，极大地浪费了宝贵的农地资源，并且引发了诸多社会问题。因此农地非农化的合理定价能够使农地向非农用地的转移变为理性转移。转移的数量根据城市化工业化的具体需要而定，从而节约农地资源。

农产品市场和农产品要素市场的市场化程度低是当前农业与农村发展中的一个问题。农地非农化的合理定价能够建立合理有序的土地市场，从而促进农业生产要素市场的建立和完善，也会促进农产品市场的建立和完善，使农业的产品和要素的流动落实到良性循环的市场化轨道上。

农业剩余劳动力的转移和农民收入低是当前影响农业现代化进程的主要制约因素。农地非农化的合理定价能够提高失地农民的收入，使他们以崭新的姿态和身份融入到城市和二、三产业。

征地过程中引发的社会矛盾以及无地无业的失地农民是目前农村社会稳定的一个重大隐患。农地非农化的合理定价可以改变失地农民的生活状态，缓解社会矛盾，有利于农村和谐社会的建设。

农业人口众多是影响农业现代化和新农村建设的又一个因素。合理确定农地非农化价格，可以使农业人口转移到城市和二、三产业中，大大提高农村的农业资源和农村公共设施的人均拥有量，有利于新农村建设。

农地非农化的价格确定是当前农业与农村经济甚至整个国民经济当中不可忽视的重大问题。因此中央一再强调并多次出台了有力的政策措施。但是农地非农化价格的确定又是一项极其复杂、难度极大的工作，既涉及到理论创新，又涉及到实际操作的可能性；既涉及到农业用地的价格基础，又涉及到非农化土地

---

①陈锡文. 中国农村的五大问题. 温铁军. 新农村建设理论探索. 北京：北京出版社，2006：3.

的价格增值问题。而征地制度的改革及利益的重新分配也不是一蹴而就的，需要一个缓慢的协调过程。但只有正确定价，才能缩小城乡差别和工农差别，才能实现农业现代化和新农村建设的任务，才能实现我国工业化和城市化的伟大事业。

参考文献

[1] 北京市委农村工作委员会.北京郊区现代化发展论坛论文选编.北京,2004.

[2] 北京市委农村工作委员会.北京郊区现代化发展论坛论文选编.北京,2005.

[3] 北京市国土资源局.北京市建设征地补偿安置办法培训材料(文件汇编).北京,2004.

[4] 北京市国土资源局.北京市农用地分等定级与估价技术方案,2006.

[5] 国家质量监督检验检疫总局.城镇土地分等定级规程(GB/T 18507—2001),2001.

[6] 城镇土地估价规程(GB/T 18508—2001),国家质量监督检验检疫总局,2001。

[7] 中华人民共和国国土资源部.农用地定级规程 TD/T 1005—2003.北京:中国标准出版社,2003.

[8] 中华人民共和国国土资源部.农用地分等规程 TD/T 1004—2003.北京:中国标准出版社,2003.

[9] 中华人民共和国国土资源部.农用地估价规程 TD/T 1006—2003.北京:中国标准出版社,2003.

[10] 新中国55年统计资料汇编1949—2004.北京:中国统计出版社,2005.

[11] 埃德加·M.胡佛.区域经济学导论.王翼龙译.北京:商务印书馆,1990.

[12] 白暴力,王胜利.全面理解马克思劳动价值理论.当代经济研究,2007(02):1-7.

[13] 北京市大兴区发展和改革委员会.http://dxfg.bjdx.gov.cn/web/fgw/xmk/xmkej/48675.htm

[14] 毕宝德.土地经济学.5版.北京:中国人民大学出版社,2006.

[15] 曹振良,傅十和.房地产泡沫及其防范.中国房地产,2000(02):7-11.

[16] 曾令秋,杜伟,黄善明.对土地价格"剪刀差"现象的经济学思考.中国农村经济,2006(04):37-55.

[17] 车裕斌,张安禄.中国农地产权的利益集团及其形成.农业经济问题,2004(02):22-25.

[18] 陈波翀，郝守义. 征地补充标准的经济学分析. 中国农村观察，2004(06)：34-39.
[19] 陈伯仁. 商品定义之我见. 锦州师范学院学报(哲学社会科学版)，1998(03)：49.
[20] 陈利根，陈会广. 土地征用制度改革与创新：一个经济学分析框架. 农业经济导刊，2004(05)：50-56.
[21] 陈锡文. 中国农村的五大问题. 温铁军主编. 新农村建设理论探索. 北京：北京出版社，2006：3-10.
[22] 陈映芳，等. 征地与郊区农村的城市化——上海市的调查. 上海：文汇出版社，2003.
[23] 陈元. 中国农村城镇化问题研究. 北京：中国财政经济出版社，2004.
[24] 程淑兰. 中国农村发展：理论和实践. 北京：中国人民大学出版社，1999.
[25] 崔艺红. "土地财政"的法律终结. 中国物价，2008(06)：36.
[26] 大兴统计信息网 http://tjzb-dx.bjes.gov.cn/sjzx/gzjj/6751.htm.
[27] 道格拉斯·C. 诺思. 经济史中的结构与变迁. 上海：上海三联书店，2003.
[28] 丁栋红，马淑俊. 影子价格与影子地价法. 南京大学学报(哲学、人文、社会科学)，1996(03)：153-160.
[29] 丁爽. 农家乐：我的致富经. 中国农村科技，2007(05).
[30] 杜尔阁. 关于财富的形成和分配的考察. 北京：商务印书馆，1961.
[31] 杜丽娟，等. 密云县农用地分等初步研究(北京市农用地分等定级与估价项目). 中国水土保持科学，2007(06)：59-63.
[32] 段文技. 国外土地征用制度比较和借鉴. 世界农业，2001(11)：18-19.
[33] 方晟，何柳. 试论非农建设用地上市对土地一级市场影响. 法制与社会，2007(06)：785.
[34] 房龙. 美国的故事. 北京：社会科学文献出版社，1999.
[35] 冯友健，于蕾. 城市新区土地征用补偿价格确定方法研究. 浙江大学学报(理学版)，2007(07)：357-360.
[36] 弗·冯·维塞尔. 自然价值. 北京：商务印书馆，1982.
[37] 高汉. 集体产权制度下的农地征用. 复旦大学博士学位论文，2005.
[38] 高映轸. 谈经济学中的土地二元论. 中国房地产，1996(10)：16.
[39] 高映轸. 土地商品化的理论出路. 中国房地产，1995(08)：5.
[40] 戈登·塔洛克. 寻租：对寻租活动的经济学分析. 成都：西南财经大学出版

社,1999.

[41] 关于加强农村集体经济组织征地补偿费监督管理指导工作的意见.农村经营管理.2005(03):13-14.

[42] 郭焕成,孙艺惠,等.北京休闲农业与乡村旅游发展研究.地球信息科学,2008(08):453-460.

[43] 郭志仪,隆宗佐.论我国房地产价格快速上涨过程中的新一轮"圈地热".社会科学家,2008(02):60.

[44] 国土资源部.2001—2014 年中国国土资源公报.

[45] 国土资源部土地利用管理司、中国土地勘测规划院.农用地分等定级与估价——成功应用理论探索及案例.北京:中国地质出版社,2007.

[46] 何丽双.美国、韩国及我国台湾农业现代化对我们的启示.安徽农业科学,2007,35(6):1802-1804.

[47] 何晓群,刘文卿.应用回归分析.2 版.北京:中国人民大学出版社,2007.

[48] 洪玉,等.高度关注"失土农民"的切身利益——对浙江省"失土农民"的调查.农业经济导刊,2003(05).

[49] 胡寄窗.西方经济学说史.上海:立信会计出版社,1991.

[50] 黄安余.台湾土地改革及对农民就业的影响.台湾农业探索,2008(06):5-9.

[51] 黄烈佳,张波清,张安录.农地城市流转区位决策问题探讨.资源科学,2007(05):183-190.

[52] 黄琦,洪建国.开发区"圈地热"的博弈模型解释.国土资源科技管理,2008(08):91-95.

[53] 黄贤金.农地价格论.北京:中国农业出版社,1997.

[54] 黄贤金,方鹏,周建春.农村土地市场运行机制研究.北京:中国大地出版社,2003.

[55] 黄延峰.广义商品定义与自然资源的价值分析.商业研究,2001(03):27.

[56] 黄映晖,史亚军.北京都市型现代农业评价指标体系构建及实证研究.北京农学院学报,2007(07):61-65.

[57] 贾生华,张宏斌.中国土地非农化过程与机制实证研究.上海:上海交通大学出版社,2002.

[58] 江帆.农村征地补偿费分配管理中存在的问题及法律对策.农村经济,2006(08):25-30.

[59] 姜海.转型时期农地非农化机制研究——基于主体行为的分析.南京农业大

学博士学位论文,2006.
[60] 蒋省三,刘守英.土地资本化与农村工业化——广东省佛山市南海经济发展调查.管理世界.2003(11):87-97.
[61] 金丽馥,胡永盛,卢学锋.新农村建设中失地农民面临的问题及对策———以江苏省江都市为视角.理论导刊,2007(10):87-90.
[62] 孔祥智.城镇化进程中失地农民的“受偿意愿”(WTA)和补偿政策研究.北京:中国经济出版社,2008.
[63] 孔祥智,王志强.我国城镇化进程中失地农民的补偿问题.北京郊区现代化发展论坛论文选编.中共北京市委农村工作委员会主办.北京,2004.
[64] 雷利·巴洛维.土地资源经济学——不动产经济学.谷树忠,等译.北京:中国农业大学出版社,1989.
[65] 雷震,邢祖礼.农村土地征用中的价格博弈分析.财经科学,2006(08):97-103.
[66] 李秉濬.土地经济理论的核心是地租理论.中国土地科学,1995(06).
[67] 李嘉图.政治经济学与赋税原理.北京:商务印书馆,1962.
[68] 李平,徐孝白.征地制度改革:实地调查与改革建议.中国农村观察,2004(06):40-45.
[69] 李涛,叶依广,孙文华.农村集体土地所有权流转的交易成本.中国农村经济,2004(12):10-15.
[70] 李卫红.城市土地使用与管理——以广州为例的研究.广州:广东人民出版社,2002.
[71] 李小健.经济地理学.2版.北京:高等教育出版社,2006.
[72] 李晓琴,樊茂清,等.基于理性预期的宏观计量模型研究.生产力研究,2008(15):23-26.
[73] 李子奈.计量经济学.2版.北京:高等教育出版社,2005.
[74] 林春霞.2000万农民“下岗”谁来关心失地农民的命运?.中国经济时报,载新华网,http://news.xinhuanet.com/fortune/2003-09/02/content_1058580.htm,2003.9.2.
[75] 林英彦.土地经济学通论.(中国台湾)文笙书局,1999年.
[76] 刘浩,葛吉琦.国内外土地征用制度的实践及对我国征地制度改革的启示.农业经济,2002(05):33-35.
[77] 刘军萍,荣文笂,卢宏升.北京农业功能区划研究.中国农业资源与区划.2006

(10):49-54.
[78] 刘军萍,张春林.北京郊区种植业发展现状研究.中国农业资源与区划.第26卷第2期:48-55.
[79] 刘丽娜.我国城市土地一级市场中的非市场缺陷.经济管理,2005(13):15-18.
[80] 刘书楷.刘书楷论文选集(第二集).北京:学苑出版社,1999.
[81] 刘永湘.中国土地产权制度创新论.四川大学博士学位论文,2003.
[82] 鲁友章,李宗正.经济学说史.北京:人民出版社,1979.
[83] 鹿心社.研究征地问题探索改革之路.北京:中国大地出版社,2003.
[84] 罗伯特·S·平狄克,丹尼尔·L·鲁宾费尔.计量经济模型与经济预测.北京:机械工业出版社,2006.
[85] 罗罡辉,吴次芳.城市用地效益的比较研究.经济地理,2003(02):367-370.
[86] 吕萍,孙琰华.国外农地转用价格的确定方法.中国土地科学,2004(06):55-59.
[87] 吕萍,孙琰华.农地转用价格确定模型与实证研究.中国农村观察,2004(04):16-21.
[88] 吕萍,周滔.土地城市化与价格机制研究.北京:中国人民大学出版社,2008.
[89] 马克思,马克思恩格斯全集.北京:人民出版社,1972.
[90] 马歇尔.经济学原理.北京:商务印书馆,1965.
[91] 曼昆.经济学原理.3版下.北京:机械工业出版社,2003.
[92] 毛光远.陈诚在台湾推行的土地改革及其影响.台湾农业探索.2007(12):104-107.
[93] 倪瑛,周文,唐兵.对农地征用制度的经济学思考.经济问题探索,2006(08):62-65.
[94] 庞巴维克.资本实证论.北京:商务印书馆,1964.
[95] 庞各庄镇优化品种结构提高西瓜品质,庞各庄镇网站.http://www.dxpgz.gov.cn/web/pgznew/xwdt/xwdtej/128169.htm,2008.3.20.
[96] 钱忠好,曲福田.规范政府土地征用行为 切实保障农民土地收益.中国农村经济,2004(14):4-9.
[97] 强真,朱道林,毕继业.城镇近郊农地征用价格评估方法研究.农村经济,2005(05):23-25.
[98] 邱华柄,纪益成,刘晔.土地评估.北京:中国财政经济出版社,2003.

[99] 曲福田,冯淑怡,等.制度安排、价格机制与农地非农化研究.经济学(季刊),2004(01):229-248.

[100] 萨缪尔森,诺德豪斯.经济学(14 版上).北京:北京经济学院出版社,1996.

[101] 萨伊.政治经济学概论.北京:商务印书馆,1963.

[102] 森信茂树.日本土地神话的形成和破灭.新金融,2006(06):8-11.

[103] 山田浩之.德冈一幸等.论战后日本地价变动的特征.中国房地产,1994(05):69-72.

[104] 沈飞,朱道林.毕继业.政府制度性寻租实证研究——以中国土地征用制度为例.中国土地科学,2004(08):3-8.

[105] 斯密.国民财富的性质和原因的研究.北京:商务印书馆,1972.

[106] 斯坦利·L.布鲁,兰迪·R.格兰特.经济思想史.北京:北京大学出版社,2008.

[107] 斯坦利·杰文斯,政治经济学理论.北京:商务印书馆,1984.

[108] 宋敏,横川洋,胡柏.用假设市场评价法(CVM)评价农地的外部效益.中国土地科学,2000(05):19-22.

[109] 速水佑次郎.发展经济学.北京:社会科学文献出版社,2003.

[110] 速水佑次郎.弗农·拉坦.农业发展的国际分析.北京:中国社会科学出版社,2000.

[111] 谭崇台.发展经济学.太原:山西经济出版社,2001.

[112] 谭荣,曲福田,吴丽梅.我国农地征用的经济学分析:一个理论模型.农业经济问题,2004.10,41-44.

[113] 童建军,曲福田,陈江龙.市场经济条件下我国土地收益分配机制的改革:目标与原则.南京农业大学学报,2003,26(4):106-110.

[114] 汪丁丁.从“交易费用”到博弈均衡.现代制度经济学(下卷).北京:北京大学出版社,2003.

[115] 汪徐焱,顾跃.理性预期经济计量模型的求解方法及应用分析.成都理工学院学报.1998(01):30-36.

[116] 王景新.现代化进程中的农地制度及其利益格局重构.北京:中国经济出版社.

[117] 王景新.中国农村土地制度的世纪变革.北京:中国经济出版社,2001.

[118] 王培刚.当前农地征用中的利益主体博弈路径分析.农业经济问题,2007(10):43-54.

[119] 王仕菊,黄贤金等.基于耕地价值的征地补偿标准.中国土地科学 2008(11):44-50.
[120] 王万茂.土地资源管理学.北京:高等教育出版社,2003.
[121] 王维博.姜人杰案背后的土地寻租.中国新闻周刊,2008.11.10:46.
[122] 王正立,刘丽.国外土地征用补偿标准方式及支付时间.国土资源情报,2004(01):9-13.
[123] 威廉·配第.赋税论,献给英明人士,货币略论.北京:商务印书馆,1972.
[124] 魏后凯.现代区域经济学教材.北京:经济管理出版社,2006.
[125] 温桂芳.新市场价格学.北京:经济科学出版社,1999.
[126] 温铁军.农地制度安排与交易成本.读书,2004(09):105-111.
[127] 温铁军.土地制度改革与农民土地权益.广东经济,2008(063):4-9.
[128] 谢经荣,吕萍,乔志敏.房地产经济学.2 版.北京:中国人民大学出版社,2008.
[129] 谢平,付华,宋彩凤.关于农村集体土地征地补偿费分配方式的思考.农业经济,2007(06):38-39.
[130] 谢颖.从财政体制和土地出让制度看圈地热.中国土地 2006(11):9-11.
[131] 辛毅.中国主要农产品的完全生产成本及其对农产品贸易的含义.中国农业大学博士学位论文,2003.
[132] 徐伟.唐家岭的冬枣观光农业.稿源:中国经济时报,新浪网,http://finance.sina.com.cn/roll/20051228/1018469641.shtml,2005.12.28.
[133] 许成安.价值理论分歧及"价值论"向"价格论"转化.经济学家,2007(06):5-9.
[134] 许文昌.土地经济学新论.4 版.中国台北:文笙书局.
[135] 严瑞珍.严瑞珍文集.太原:山西经济出版社,2004.
[136] 严瑞珍.严瑞珍自选集.北京:中国人民大学出版社,2007.
[137] 严瑞珍.中国工农业产品价格剪刀差.北京:中国人民大学出版社,1988.
[138] 杨蓉.城郊被征地拆迁农民集体上访事件的社会学分析.南京师范大学硕士学位论文,2007.
[139] 野口悠纪雄著土地经济学. 汪斌译.北京:商务印书馆,1997.
[140] 伊利.土地经济学原理.北京:商务印书馆,1982.
[141] 殷章甫.土地经济学.台北:五南图书出版股份有限公司,2004.
[142] 余鹏翼,李善民.中国发达地区农地使用权流转性问题探讨——以广东省海南市为例.中国农村经济,2004(12):22-26.

[143] 原英,孔祥智.农村工业化过程中土地非农化模式研究.山西财经大学学报,2006(01):53-58.

[144] 恽建平,曹霞.征地区片综合地价区片划分与地价测算方法.农机化研究,2007(04):43-46.

[145] 张飞.中国农地非农化中政府行为研究——给予中央与地方政府间的博弈分析.南京农业大学博士学位论文,2006.

[146] 张凤荣,等.农用地分等规程的几个理论问题及应用方向.资源科学,2005,27(2):33-38.

[147] 张家庆.地租与地价学.北京:中国国际广播出版社,1991.

[148] 张培刚.农业国工业化问题.长沙:湖南出版社,1991.

[149] 张丕介.土地经济学导论.上海:中华书局,1947.

[150] 张倩,等.北京市怀柔区农用地分等研究.农村经济与科技,2007(01).

[151] 张五常.佃农理论.北京:商务印书馆,2002.

[152] 张小燕.黄克龙,郑光辉.田崇新论农用地征用价格的评估.农机化研究,2005(03):69-72.

[153] 张薰华.土地经济学.上海:上海人民出版社,1987.

[154] 张永胆.战后日本土地价格的变化特点及其成因分析,世界地理研究,1998(06):15-22.

[155] 章植.土地经济学.上海:黎明书局,1934.

[156] 中华人民共和国审计署.审计结果公告2007年第2号(总第200号)34个高等级公路项目建设管理及投资效益情况的审计结果.

[157] 种蘑菇收入更多 农民追求土地效益最大化.稿源:哈尔滨日报,新华网 http://www.hlj.xinhuanet.com/lssp/2007-06/04/content_10194838.htm,2007.6.4.

[158] 周诚.从土地构成看土地价值理论及其应用.中国房地产,1996(07).

[159] 周飞飞,段金平.新农村建设中的地质之光.中国地质环境信息网,http://www.cigem.gov.cn/ReadNews.asp? NewsID=16591.

[160] 周建春.征地补偿产值倍数法的完善路径.中国土地,2008.2,26-28.

[161] 周京奎,曹振良.中国房地产泡沫与非泡沫——以投机理论为基础的实证分析.山西财经大学学报,2004(02):53-57.

[162] 周其仁.产权与制度变迁 中国改革的经验研究.北京:社会科学文献出版社,2002.

[163] 周其仁.农地产权与征地制度·产权与制度变迁:中国改革的经验研究.北京:北京大学出版社,2004.
[164] 朱道林,强真,毕继业.中国农地征转用的价格增值分析.中国土地科学,2006(08):24-27.
[165] 朱东亮.社会变迁中的村级土地制度.厦门:厦门大学出版社,2001.
[166] 朱明仓.农用地质量评价与粮食安全研究.博士学位论文,西南财经大学,2006.
[167] Daniel P. McMillen. "An Empirical Model of Urban Fringe Land Use". *Land Economics*, Vol. 65, No. 2(May, 1989), 138-145.
[168] David L. Chicoine. "Farmland Values at the Urban Fringe: An Analysis of Sale Prices". *Land Economics*, Vol. 57, No. 3(Aug., 1981), 353-362.
[169] FAO. Report on the Agro-Ecological Zones Project. Rome: Methodology and Results for Africa, World Soil Resources Report 48, Vol. 1, 1978.
[170] Howard A. Clonts, Jr.. "Influence of Urbanization on Land Values at the Urban Periphery". *Land Economics*, Vol. 46, No. 4(Nov., 1970), 489-497.
[171] J. S. Shonkwiler; J. E. Reynolds. "A Note on the Use of Hedonic Price Models in the Analysis of Land Prices at the Urban Fringe". *Land Economics*, Vol. 62, No. 1(Feb., 1986), 58-63.
[172] Richard W. Dunford; Carole E. Marti; Ronald C. Mittelhammer. "A Case Study of Rural Land Prices at the Urban Fringe Including Subjective Buyer Expectations". *Land Economics*, Vol. 61, No. 1(Feb., 1985), 10-16.
[173] Yue Jin Shi;Timothy T Phipps,Dale Colyer. "Agricultural land values under urbanizing influences". *Land Economics*; Feb 1997;73,1; pg. 90.
[174] MISAWA-MRD. 地価分析、MISAWA、平成17年度.
[175] まちつくりと中心市街地活性化に関する報告書、福島県中心市街地活性化対策推進本部、平成14年3月.
[176] 大川一司.農業の経済分析.大明堂,昭和42年.
[177] 大成隆寛、鈴木宏明.日本農業の農地保全システムの構築——ゾーニングの確立と直接支払い制度の拡充,ISFJ政策フォーラム2008発表論文,Dec. 2008,1-35.
[178] 大橋弘.農地転用期待が稲作の経営規模および生産性に与える影響.RI-

ETI High Light ,2008. VOL. 23,30-33.
[179] 山田文平. 農地流動化の要因分析. 卒業論文,同志社大学政策学部政策学科,2008.
[180] 中川聡司. 農地市場の特性と流動化. 卒業論文,神戸大学農学部植物資源学科,2007.
[181] 中川聰七郎. 農政改革の課題と地域農業の方向. 農林統計協会,2003.
[182] 内田多喜生. 農地の所有構造の変化と土地持ち非農家の動向. 農林金融 2007. 7,12-24.
[183] 日本不動産研究所. http://www.reinet.or.jp/.
[184] 日米の宅地開発コストに関する調査研究,財団法人日本住宅総合センター,平成 12 年 3 月.
[185] 氏原淳. 三大都市圏の市街地区域内農地の転用に関する考察——相続税　譲渡所得税による市街化区域内農地の転用阻害効果の計測——. 修士学位論文東京大学院経済学研究科,2005.
[186] 氷見山幸夫,岡本次郎. 土地利用の変化とその問題. 大明堂,1992.
[187] 生源寺眞一. 農地の経済分析. 農林統計協会,1990.
[188] 田代洋一. 農地政策と地域. 日本経済評論社,1993.
[189] 石川啓や,加藤光一. 農地管理と地代・地価政策——戦後農地制度小史. 信州大学農学部紀要,第 38 巻第 1-2 号,2002,19-36
[190] 吉川健治.〈中国〉経済過熱　違法行為に新土地策は有効か～不動産開発の増勢一服　能力拡大と淘汰設備の廃棄難で鋼材市況は軟化の兆し. 新光総合研究所,SRIアジア経済ウォッチ,No. 06－41 ,2006 年 9 月 8 日,1-3.
[191] 安藤光義. 農地問題の現局面と今後の焦点——耕作放棄問題の枠組みとその対策. 農林金融 2007. 7,1-11.
[192] 阪本楠彦. 土地価格論. 農山漁村文化協会,昭和 57 年.
[193] 谷本一志. 農地経済政策論. 筑波書房,1994.
[194] 国土交通省. http://www.mlit.go.jp/.
[195] 神門善久,速水佑二郎. 農業経済論. 岩波書店,2002.
[196] 宮崎猛. 小作料と農地価格の市場構造論的分析. 農業計算学研究,第 21 号,55-66.
[197] 宮崎猛. 農地のキャピタル. ゲインと農地価格の形成要因. 農業計算学研

究,第16号,87-96.

[198] 高橋寿一.農地転用論——ドイツにおける農地の計画的保全と都市.東京大学出版会,2001.

[199] 崔龍文.東京大都市圏の市街化調整区域における農地転用のプロセスとそのメカニズム——伊勢原市下小稲葉地区の事例——地学雑誌.2001.110(5),665-688.

[200] 梶井功.土地政策と農業.家の光協会,1979.

[201] 渡部喜智,田口さつき.大都市の農地動向について.農中総研調査と情報,2007.7,9-10.

[202] 統計局.http://www.stat.go.jp/.

[203] 新谷正彦.日本農業の生産関数分析.大明堂,1983.

[204] 農林水産省.http://www.maff.go.jp/.

后　记

本书是在本人 2009 年博士论文基础上做了些许修改完成的。

选择农地非农化的价格确定问题作为我的博士论文，是由于这个问题具有极为重要的理论意义和现实意义。随着研究的深入，却发现这是一项具有较大难度的课题。其涉及的理论之多，范围之广，难度之大都是之前未曾预料到的。其中有一部分也是我未曾涉及的领域，因此抱着从头做起的态度，学习了自身不足的理论和方法，再将其应用到研究当中，期间花费了很多精力。但是在下定决心最终完成博士论文时，发现自己已经站在了一个新的高度。

这是在我的导师严瑞珍教授的指导和关爱下完成的。从论文的选题、构思到写作、修改，不知倾注了严教授多少心血。严教授深邃的理论和独到的思想增长了我的知识、开拓了我的眼界。严教授不仅在学业上帮助我进步，而且也是我道德的楷模。严教授治学严谨、品德高尚、作风正派、一身正气，投身于农业经济理论研究和农村发展实践，使我深深敬佩。对学生具有义不容辞的责任感，不断地鼓励我、帮助我，使我能够完成论文的写作。又像慈父般关爱我的生活。在我生病住院期间，严教授拎着大包小裹的营养食品去医院探望，是我永生难忘的场景。师母王沅教授如慈母般对我的关心和爱护也令我感动不已。有这样的恩师是我一生的幸运，在恩师这里获取的人生财富无法衡量，我却无以为报，大恩不言谢，只能将其铭刻在心，并在以后的人生道路上不断取得进步。

在此，我还要感谢孔祥智教授，在我论文选题、写作、修改和数据搜集、调查研究过程中给予了无私的关怀与极大的帮助。感谢毕宝德教授，在我论文的构思和写作过程中提出了非常宝贵的意见。感谢程淑兰教授在论文选题和写作过程中给予的指导。感谢郑风田教授在我调查研究以及论文写作过程中给予的关心和帮助。感谢齐凤莲老师、何惠民老师、谷莘老师、刘婷老师对我在学习期间给予的各方面帮助。感谢中国人民大学农业与农村发展学院的各位老师，给我提供了珍贵的学习机会和良好的学习环境，使我受益匪浅。

我还要特别感谢修长柏教授在我工作、学习、生活各方面给予的诸多的帮助。感谢原梅生博士，在论文的调查和写作过程中给予的关心和帮助。感谢乔光华教授和乌云花教授为本书的出版给予的鼎力支持。感谢张云华博士、王芳博士和孟凡新博士在论文写作过程中给予的帮助。感谢各位同学和朋友对我的关心。

最后还要感谢我的父母和爱人，对我事业始终如一默默的支持。祝父母身体健康！

原　英

2016 年 4 月 12 日